Os segredos para
o sucesso pessoal
e profissional

O marketing
aplicado aos relacionamentos

Estratégias de marketing pessoal, coaching,
endomarketing e networking para atingir objetivos

Copyright© 2014 by Editora Ser Mais Ltda.
Todos os direitos desta edição são reservados à Editora Ser Mais Ltda.

Presidente:
Mauricio Sita

Projeto Gráfico:
Danilo Scarpa

Capa e Diagramação:
Wenderson Silva

Revisão:
Giuliana Trovato, Edilson Menezes

Gerente de Projetos:
Gleide Santos

Diretora de Operações:
Alessandra Ksenhuck

Diretora Executiva:
Julyana Rosa

Relacionamento com o cliente:
Claudia Pires

Impressão:
Imprensa da Fé

**Dados Internacionais de Catalogação na Publicação (CIP)
(Câmara Brasileira do Livro, SP, BRASIL)**

O Marketing aplicado aos relacionamentos :
estratégias de marketing pessoal, coaching,
endomarketing e networking para atingir
objetivos / Douglas de Matteu, Mauricio Sita
[organizadores]. -- 1. ed. -- São Paulo : Editora
Ser Mais, 2014.

Vários autores.
ISBN 978-85-63178-60-2

1. Carreira profissional - Desenvolvimento
2. Marketing 3. Marketing de relacionamento
4. Sucesso profissional 5. Relações interpessoais
I. Matteu, Douglas de. II. Sita, Mauricio.

14-06626   CDD-658.3

Índices para catálogo sistemático:
1. Marketing : Desenvolvimento pessoal e
profissional : Administração 658.3

Editora Ser Mais Ltda
Rua Antônio Augusto Covello, 472 – Vila Mariana – São Paulo, SP
CEP 01550-060
Fone/fax: (0**11) 2659-0968
Site: www.editorasermais.com.br e-mail: contato@revistasermais.com.br

Índice

Apresentação...7

Cinco leis para o sucesso em vendas pelo
marketing de relacionamento
André Kaercher..9

Normas e regras para o aperfeiçoamento do comportamento: pessoal,
social, profissional e empresarial
Antão José Araújo de Brito...17

Qual o valor da sua imagem, do seu tempo e do seu sucesso?
Antônio Neto..25

Como preparar-se para o ambiente profissional: cause impacto positivo e
faça a diferença!
Betty Dabkiewicz...33

Conhecimento - Como transformá-lo em uma poderosa ferramenta de trabalho
e desenvolvimento humano
Camerino Ribeiro Chaves Junior...41

Interpretando os desejos de seu cliente
Dimitrios Asvestas..49

O novo marketing: marketing 3.0 X marketing de relacionamento 3.0
Douglas de Matteu..57

O professor e a Geração Y
Ênio Cavalcanti...65

Como elaborar um plano de marketing pessoal de alto impacto e como
construir uma rede de relacionamento que faça a diferença
Eugênio Sales Queiroz..73

Uma revolução chamada marketing político
Fábio Simonetti...79

Marketing de relacionamento: criação do
vínculo essencial com o cliente
Fabíola Simões..85

Uma estratégia de Madonna, você ou sua empresa possui?
Fernando Kimura..91

Como chegar ao sucesso utilizando os *gaps*
do marketing de relacionamento
Fernando Paixão..99

Seja diferente no mundo dos semelhantes
Gabriel Colle..105

Como obter sucesso em sua vida
Gabrieni Bengaly Gabry..113

Como usar o marketing de maneira simplificada
e melhorar os resultados
Giulliano Esperança..121

A arte de conviver, o segredo da vida
Hiram Moraes Jr...129

A arte e a ciência do marketing na era
do consumidor "forever" conectado
Jennifer Joanne Golden..137

Conhecendo-se melhor para conquistas maiores
João Vidal..145

Quatro maneiras simples para revolucionar sua estratégia de marketing
Luiz Gaziri..153

Marketing pessoal e profissional - 7 hábitos em minha vida
Luiz Gustavo Guimarães..161

O marketing de relacionamento como ferramenta geradora
de vantagem competitiva para as empresas modernas
Marco Castro..169

Você consegue gerir seus objetivos? Faça duas perguntas básicas:
Como você se enxerga? O que você quer para sua vida? E descubra
Marcos Bento..177

Diversidade no atendimento - O cliente pede mudanças
Maria de Lourdes Maran Deliberali...183

Relacionamentos & sucesso
Ter sucesso não é o mesmo que ser sucesso!
Marli Arruda...189

Marketing de relacionamento
Michelle Bizarria...195

Marketing pessoal
Renata Burgo...203

Só existe uma fórmula para o sucesso: o trabalho
Rodrigo Ribeiro...211

Endomarketing e desenvolvimento humano:
(re)encantar colaboradores para encantar clientes
Rodrigo Santos...219

Como transformar as dificuldades em oportunidades?
Salomão Rodrigues de Lira Jr....225

Uma abordagem do profissional de secretariado
executivo na área de relações governamentais
Simara Rodrigues...231

Mudança efetiva
Suzi Sumimoto & Wilson Nascimento...239

Marketing pessoal e sustentabilidade
Tais Zatz...247

Técnicas e dicas para ter sucesso em vendas
Vinicius Caldini...255

Política é 100% relacionamento
Se não tiver uma boa comunicação...
Vinicius Nagem...263

Apresentação

O marketing está onipresente em nossas vidas atualmente, promovendo marcas, produtos, serviços e empresas, gerando impactos diretamente nos comportamentos da sociedade. O presente livro adota uma linguagem de vanguarda e está muito além do tradicional composto de marketing, os "4ps", produto, preço, praça e promoção. O foco desta obra é o quinto "P", as pessoas.

Toda ação de marketing só tem sentido quando as pessoas são colocadas em primeiro lugar e é sobre esta perspectiva que reunimos aqui brilhantes profissionais que expõem de forma pragmática e contemporânea as mais diversas linhas de pensamento acerca do marketing de relacionamento.

A participação de profissionais de diversas áreas de atuação e formação oferece ao leitor uma riqueza inigualável. A construção coletiva da obra, sobre o prisma multidisciplinar que privilegia especialistas atuantes no meio profissional e acadêmico, garante ao leitor uma experiência enriquecedora e de qualidade que expressa verdadeiramente as tendências de mercado.

O ponto alto deste título é o olhar plural no que tange à aplicação do marketing de relacionamento em diversas instituições e também em nível pessoal. O marketing pessoal é um tema fundamental para seu sucesso e foi por diversas vezes descrito nos artigos deste livro, o que fornecerá subsídios para você se destacar e alcançar o sucesso pessoal e profissional.

O livro aponta estratégias para vender mais e melhor, com foco na construção e solidificação de relacionamentos, oferece estratégias, dicas, segredos, reflexões, relatos de experiências, pesquisas em prol do tema e muito, muito mais...

Convido você agora a mergulhar neste poderoso livro e se permitir potencializar os seus relacionamentos e resultados.

Boa leitura!

Prof. Mestre Douglas de Matteu, PhD(c)
Presidente da Associação Brasileira dos Profissionais
de Marketing e do Instituto Evolutivo

1

Cinco leis para o sucesso em vendas pelo marketing de relacionamento

Independentemente da maneira como você venda seus produtos ou serviços, fatalmente deve conhecer cinco leis, que muitos vendedores não conhecem ou não são treinados para conhecer. Estas são as leis para o sucesso em vendas pelo marketing de relacionamento

André Kaercher

André Kaercher

Com trabalhos realizados no Brasil e na Europa, nos últimos anos André Kaercher realizou mais de 210 palestras e treinamentos nas áreas de liderança, carreira, motivação e vendas, tendo falado para mais de 60.000 pessoas. *Professional coach* e analista comportamental disc pela SLAC - Sociedade Latino Americana de Coach - certificação internacional emitida pelo International Coaching Institute (ICI) e Inscape Publishing. Coautor de três livros: *Programado para vencer | Estratégias infalíveis sobre sucesso (Editora Kelps), Coaching na gestão de pessoas (Editora Leader) e Treinamentos comportamentais (Editora Ser Mais)*. Autor dos DVDs empresariais: *Princípios básicos de um planejamento estratégico, Princípios do marketing, Super eficácia em vendas e atendimento no varejo e 5 Leis para a formação de um exército de vendedores*. Mestre em Tecnologias Aplicáveis à Bioenergia, pós-graduado em Gestão Empresarial e administrador de empresas. Atualmente é professor de graduação e pós-graduação das mais diversas universidades do Brasil. Entre elas estão a Universidade do Estado da Bahia, Instituto Adventista do Nordeste do Brasil, Universidade Salvador e Faculdade de Tecnologia e Ciências.

Contatos
www.andrekaercher.com.br
contato@andrekaercher.com.br / alkaercher@gmail.com
(75) 8102-3186

André Kaercher

Vendedores de sucesso lutam todos os dias para manter seus clientes fidelizados aos seus produtos, serviços e a sua marca, e assim, destacar-se perante seus concorrentes, que ofertam produtos similares, tornando necessária a busca pelo aperfeiçoamento constantemente. Para tanto, o perfil do vendedor de sucesso deverá ser primordialmente o de consultor de negócios com foco no relacionamento direto com os seus clientes.

Marketing de relacionamento é uma matéria empresarial que há pelo menos 30 anos está na mente e no planejamento diário de grande parte dos profissionais de sucesso. No segmento de vendas, esta realidade não é diferente, este mercado vem mudando todos os dias conforme as demandas dos fornecedores, distribuidores, clientes e consumidores de mercado. O foco hoje nos relacionamentos com clientes, por exemplo, são as necessidades e os desejos de compra do consumidor. E o que você vendedor tem feito para se adaptar a esta realidade tão dinâmica?

Depois de validar diferentes métodos de venda, de atender nos últimos anos mais de 150 empresas em diferentes mercados, capacitando mais de 60.000 pessoas, seja na venda direta, venda varejo, venda consultiva, venda de empresa para empresa, venda de impacto e demais, todas me levaram à seguinte conclusão: independentemente da maneira como você venda seus produtos ou serviços, fatalmente deve conhecer cinco leis, que muitos vendedores não conhecem ou não são treinados para conhecer. Estas são as leis para o sucesso em vendas por meio do marketing de relacionamento.

1. Comprometimento como base nos relacionamentos

Desde que comecei a trabalhar com vendas há pouco mais de dez anos, venho me relacionando todos os dias com uma diversidade muito grande de profissionais de vários segmentos e o que vejo em boa parte deles é uma preocupação muito grande em crescer e chegar a patamares elevados em nível de inserção mercadológica. Com os vendedores não acontece de forma diferente. A ânsia por volume de vendas, foco nos resultados e consequentemente maiores comissões cegam estes profissionais e de certa forma os afasta do projeto da empresa em que trabalham.

Sempre que eu me reúno com diretores de vendas e os questiono acerca dos principais problemas do seu dia a dia na gestão de equipes de vendas, grande parte deles me fornecem a seguinte resposta: "falta de comprometimento da equipe de vendas".

O que quero falar hoje é que o primeiro passo para o sucesso

O marketing aplicado aos relacionamentos

em vendas é: comprometimento como base nos relacionamentos! Não apenas para garantir empregabilidade, afinal, esta palavra deve ser deletada do dicionário de vendedores profissionais. O comprometimento deverá ser primordial para o alcance dos seus objetivos pessoais e profissionais.

Vendedor, você não conseguirá se relacionar com clientes, fornecedores e mercado em geral, sem que primeiramente consiga se relacionar dentro da sua empresa. A empresa em que você trabalha talvez seja o maior celeiro de oportunidades de mercado. As pessoas e profissionais que geralmente irão promovê-lo talvez estejam ao seu lado todos os dias.

O profissional de vendas, além de uma visão estratégica de mercado, que seja fácil de enxergar, clara aos olhos dos clientes, deve possuir compromisso com o planejamento da empresa e *portfolio* de produtos comercializados.

É fácil ver profissionais de vendas que não sabem o que vendem, focando nas características técnicas e possíveis vantagens que são passadas em forma de panfletos, sem considerar os relacionamentos com os seus clientes e mercados em geral. Sem sombra de dúvidas, o sucesso de um profissional de vendas está muito ligado ao poder de relacionamento com os seus clientes e, desta forma, o produto se torna pano de fundo, uma espécie de isca para a conversão de demanda em venda.

2. Capacitação pessoal com foco em relacionamento

O segundo passo para a formação de um perfil profissional com foco em relacionamento é a capacitação pessoal.

Vendedor, há quanto tempo você não se capacita? Há quanto tempo você não proporciona ao seu currículo um projeto contínuo de treinamento? Vendedor mal treinado ou equipe que não treina não vence jogo. É de suma importância que os vendedores entendam não apenas dos produtos ou serviços que vendem. Mais importante do que isso é criar meios e alternativas para que esses produtos ou serviços saiam da empresa e rodem no estoque.

Atualmente eu venho trabalhando bastante dentro das empresas. A cada 30 dias eu faço pelos menos 10 ou 12 treinamentos e palestras. Venho percebendo claramente que a visão dos vendedores ainda é a associação do treinamento como um custo e não como investimento. Ele quer retorno, ele quer vender mais, ele quer um atendimento de excelência, mas quer que este resultado apareça simplesmente por um milagre e sem investimento.

André Kaercher

O que quero dizer para você que é profissional de vendas é que a carreira é sua, a carreira não é da empresa. As decisões que você toma hoje poderão colocá-lo em degraus superiores em curto ou médio prazo. Em um programa de treinamento, por exemplo, além dos benefícios do próprio projeto, tente mensurar o montante de experiências que você vai encontrar, o volume de profissionais que vem de empresas com uma cultura totalmente diferente da sua.

Mas para se elevar nível de vendas não existe segredo e não tem outro caminho. É importante colocar em prática a segunda lei para o sucesso profissional: capacitação constante.

3. Motivação como diferencial nos relacionamentos

A terceira lei para que vendedores consigam estabelecer uma relação de sucesso com as suas carreiras é aquela que requer exercícios diários de foco e ação. A motivação intra e interpessoal.

Prezado vendedor, ninguém vai dar o primeiro passo na sua carreira senão você mesmo. Ninguém irá ajudá-lo a estabelecer um plano profissional, ninguém vai almejar promoções, aumentos salariais e muito menos apontar os caminhos do sucesso. O grande diferencial dos profissionais que aprenderam a vencer todos os dias é justamente o fator motivação.

Apesar de a motivação ser uma competência durável e de extrema relevância para o alcance do sucesso profissional, ela não virá se o ambiente de trabalho e principalmente se o mercado no qual você está inserido não criarem possibilidades para ela acontecer.

O profissional motivado em sua carreira consegue se relacionar com mercados e pessoas de maneira muito mais latente e saudável. A motivação profissional aproxima as pessoas, maximiza resultados, agrega valores.

Eu precisei no início de minha trajetória buscar em mim mesmo os motivos que me faziam acordar todos os dias para ir trabalhar e acredite, as pessoas que estavam ao meu redor no ambiente de trabalho me ajudaram muito a entender melhor a minha profissão e a como posicionar-se num mercado dinâmico e instável.

O profissional automotivado é o presidente da sua própria empresa. Ele sabe o que tem que ser feito e consegue se antever aos fatos simplesmente porque possui compromisso com o seu projeto de carreira. A motivação é uma competência intrínseca do ser humano. O profissional automotivado é aquele não precisa ser mandado para realizar uma tarefa. É aquele que persegue a todo instante os seus objetivos de vida na certeza de que ele é o principal personagem de

O marketing aplicado aos relacionamentos

uma história. História essa construída em pilares de como disciplina, foco e determinação. (KAERCHER, 2013)

Automotivação e comprometimento se confundem no processo de evolução de um profissional no caminho do sucesso. Fatalmente, você que está almejando alcançar o status de vencedor precisará se dedicar mais do que 100% em prol dos seus objetivos. Enquanto outros se divertem, você trabalha, enquanto os outros viajam, você planeja. É assim que funciona. De profissional nota "7", o mercado está cheio. O que o mundo precisa hoje é de pessoas com espírito e cabeça de campeãs, que queiram alcançar o patamar de "ícone" no que fazem.

Desta forma, procure fazer o que gosta. Encontre no seu trabalho e nos seus relacionamentos profissionais os motivos para implementar novos projetos a cada dia.

4. Conheça a fundo o que o seu cliente pensa

Você já parou para observar que atualmente quase tudo em nossas vidas é personalizado? Se compramos uma casa, logo tratamos de colocá-la do nosso jeito, se trocamos de carro, buscamos um modelo, cor e estilo que combine conosco, celulares, roupas, artigos para decoração, perfumaria, estética e até alimentação. Tudo hoje é feito para atender as nossas necessidades e os nossos desejos.

A cada dia que se passa, as pessoas saem menos de casa, pois preferem buscar a comodidade do lar à loucura dos grande centros. Produtos e serviços em geral hoje mudaram de lugar com o consumidor. Há algumas décadas, nós nos adaptávamos aos produtos e serviços que eram lançados, hoje, são estes produtos e serviços que devem se adaptar às mudanças de comportamento deste novo consumidor.

E você vendedor? O que tem feito para ganhar esta nova parcela do mercado. Hoje, estamos na era da prestação de serviços. Vender deixou de ser aquele velho e bom tirar um pedido e passou a ser um serviço especializado de consultoria em negócios.

Para tanto, o conhecimento do cliente é fundamental. O entendimento das necessidades deste cliente acaba de se tornar a mola mestra para uma boa ação de venda. Infelizmente no Brasil nós temos aquela velha cultura de que o bom vendedor é aquele que engana as pessoas. De que o bom vendedor é aquele que vende o que é melhor para ele, sem entender e conhecer a real necessidade do cliente.

Pois eu digo a você que acabou-se o tempo em que estas práticas eram aceitas pelo cliente. Nesta era de mudança de comportamento do consumidor, qualidade nos serviços e satisfação das necessidades dos clientes deixaram de ser um diferencial e passaram a ser um requisito primordial para a sobrevivência das empresas neste cenário cada vez mais dinâmico e incerto.

O grande questionamento que os empresários vêm se fazendo e que tem resultado em um enorme número de consultorias em todo o Brasil é: o que fazer para que os consumidores que adquirem produtos ou serviços de uma empresa se tornem clientes e voltem a comprar produtos ou serviços dessa organização?

A resposta está muito clara na visão de diversos estudiosos de vendas e marketing em nível mundial como Kotler, McKenna, Churchil e outros tantos. As empresas devem deixar de satisfazer apenas as necessidades dos seus consumidores e devem passar a se preocupar em satisfazer os seus desejos, vender o intangível, alcançar o subjetivo, ir além das expectativas.

5. Fidelize os seus clientes

É mais do que notório que os clientes de hoje são cada vez mais difíceis de serem fidelizados, são muito mais inteligentes, conscientes em relação aos preços, exigentes, perdoam menos e são a todo tempo abordados por mais concorrentes com ofertas iguais ou até melhores. O grande desafio para a organização não é deixar somente seus clientes satisfeitos, pois vários concorrentes podem fazer isso, e sim conquistar clientes que lhes sejam fiéis.

Os clientes fiéis utilizam diversos meios e canais de compra (telefone, loja, internet, etc) e tendem a consumir mais. E quanto mais fiéis eles forem, maior a vida útil da carteira de clientes da empresa, menor o custo de recuperação de clientes e maior valor financeiro agregado à marca.

Kotler mostra que a chave para se fidelizar cliente é satisfazê-lo. Para ele, um cliente altamente satisfeito:

- Permanece fiel por mais tempo;
- Compra mais à medida que a empresa lança novos produtos ou aperfeiçoa produtos existentes;
- Fala favoravelmente da empresa e de seus produtos;
- Dá menos atenção à marca e propaganda concorrente, e é menos sensível a preço;
- Oferece ideias sobre produtos ou serviços à empresa;

Assim, é necessário que os profissionais de vendas avaliem a satisfação de seus clientes regularmente. Para isso, é importante que eles tenham um domínio e uma excelente percepção do real desejo dos

O marketing aplicado aos relacionamentos

seus clientes, conhecendo-os melhor, sendo preciso realizar pesquisas de mercado para obter informações sobre os mesmos, coletar dados necessários e assim terem o seu diferencial. Essa satisfação é a sensação de prazer resultante da comparação do desempenho ou resultado percebido de um produto em relação às expectativas do comprador.

Sendo assim, existem algumas questões importantes a serem avaliadas no processo de fidelização, como:

- Por que o cliente escolheu esta marca;
- Que fatores o influenciaram na escolha;
- Como atender aos próximos desejos;
- Que tipo de atendimento o consumidor deseja;
- Que informações foram importantes na escolha do produto.

Seguindo alguns destes processos, ganham os dois lados, os benefícios são mútuos e permitem estabelecer uma relação duradoura entre as partes.

Por isso meu amigo, não fique fora deste cenário cheio de oportunidades e mergulhe de cabeça neste maravilhoso mundo mercadológico. Boa sorte e boas vendas!!!!

2

Normas e regras para o aperfeiçoamento do comportamento: pessoal, social, profissional e empresarial

Exprimem o conjunto de regras disciplinadoras do comportamento exigido para os nossos relacionamentos em momentos distintos

Antão José Araújo de Brito

Antão José Araújo de Brito

Experiente consultor organizacional. Graduado em Turismo, graduado em Administração de Empresas, pós-graduado em Planejamento e Administração. Mestrando em Psicologia Social e Organizacional, professor do ensino técnico e superior, palestrante e conferencista no campo da difusão das teorias, técnicas e práticas aplicadas ao aperfeiçoamento do comportamento pessoal e profissional. Escritor e Membro da União Brasileira de Escritores. Diretor de Projetos da COPRON – Consultoria e Projetos de Negócios e Serviços, um trabalho de consultoria voltado para solução dos principais problemas de gestão enfrentados tanto nas empresas públicas como privadas.

Contatos
coprondiretoria@terra.com.br
antaobrito@yahoo.com.br
skype: antaobrito

Antão José Araújo de Brito

Apresento algumas orientações para o comportamento pessoal, social, profissional e empresarial. Desprendendo-me do modelo sugerido pelos atuais padrões de beleza estipulados como biótipo ideal do homem e da mulher no Século XXI, baseados, sobretudo na valorização da aparência estética dos seus atributos físicos. Não valorizando o interior da pessoa em si, o comportamento da personalidade, das virtudes e da qualidade de sua competência e habilidade profissional, da forma individual de sentir e expressar emoções.

Um modelo que valoriza apenas o aspecto físico, como objeto de moda superficial. Onde a mulher "tem que ser magra e jovem" e o homem "um tipo atlético e malhado". Contando com a contribuição da medicina corretiva (cirurgia plástica) que retira gordura e implanta massa muscular, passou-se a esculpir tipos e formas corporais, pessoas esculturais, vistosas e essencialmente sensuais.

Parece-me um movimento que pouco contribui com a intenção de valorizar o ser humano de mais inteligência e melhor qualidade intelectual e espiritual. Onde para ambos (mulher e homem) não é exigido nenhum atributo interno que valorize a formação de sua personalidade, conhecimentos, habilidades e competências.

Por esta razão, me detive a promover o reconhecimento do valor interior das pessoas, visando enaltecer a importância da aprendizagem das normas orientadoras do aperfeiçoamento do comportamento pessoal, social, profissional e empresarial.

1 - Regras para o aperfeiçoamento do comportamento pessoal

Posso definir a importância do comportamento pessoal como o conjunto de atitudes desenvolvidas para viver em harmonia consigo. Seu princípio básico consiste em aprender a conviver com si mesmo, desenvolvendo ações motivacionais de autoestima, autocontrole e autoafirmação, de forma positiva com relação a sua própria vida.

No plano pessoal devemos procurar conviver em harmonia com:
a) Conviver bem com o ambiente interior – promover a autoaceitação, melhorar a autoestima e valorizar-se perante as cobranças e desafios internos e pessoais.
b) Conviver bem com o ambiente externo – com as pessoas com as quais convivemos e com todas as outras que iremos nos relacionar na vida.

1.1- Princípios básicos para boa convivência pessoal
- Aprender a amar a si próprio - extraindo o melhor de si e procurando viver bem consigo mesmo;
- Procurar vencer as próprias limitações, procurar superar as barreiras e provocar situações de superação pessoal sobre muitos dos nossos limites e problemas.

O marketing aplicado aos relacionamentos

- Cativar as virtudes - da paciência, tolerância, honestidade, lealdade, responsabilidade, iniciativa, confiança e cooperação consigo mesmo.
- Aprender a crescer como pessoa -- aumente o seu interesse pela leitura, faça cursos de extensão cultural, participe de palestras, seminários, congressos, invista nos estudos;
- Compreender as orientações para viver bem consigo mesmo - aprender a pensar, exercitar a meditação, aprender a respirar e auxiliar a sua capacidade de autocontrole, aprender a viver em harmonia com a própria vida.

1.2 - A importância da apresentação pessoal

- Cuide da imagem e a forma da apresentação pessoal - serão de suma importância para sua vida, a partir da sua própria concepção pessoal, passando pela impressão causada ao seu meio social, você poderá despertar confiança ou não, tudo dependerá da impressão causada por sua forma de apresentação.
- Saiba que para cada ocasião existirá um traje adequado - a verdadeira elegância e a distinção pessoal não estão na marca ou no preço da roupa que se veste, procure apresentar-se bem, utilizando-se da simplicidade, bom gosto, bom comportamento e elegância pessoal.
- Procure disciplinar a sua linguagem e o modo de falar com as pessoas – enriqueça o seu vocabulário, utilize uma linguagem rica em expressões socialmente cativantes;
- Aprenda a ouvir e a pensar antes de falar – não interrompa a fala das pessoas, deixa-as terminar de falar, pare e pense sobre a questão, aí sim será a sua vez de se pronunciar, responder ou acrescentar a sua opinião;
- Reconheça a importância do seu comportamento pessoal – é preciso saber "comportar-se", saber entrar e sair dos lugares que frequentamos, buscando a aprovação do convívio pessoal e o respeito e aceitação do grupo social.

O comportamento pessoal é a chave para "boa qualidade da sua condução em vida" e o acompanhará nas relações pessoais, afetivas, sociais, profissionais e empresariais, definido pela sua personalidade e modo de ser pessoal.

2 - Regras para o aperfeiçoamento do comportamento social

Posso definir a importância das relações sociais como o conjunto de atitudes que empregamos para conviver com as pessoas em sociedade. Seu princípio básico consiste em aprender a viver harmoniosamente com as pessoas, principalmente com familiares e amigos durante as relações travadas em nossa vida social.

Antão José Araújo de Brito

2- No plano geral devemos procurar conviver em harmonia
a) Conviver bem no lar – com a família e demais parentes e com as pessoas agregadas à convivência do nosso dia a dia;
b) Conviver bem em sociedade – com o grupo social no qual estamos inseridos, com a vizinhança, círculo de amigos, pessoas de nosso convívio social;

2.1. Princípios básicos da boa convivência social
- Aceitar as pessoas como elas são, extraindo o melhor de cada uma e procurando viver bem com elas, não nos cabe julgar o comportamento dos outros;
- Procurar entender as desigualdades individuais, cada pessoa reage de um modo diferente diante da mesma situação, aí entra o componente: entender a reação das pessoas diante dos seus casos ou problemas;
- Procurar cativar as virtudes humanas, da paciência, tolerância, cordialidade, honestidade, lealdade, confiança, responsabilidade, comprometimento e cooperação e fraternidade nas relações sociais.

Para se viver bem em sociedade é preciso gostar de pessoas, desprender-se de toda sorte de preconceitos e exigências, elas são o que são, e não o que "desejaríamos que elas fossem" para compreender, aceitar e a conviver harmoniosamente com as pessoas.

3–Regras para o aperfeiçoamento do comportamento profissional

3- A importância do comportamento profissional - perpassa através da formação e função que desempenhamos, teremos maior importância profissional na medida em que as nossas práticas de trabalho tornam-se imprescindíveis para o atendimento das necessidades de consumo das pessoas ao qual estamos servindo.

Como profissionais - devemos nos esforçar para conviver bem no ambiente de trabalho – com os colegas, com os fornecedores e com os clientes de um modo geral.

Nas relações profissionais - aquele que trabalha atendendo pessoas deve dispensar cuidados especiais para evitar ou minimizar conflitos.

3.1. No ambiente de trabalho – desenvolvemos três níveis hierárquicos de comunicação:

1- Nível horizontal – quando realizamos contato com pessoas do mesmo nível hierárquico na empresa, em igual função ou de status equiparado;

2- Nível ascendente – quando realizamos contato com pessoas de nível hierárquico superior ao nosso na empresa, são pessoas que exercem sobre nós uma gerência, chefia ou função de diretoria;

3- Nível descendente – quando realizamos contato com pesso-

O marketing aplicado aos relacionamentos

as de nível hierárquico inferior na empresa, pessoas estas que desenvolvem uma função subalterna a nossa ou de status mais baixo na hierarquia da empresa.

3.2. Orientações gerais – para um bom comportamento profissional

- Adote uma postura profissional: procure apresentar e desenvolver um conjunto de atitudes, gestos, modos e linguagem estritamente profissional, moldada na formalidade com seriedade, comprometimento e respeito para os princípios da empresa e para com o seu papel de servir ao próximo, enquanto profissional.
- Como se portar e se vestir no ambiente de trabalho: a pessoa deve orientar-se sobre a melhor forma de se vestir, procure adotar as fardas ou vestes formais exigidas para cada ambiente de trabalho.

3.3- Algumas das principais atitudes do comportamento profissional

- A pontualidade: significa o seu respeito pelos seus compromissos. Respeitar os horários agendados, os dias marcados, os turnos pre-estabelecidos, os compromissos firmados, os encontros sociais ou profissionais. Esta precisão trará a você uma excelente distinção.
- O profissionalismo: não deixe que seus problemas pessoais interfiram sobre o andamento do seu trabalho, nem que seus problemas de trabalho interfiram na sua vida pessoal. Seu trabalho deve ser levado a sério, pois atende a sua necessidade de conquista da estabilidade financeira revelando a sua capacidade de produção e realização profissional.
- A lealdade: para com você mesmo, para com todas as pessoas e principalmente para com todos os princípios exigidos por sua empresa. A lealdade para com a sua empresa se constitui na sua principal obrigação profissional.

3.4- Particularidades próprias das relações profissionais:

Na prestação dos serviços de atendimento ao público em geral – saiba que as pessoas são diferentes uma das outras e para que haja o entendimento necessário ao "bom atendimento" citaremos alguns dos princípios básicos para as boas relações humanas:

a. Saber escutar – precisamos dar atenção ao outro, ouvir o que ele tem a dizer.

Saber escutar é o mesmo que dar a atenção necessária à pessoa que fala;

b. Olhar nos olhos das pessoas – ser atencioso com quem está falando com você, mostrar-se interessado no que diz;

c. Procurar compreender – prestar atenção ao que está sendo dito, procurando entender, se não entender, diga: desculpe-me, mas eu não entendi;

d. Evitar interromper a conversa – deixe o outro terminar, mesmo que você já tenha entendido, permita que o outro complete a sua exposição de motivos;

e. Aprender a servir - oferecer e disponibilizar os seus serviços aos clientes, com profissionalismo e distinção.

f. Saber que toda relação profissional - antes de tudo é uma relação formal (pessoa física x pessoa jurídica) onde o profissionalismo passa a ser uma ação essencial;

g. Faça uso de uma linguagem formal – utilizando-se das palavras: pois não, muito obrigado, desculpe, um momentinho que vou atendê-lo, não entendi repita por gentileza senhora, estamos à sua disposição, volte sempre;

h. Seja comprometido, responsável e pontual – com os horários e com o cumprimento de suas obrigações pessoais e profissionais.

4- Regras para o aperfeiçoamento do comportamento empresarial

A importância do papel profissional do empresário - mesmo sendo o dono do negócio, o empregador deve saber e se esforçar para conviver bem com os seus colaboradores, fornecedores e clientes de um modo geral, ele deverá seguir as orientações dos princípios para a boa convivência com todos na empresa, sabendo que:

- Quanto mais eficiente for o empregado, mais difícil será mantê-lo na empresa;
- Quanto maior for o número de colaboradores, maiores serão os conflitos internos;
- Quanto maiores forem os seus ganhos, mais você deverá valorizar sua equipe e remunerar bem os que trabalham na empresa.

4.1. O empresário deverá corresponder às exigências impostas à sua posição e obrigação de liderança do trabalho, como por exemplo:

a) O grupo de colaboradores internos e externos, sócios e funcionários contratados e não contratados, todos esperam ser valorizados e reconhecidos pelo empresário;

b) Os órgãos controladores governamentais e não governamentais - nas esferas municipal, estadual e federal entram com exigências de fiscalização, acompanhamento de balanços, declarações de rendimentos da pessoa física e jurídica, emissão de notas fiscais, recolhimento de impostos entre outros;

c) Os clientes exigem o respeito aos seus direitos – os consumidores adquirem o direito de exigir o cumprimento da boa qualidade dos produtos e da prestação de bons serviços.

4.2. Algumas preocupações básicas do empresário:

- Desenvolvimento de competência e aprendizagem organizacional;

O marketing aplicado aos relacionamentos

- Definição de estratégias de gestão baseada na excelência empresarial;
- Constante atualização dos processos produtivos, gerenciais e administrativos;
- Responsabilidade com recursos financeiros, pessoas, tecnologia e resultados;
- Saber trabalhar em equipe e motivar pessoas para o trabalho;
- Priorizar o bom atendimento e o respeito aos colaboradores e clientes;

Caberá ao empresário: o discernimento e a sensibilidade de saber trabalhar, valorizar, reconhecer, agradecer e retribuir o esforço do trabalho e a dedicação de seus funcionários pela busca da consecução dos objetivos e metas estabelecidas pela empresa.

Considerações finais

Apresentei a importância das normas estabelecidas como padrões de comportamento pessoais, sociais, profissionais e empresariais. Como instrumento de suporte necessário para as variadas situações de conflitos, motivados pela relação dos diversos pontos de vista, onde a vontade individual deve ceder espaço ao bom censo da aceitação do diálogo amigável como o método mais favorável à construção do entendimento e defesa do bem comum.

"Os pensamentos tornam-se ações, as ações tornam-se hábitos, os hábitos tornam-se o nosso caráter e o caráter torna-se o nosso destino."
(autor desconhecido)

Procurei, portanto, transmitir um resumo dos conhecimentos necessários ao aperfeiçoamento das pessoas quanto ao desempenho do seu comportamento pessoal, social, profissional e empresarial.

Referências

BRITO, Antão J. A. de. *Teorias, Técnicas e Práticas Aplicadas ao Comportamento Pessoal, Social, Profissional e Empresarial.* Recife: Independente, 2010.

DUBRIN, Andrew J. *Fundamentos do Comportamento Organizacional.* São Paulo: Pioneira Thompson Learning, 2003.

MASIP VICIANO, Vicente. *Ética, Caráter e Personalidade: Consciência Individual e Compromisso Social.* São Paulo: EPU, 2002.

MITCHELL, Mary & CORR, John. *Tudo sobre Etiqueta nos Negócios.* São Paulo: Manole, 2003.

QUEIROZ, Eugênio Sales. *Em Busca da Excelência Profissional.* Caruaru: Estudantil, 2004.

SROUR, Robert Henry. *Ética Empresarial: Posturas Responsáveis nos Negócios, na Política e nas Relações Pessoais.* Rio de Janeiro: Campus, 2000.

3

Qual o valor da sua imagem, do seu tempo e do seu sucesso?

Por que algumas pessoas mesmo em circunstâncias difíceis utilizam estratégias e atingem o sucesso? O que existe de diferente nessas pessoas? A diferença deve ser utilizada como algo positivo a seu favor fazendo com que as pessoas e as organizações o incluam em seus projetos. Este artigo propõe uma reflexão sobre como ter uma vida pessoal e profissional singular, com habilidade relacional e inserido uma trajetória que o impulsionará ao sucesso

Antônio Neto

Antônio Neto

Palestrante, consultor, instrutor, *personal & professional coach* formado pela Sociedade Brasileira de Coaching, licenciado pelo BCI-Behavioral Coaching Institute e reconhecido pelo ICC-International Coaching Council. Conferencista motivacional de gestão de pessoas, vendas, atendimento, planejamento estratégico, empreendedorismo e liderança em eventos nacionais e internacionais. Analista de desenvolvimento de recursos humanos. Graduado em Administração e Pós-graduado em Gestão de Marketing e Vendas. Fundador e diretor da ENCONTEC – Consultoria & Treinamento. Atuou como professor contratado da Universidade Federal de Sergipe e do CEFET – Centro Federal de Educação Tecnológica em parceria com a FUNCEFET e Agência Nacional de Petróleo - ANP. Realizou palestras e consultorias para o Programa das Nações Unidas para o Desenvolvimento - PNUD. Escreve para revistas, jornais e sites. Colaborador permanente como comentarista em programas de rádio e televisão.

Contatos
www.antonioneto.com.br
palestras@antonioneto.com.br
Facebook: facebook.com/An.AntonioNeto
(79) 9988-8931

Antônio Neto

Quando você fizer a leitura deste texto e resolver tomar algumas decisões tanto no aspecto pessoal ou profissional, caso perceba alguma melhoria em sua vida, a responsabilidade é totalmente sua.

"O caminho para o sucesso consiste em saber seu resultado, agir e saber que resultados se estão conseguindo e ter flexibilidade para mudar até se ter sucesso" Anthony Robbins.

Diariamente tenho acessado inúmeras publicações que visam contribuir com a proatividade e singularidade das pessoas tanto nas condições pessoais como também profissionais. O sonho de conseguir ser aprovado no vestibular, de ter um bom emprego, ser um autônomo ou empresário, construir uma linda família, fazer amigos, clientes e ser bem-sucedido na vida, faz parte do sentimento diário da maioria das pessoas. Entretanto, nem todas conseguem, mesmo em situação de igualdade de oportunidades. Muitas estudaram na mesma escola, trabalham ou trabalharam na mesma empresa, residem ou residiram na mesma cidade, têm acesso aos mesmos canais de comunicação, mas não conseguem desenvolver ou acompanhar um pequeno grupo, que por motivos específicos e justificáveis ganharam notoriedade.

Certamente neste momento você está pensando ou resmungando: mas as pessoas são diferentes... Acertou! As pessoas são diferentes, desenvolvem competências, objetivos e metas diferentes, mas o fato é que essas diferenças não podem ser confundidas com impossibilidade ou incapacidade de realização. O fato de cada pessoa ser diferente não significa ser portadora de cegueira mental, modelo que é responsável pelo bloqueio da criação de instrumentos de compreensão e adaptação às circunstâncias que nos são impostas. A cegueira mental estreita o campo de visão, que por sua vez obscurece as oportunidades e os motivos precursores do sucesso. O fato de você ser diferente não deve ser motivo de consolação ou justificativa para ser um perdedor qualificado. Utilize o que você tem de diferente para protagonizar sua vida sem perder o foco da solução e enfrentar os problemas ou desvios, sempre criando alternativas que permitam posicionar você em estágios evolutivos e de competitividade. Utilize sua diferença a seu favor e saiba fazer as escolhas.

O que cada indivíduo é hoje, seja na sua vida profissional ou pessoal, é consequência das várias escolhas e ações que foram praticadas. Algumas ações são essenciais, tais como a capacidade de se relacionar consigo mesmo e com as pessoas, agir positivamente e com eficácia em benefício das boas causas, ser competente e comprometido. Estamos na era que as pessoas e as empresas exigem atitudes especiais, prestação de serviços customizados, relacionamento

O marketing aplicado aos relacionamentos

sólido e difícil de ser imitado. Diante desse cenário de exigências e avaliações, nunca esqueça que você é e será o resultado daquilo que escolheu e decidiu ser.

Tenha visão, analise as alternativas, mas escolha ser um profissional brilhante, ser um bom cidadão, apresentar-se bem inclusive sabendo escolher a roupa que combina com você. Escolha ser motivado, entusiasmado e sustentável.

Procure exercitar o autoconhecimento, desperte os valores que estão adormecidos e esses impulsionarão aos objetivos, e isso só será possível se você evitar interferência de tudo aquilo que não contribui com seu sucesso. Cuidado com a dependência tecnológica que insiste em lhe ocupar várias horas durante o dia de forma descoordenada. É preciso se conectar, interagir e socializar-se de forma disciplinada e sabendo distinguir o que é essencial e o que é supérfluo. A indisposição é outra grande vilã e causadora de uma sensação de que tudo está andando ao contrário. Na verdade, o cuidado maior deve ser com você mesmo, pois, para evitar a dependência tecnológica e a indisposição, você terá que aguçar sua visão nos objetivos e ser disciplinadamente forte.

O ambiente competitivo está cada vez mais complexo devido à corrida praticada por profissionais e empresas que visam conquistar uma maior participação no mercado. Para fazer parte deste ambiente, as empresas têm procurado reduzir os custos, promover inovação tecnológica, lançar novos produtos e serviços, recrutar e selecionar talentos, capacitá-los e torná-los felizes, objetivando deixá-los diferentes competitivamente e lembrados pelas pessoas e pelas organizações. O diferencial competitivo depende das pessoas que integram a organização, porque produto é bem mais fácil de ser imitado, já o ser humano é único. Produtos idênticos com qualidades e características muito parecidas estão sendo fabricados todos os dias em quase todos os lugares. Visto de outro ângulo, são várias as opções de melhor avaliação e destaque para a empresa que mais tiver pessoas com habilidade de impressionar através da competência técnica, operacional e comportamental.

O mundo passa por um momento em que os olhares estão voltados para a identificação de pessoas e profissionais inesquecíveis que, por meio atitudes e valores compartilhados, persigam o sucesso.

Como o sucesso pessoal e profissional não é encontrado ou adquirido em prateleiras, é preciso que cada profissional saiba produzir, conquistar, manter clientes, pensar positivamente e assumir o papel de arquiteto de atitudes e valores bem estruturados.

"Mantenha seus pensamentos positivos, porque seus pensamentos tornam-se suas palavras. Mantenha suas palavras positivas, porque suas palavras tornam-se suas atitudes. Mantenha suas atitudes positivas, por-

Antônio Neto

que suas atitudes tornam-se seus hábitos. Mantenha seus hábitos positivos, porque seus hábitos tornam-se seus valores. Mantenha seus valores positivos, porque seus valores ... Tornam-se seu destino".

(Mahatma Gandhi)

Agora reduza o ritmo da leitura, intensifique a concentração nas perguntas seguintes e sem pensar muito, procure obter as respostas com sinceridade e sem medo de ser feliz.

Neste momento não pense em outras pessoas. Pense em você. Só você pode dar essas respostas.

1. Você se sente um profissional espetacular?
2. Você tem metas estabelecidas?
3. Você se acha singular?
4. Você é adaptável às mudanças?
5. Seus pensamentos e hábitos são positivos?
6. Quais características e valores tornam você diferente?
7. Sua competência relacional é suficiente para criar e manter relacionamentos?

Se você teve dúvida em alguma resposta, retorne a pergunta e procure redefini-la de forma mais adequada.

Se por acaso respondeu alguma questão que implique em prejuízo, pergunte para si: diante do processo de mudança contínua e alto grau de exigência das empresas e das pessoas, vale a pena eu continuar resistindo às mudanças e ao processo de melhoria contínua? É realmente isso que eu quero?

O que realmente você quer? Aonde quer chegar? O que você tem feito para conseguir?

Se neste momento você estiver procurando mais explicações, tentando se justificar, ou até esteja com vontade de não ler mais este texto, isso é bom, pois você compreendeu. Mas não pare agora, enfrente mais algumas linhas e leia até o final. Aliás, persistir e superar desafios é uma característica dos inventores e descobridores. Então, é hora de se descobrir e se conhecer mais.

Reforce o descobrimento sobre você, fazendo um balanço pessoal com base na reflexão abaixo.

Pense em cinco valores que você considera seus acompanhantes. Acompanhar significa andar junto, entendendo a mesma filosofia, com foco e na mesma direção.

Pensou? Foi fácil? Se precisar escrever, escreva.

Se você em algum momento sentiu dificuldades para entender ou praticar a filosofia de alguma organização, mesmo que seja a sua or-

O marketing aplicado aos relacionamentos

ganização pessoal, procure identificar os valores necessários para você fazer parte do projeto empoderando-se e tomando consciência que pode e consegue desenvolver. É bom lembrar que os valores são os percussores das metas. São eles que impulsionam você aos resultados. Se você não está conseguindo atingir alguma meta ou objetivo é por que deve estar se esquecendo de praticar algum valor específico, que você pode ter, mas está adormecido pela falta de prática, ou pode estar praticando o valor de forma inexpressiva e nem percebendo o potencial que o valor tem.

Se você tem a convicção sobre seus valores, fica bem mais exequível abrir portas.

Certo dia eu estava realizando uma entrevista e perguntei a um jovem profissional pretendente a um cargo. Por favor, cite cinco valores seus. Ele pensou, rapidamente e falou: valores... E eu disse sim valores...

Ele depois de alguns instantes comentou baixinho: valores... valores... Imediatamente eu disse: se não quiser dizer cinco podem ser quatro, três, dois... Então ele me disse: eu tenho valores, eu tenho certeza que tenho valores. E eu já havia percebido que ele tinha e tem valores. Depois de alguns instantes ele comentou: professor, eu tenho valores, mas eles estão todos anotados no meu diário e agora eu não consigo me lembrar. Na mesma hora eu pensei: já imaginou se ele perder o diário?

Realmente esse profissional tem valores, mas naquele momento ele sabia que tinha, mas não sabia quais tinha, dificultando que os mesmos pulsassem dentro dele. Ele não estava associando cada atitude especial com os valores que ele tem.

Esse fato demonstra que não lembrar-se dos valores não significa não os ter, pois se ele não os tivesse, não teria se saído bem na entrevista e em outras etapas do processo da seleção que exigia competências múltiplas e específicas, inclusive no emprego que assumiu.

A conclusão que tirei: se ele já era bom sem lembrar-se dos valores que tem, quanto mais se os utilizasse como pré-requisitos, entusiasmo e vibração para superação de cada desafio.

Então os valores que você tem devem estar alinhados com seus objetivos e com os da organização e deve identificá-los de forma especial no momento que precisar do impulso necessário para o enfrentamento.

Valores tais como relacionamento, compreensão, cooperação, comprometimento, ética, responsabilidade, tolerância, integridade, flexibilidade, sensibilidade e tantos outros que juntos formam uma lista considerável, quando estão alinhados aos objetivos pessoais e profissionais encurtam o caminho para o sucesso. A prática de valores alinhados aos objetivos fortalece cada vez mais sua capacidade de ser escolhido e ser notável. A utilização permanente e bem aplicada desses valores enquanto processo contínuo de conquistas amplia os relacionamentos e fortalece o valor da sua marca.

Qual a estratégia individual que você tem utilizado para dar visibilidade a seus valores, características e competências relevantes?

Qual a estratégia que você estrutura para desenvolver contatos e relacionamentos na espera de ser integrado e ser reconhecido pelas contribuições que você tem dado? Isso é marketing pessoal.

Se você está ampliando sua rede de contatos e de relacionamento, parabéns. O relacionamento é o comportamento que mais promove a inclusão da pessoa na sociedade e no ambiente organizacional. O bom relacionamento com dosagens equilibradas de simpatia, empatia e prudência abre portas e faz com que o indivíduo torne-se inesquecível. Tenho insistido em dizer que se relacionar não é fácil, entretanto é bem melhor aprender e praticar.

Montar uma estratégia para ser acolhido nos ambientes e nas organizações é praticar o marketing pessoal como forma de investimento em seu benefício no presente e no futuro.

Marketing é o processo social e gerencial pelo qual indivíduos e grupos obtêm o que necessitam e desejam através da criação, oferta e troca de produtos de valor. KOTLER, Philip. Administração de Marketing. A edição do novo milênio. 10. Ed. São Paulo: Pearson Brasil.

Analisando o conceito acima de autoria do grande mestre do Marketing, Philip Kotler, que associa o processo social (mudança, interação, associação ou dissociação, lidar com as diferenças), ao gerencial (aplicação de conhecimentos administrativos para obter resultados positivos), significa que cada profissional deve conhecer e entender de gente, mas sem jamais dissociar das técnicas de gestão para garantir o sucesso.

O marketing aplicado ao relacionamento propõe pesquisar, analisar e promover benefícios para a sociedade e essa devolve como reciprocidade o fortalecimento das relações com fidelização e confiança. Para construir e preservar boas relações, recomenda-se causar boas experiências nos negócios, de forma que mexam com a cabeça e com o coração das pessoas. Pessoas bem tratadas e bem atendidas, impressionadas por terem seus desejos e necessidades satisfeitos, sentem-se mais firmes para tomar decisão nos negócios, mais felizes, importantes e com autoestima elevada. A notícia boa é que para conseguir deixar as pessoas nesse estado não é necessário fazer investimento em equipamentos e prédios, mas sim em você mesmo e nas pessoas que fazem parte do seu negócio. Não quero dizer com isso que um mercado pode ser sempre bem-sucedido desenvolvendo suas atividades permanentemente embaixo de uma árvore ou sob

O marketing aplicado aos relacionamentos

uma sombrinha. O que eu quero deixar claro é que com competência relacional você pode transferir seu negócio da árvore ou da sobrinha para um prédio com melhores condições de conforto, conveniência sem perder o contato com os clientes. Tenho visto muitas empresas e profissionais que vão crescendo e esquecendo que os responsáveis pelo seu crescimento foram os clientes e tornam o relacionamento mais difícil e complexo, promovendo distância e maus-tratos.

Buscar soluções bem fundamentadas para os problemas das pessoas e organizações significa relacionamento e quando esse oportuniza valores agregados, mesmo disponibilizando produtos ou serviços de valor monetário um pouco mais alto, o cliente decide em não desistir da parceria.

Charles Chaplin nos deu uma aula dizendo que *"Cada pessoa que passa em nossa vida passa sozinha, porque cada pessoa é única e nenhuma substitui a outra. Cada pessoa que passa em nossa vida passa sozinha, e não nos deixa só, porque deixa um pouco de si e leva um pouquinho de nós. Essa é a mais bela responsabilidade da vida e a prova de que as pessoas não se encontram por acaso."*

Utilizando esta lição deixada por esse mestre, proponho que faça uma reflexão e procure imaginar se você fosse rico e passasse a viver sozinho neste mundo. Observe que eu disse: sozinho. Como seria sua personalidade sem um pai e uma mãe para ajudar na sua construção? Como se sentiria? Como você se sentiria sem o melhor amigo ou amiga que você compartilha? Como seria você sem aquele ou aquela professora que lhe ensinou coisas que até hoje não esqueceu? Como seria cada aula sem aquele ou aquela colega que partilhou informações? Como seria você sem seu empregador, sem seu empregado?

Tudo começa na pessoa através das suas ideias e atitudes e cada uma delas deixa um pedacinho e leva um pedacinho seja lá do que for. A verdade é que nós dependemos de várias pessoas de forma direta ou indireta. Logo, se eu dependo, necessito cuidar, preservar, satisfazer, pois fica bem mais fácil a reciprocidade acontecer.

Portanto, analise sua posição no mercado verificando o que aconteceu nos últimos três anos e faça um balanço sobre como estão suas relações interpessoais, como está seu relacionamento, como está o seu tempo e o seu marketing pessoal.

Se o resultado o deixar satisfeito, curta essa etapa vitoriosa, mas continue trabalhando e perseguindo estações evolutivas continuamente. Caso o resultado tenha proporcionado uma sensação desconfortável, recomendo que você elabore um plano emergencial pessoal e profissional que o proporcione superar desafios para mudar o resultado.

4

Como preparar-se para o ambiente profissional: cause impacto positivo e faça a diferença!

Neste artigo você encontrará algumas informações e dicas que o ajudarão a elaborar estratégias em busca de seus objetivos profissionais

Betty Dabkiewicz

Betty Dabkiewicz

Pedagoga, especialista em Programação Neurolinguística, *master coach* e diretora executiva da Sinergia Consultoria em Gestão de Pessoas e *coaching*. Larga experiência em consultoria e assessoria empresarial em gestão de pessoas e de negócios, elaboração e execução de projetos customizados de capacitação para equipes e lideranças multifuncionais, *trainees* e estagiários. Tem foco em gestão do conhecimento e qualidade integral das pessoas físicas e/ou jurídicas para as quais presta serviços de *personal life coach*, liderança e alta performance individual ou de equipes, *coaching* de escolha profissional e carreira, movimentação de carreira e *coaching* executivo. Escritórios e atendimento no Jardim Botânico e Barra da Tijuca.

Contatos
www.consultoriasinergia.com
www.linkedin.com/in/sinergiacoach2010
Facebook:www.facebook.com/pages/Sinergia-Consultoria-em-Gestão-de-Pessoas-Coaching/223586387728777
betty@consultoriasinergia.com
sinergia.coach@gmail.com
(21) 2430-9955 / 99496-9355

Betty Dabkiewicz

O mercado de trabalho e o mundo empresarial exigem, de quem está buscando o 1º emprego assim como daqueles indivíduos que estão em período de construção ou em movimentação do plano de carreira, a devida atenção ao desenvolvimento de múltiplas inteligências, competências técnicas, comportamentais ou atitudinais.

Saber fazer acontecer, ter e manter atitudes que facilitem os relacionamentos, alcançar metas e objetivos, criar uma imagem pessoal e profissional, assim como gerar os resultados esperados por você e pela empresa, podem ser indicadores de quem conseguirá um "lugar ao sol" no mercado de trabalho atual.

Neste artigo você encontrará algumas informações e dicas que o ajudarão a elaborar estratégias na busca de seus objetivos profissionais como: comportar-se adequadamente em processos seletivos & ambientes profissionais, planejar e preparar a sua apresentação pessoal e abordagem assertiva, como conhecer e relacionar-se adequadamente com a empresa alvo, cuidados básicos com a aparência & visual adequados ao mundo corporativo, conhecer e identificar as posturas, atitudes e os sinais positivos da linguagem corporal durante as entrevistas de seleção, além de estratégias para aprender melhor e mais rapidamente.

Convido você a interagir com algumas perguntas poderosas, para que perceba e identifique o seu estado atual. Sugiro que as responda de forma a tomar consciência das habilidades, talentos e diferenciais que já possui e o que precisa potencializar a curto e médio prazo a seu favor...

- *Que atitudes ou comportamentos o destacam?*
- *O que realiza de diferente que possa ser a sua vantagem competitiva no mercado?*
- *O que está fazendo, agora, para alcançar a sua meta?*
- *O que ganhará ou perderá quando atingir a sua meta ou objetivo?*
- *De que forma está comprometido e focado na obtenção do seu sucesso?*
- *Como você "vai dar certo"?*

Estratégias para aprender melhor e obter os resultados que você deseja

Todos nós temos metas e objetivos que desejamos alcançar a curto, médio e longo prazos. Interagimos, todos os dias, com múltiplas formas de informação; todos nós buscamos uma comunicação clara e objetiva e, por meio da capacitação permanente, visamos alcançar resultados e comportamentos eficazes e eficientes nos diferentes ambientes em que influenciamos e somos influenciados.

Ter consciência de como acontece o processo de aprendizagem, além da percepção de como você interage e aprende com os estímulos internos e externos, serão fatores importantes para que construa

O marketing aplicado aos relacionamentos

uma carreira de sucesso.

A aprendizagem se realiza por meio de um processo de mudanças adaptativas no comportamento humano, resultantes da interação com o meio ambiente e das várias vivências pessoais e grupais que experimentamos no cotidiano.

Aprender melhor e rapidamente é um diferencial que hoje em dia é muito considerado nos processos seletivos. Quando aprendemos, conhecemos algo novo, fazemos uma adaptação aos nossos antigos saberes/conhecimentos para em seguida mudarmos as atitudes, adquirir novas habilidades para que possamos desenvolver novas competências. Aprender a aprender implica a instalação de um hábito de pesquisa, estudos, descobertas de novos saberes. *Este será o capital intelectual e o seu valor no mercado de trabalho dependerá dele!*

Para superar a seleção natural que existe no mercado de trabalho, conquistar e principalmente manter-se no emprego desejado, faz-se necessário o desenvolvimento de várias competências e habilidades, de forma a manter a sua *empregabilidade*; ter a capacidade de conseguir o emprego, cargo ou função desejada não implica em segurança no mundo da globalização, onde as relações de trabalho e de produção, as mudanças e competitividade fazem parte de um cenário de transformações permanentes.

Portanto "aprender a aprender" algo implica ser empreendedor e evoluir sempre, adquirir vantagem competitiva, focar a ação e a realização de processos além de contribuir com novos valores, obter resultados positivos para você, para a sua equipe e para a sua empresa.

O sucesso profissional e as bases da sua empregabilidade dependerão da forma como vivenciará o seu cotidiano funcional e a orientação que dará à sua carreira; a autonomia, a ética profissional, responsabilidade e lealdade são fatores de destaque para que você fique em evidência e seja reconhecido como um profissional de valor.

Perceber que o trabalho pode e deve ser uma atividade gratificante, que resultará em recursos para a sua evolução permanente, será uma estratégia fundamental para você chegar onde deseja!

Você sabia...

O hemisfério cerebral esquerdo é conhecido como hemisfério verbal; é dominante para a maior parte dos indivíduos; controla algumas funções mentais exigidas pelo pensamento lógico, analítico e científico; converte percepções em representações lógicas; lida com o pensamento, linguagem, leitura, cálculos, razão, sequência, palavras. Controla o lado direito do corpo e auxilia a manutenção do equilíbrio do cérebro direito; em geral se o seu cérebro esquerdo for dominante você será destro.

O hemisfério cerebral direito é conhecido como hemisfério intuitivo; é abstrato, simbólico metafórico e também é a referência de base da criatividade e imaginação; funciona como integrador das ideias; controla o lado esquerdo do corpo e, em geral, as pessoas com esta predominância são canhotas. Portanto, por meio do cérebro obtemos as percepções sensoriais e espaciais, desenvolvemos o pensamento, a razão, o comportamento, o movimento e a memória; a visão, audição, olfato e o tato; o equilíbrio e a coordenação.

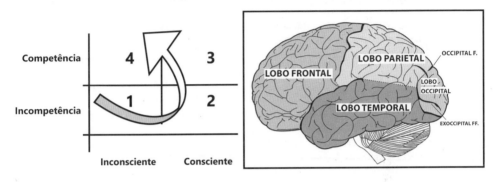

Você deve estar se perguntando para que e porque necessito aprender sobre o cérebro?

Por meio destas informações básicas ficará mais fácil ampliar e facilitar os seus processos de aprendizagem

Reconheça os processos sobre como você aprende:

1. *Incompetência inconsciente – você não sabe que não sabe.*
2. *Incompetência consciente – você sabe que não sabe.*
3. *Competência consciente – você sabe que sabe.*
4. *Competência inconsciente – você não sabe que sabe.*

Utilizando as informações acima, preencha o quadro seguinte mapeando os quatro quadrantes situacionais:

Incompetência inconsciente	Incompetência consciente	Competência consciente	Competência inconsciente
O que não sei que não sei	O que sei que não sei	O que sei que sei	O que não sei que sei

O marketing aplicado aos relacionamentos

A. Mapeie e escreva o que percebe em você como:

Por meio de múltiplas competências, você experimenta o mundo e elabora o seu processo de ensino-aprendizagem.

Para que você ganhe maior consciência e seja proativo na construção do seu conhecimento, sugiro que se concentre na elaboração dos exercícios abaixo propostos e anote as respostas.

B. Identifique e assinale quais das múltiplas inteligências você possui e quais ainda necessita desenvolver, (você pode marcar várias delas simultaneamente):

- *__Musical ou sonora__ –* relacionada à musicalidade, tocar instrumentos musicais, cantar, compor melodias.
- *__Intrapessoal ou emocional__ –* relacionada à capacidade de perceber-se como indivíduo pensante, realizar autoanálise, reconhecer seus papéis e funções como membro da sociedade.
- *__Ecológica__ –* relacionada à capacidade de interagir com os diferentes meio ambientes nos quais transita. Consciência de equilíbrio.
- *__Lógica-matemática__ –* relacionada à capacidade de pensar e raciocinar de maneira lógica e abstrata.
- *__Espacial e visual__ –* relacionada à capacidade de ter uma boa orientação espacial, criar e visualizar imagens, desenhar com criatividade.
- *__Social ou interpessoal__ –* relacionada à capacidade de interagir e relacionar-se de forma saudável e produtiva com as pessoas.
- *__Corporal ou cinestésica__ –* relacionada à capacidade de utilizar de diferentes formas o corpo com o objetivo de perceber e interagir com as outras pessoas e o meio ambiente.
- *__Linguística__ –* relacionada à capacidade de comunicação oral e escrita.

C. Marque na roda das múltiplas inteligências o seu estado atual.

Instruções:

- Utilize uma cor diferenciada para que possa colorir o espaço de cada inteligência apresentada na roda, para que possa perceber mais facilmente o resultado obtido.
- Verifique o que você acredita já estar capacitado ou o que ainda precisa fazê-lo para que possa dar ênfase neste aspecto.
- O ponto zero fica no centro da roda, assim sendo se você acredita que ainda não possui o desenvolvimento para esta inteligência, a sua marcação deverá ser assinalada muito próxima ao centro da roda;
- Quanto mais longe do eixo central você marcar a opção da sua roda, mais desenvolvido você estará naquela inteligência.

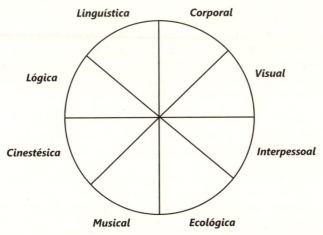

Agora, verifique os aspectos que acredita que já estão desenvolvidos, que estão em desenvolvimento e aqueles que necessitam de sua atenção para serem modificados.

- Como você aprende melhor?
- Há algo que precise ser modificado para que aprenda melhor?
- Que recursos você tem para realizar a mudança que deseja?
- Como e quando iniciará o seu desenvolvimento?
- O que fará para obter o sucesso que deseja?
- Como saberá que atingiu o seu objetivo?

Cuidados básicos com a aparência & visual adequados ao mundo corporativo:

Você sabia? De acordo com várias pesquisas, formamos nossa opinião sobre alguém geralmente orientados pelos seguintes dados: 55% através da impressão causada e do aspecto visual, 38% através da comunicação verbal e gestual e somente 7% pelo conteúdo da informação que é transmitida.

Anteriormente falamos que a criação de um estilo ou marca pessoal que represente o profissional que você é ou deseja ser mostra, sem dúvida, um desafio que merece alguns cuidados especiais, principalmente em se tratando de vestir-se e comportar-se adequadamente no ambiente de trabalho.

Informar-se sobre os hábitos, os valores e a cultura organizacional da empresa o ajudará na composição do seu visual; isto é procure adequar o seu estilo pessoal criando uma identidade que o destaque no seu meio profissional.

Além de refletir sua postura, comportamento e personalidade, geralmente você ficará mais seguro/a e confiante quando apresentar um visual cuidado; uma conduta elegante transmite credibilidade e criará um fator diferencial frente a outras pessoas.

O marketing aplicado aos relacionamentos

Procure conhecer a empresa na qual pretende trabalhar, fará uma entrevista presencial ou participará de uma dinâmica de grupo. Pesquise-a na internet, no blog, twitter, *folders* e panfletos de divulgação, entrevistas dos gestores nas revistas que focam o mercado específico no qual pretende trabalhar ou estagiar. Busque informações em várias mídias; converse com pessoas que conheçam ou trabalhem na empresa. Quando tiver oportunidade, observe como as pessoas se vestem, a forma como se relacionam, assim como a maneira como se comunicam e procure adequar-se ao ambiente. É fundamental que você se sinta confortável ao fazê-lo!

Potencialize o investigador que há dentro de você!

A sua aparência, a forma como se comunica ou se apresenta são tão importantes quanto a preparação cuidadosa de seu currículo, sua experiência técnica e comportamental. Todos esses aspectos são decisivos na hora de ser percebido como um profissional adequado a uma vaga de emprego.

Após ter buscado informações sobre a empresa em que pretende se candidatar à vaga de estagiário ou de emprego, reflita sobre as seguintes questões:

Quais são as suas principais virtudes ou qualidades que o destacariam para obter a vaga pretendida?

De que forma você se identifica com o local que pretende trabalhar?

Que impressão você causa nos ambientes que frequenta?

Nem tudo o que está na moda é apropriado para vestirmos ou sinônimo de estar bem vestido e adequado ao ambiente profissional. Deve-se levar em consideração o seu tipo físico, procurar vestir-se com bom gosto, discrição e elegância. Procure adequar a sua vestimenta com o cargo que pretende ocupar na empresa, porém sem exageros!

Levar em conta a região onde se pretende trabalhar também é um fator importante, pois as regras de vestuário podem variar. Nos grandes centros e dependendo do nicho de mercado, em geral, o visual tende a ser moderno, permitindo a utilização de roupas de grife com tendência a utilização de uma vestimenta mais elaborada; nas cidades menores, o visual é menos sofisticado com tendências conservadoras; nas cidades litorâneas – com tendências a um visual composto pelo informal e moderno, porém observe o perfil da empresa antes de optar pelo seu novo visual. Use sempre o bom senso!

Dicas: para apresentar-se e vestir-se adequadamente, ficar bonito e elegante sem chamar a atenção, utilize peças que tenham maior durabilidade, bons tecidos que não amassem e cortes que favoreçam o seu perfil, idade, estatura e tipo físico!

O mercado de trabalho busca por profissionais talentosos, que utilizem suas múltiplas competências e habilidades a favor do desempenho e sucesso pessoal & profissional. Cada um de nós é responsável pela construção do conhecimento, dos relacionamentos e pelo planejamento de uma carreira sustentável. Mãos à obra!

5

Conhecimento
Como transformá-lo em uma
poderosa ferramenta de trabalho
e desenvolvimento humano

Uma frase muito comum utilizada em diversas publicações e, até mesmo, por muitas pessoas, principalmente as que se dedicam à arte de ensinar, é que conhecimento, ou o saber, não ocupa espaço. Se você sente que tem conhecimento suficiente para evoluir como profissional ou como indivíduo, mas ainda não sabe como usá-lo, a frase anterior perde todo o sentido

Camerino Ribeiro
Chaves Junior

Camerino Ribeiro Chaves Junior

Analista de tecnologia industrial, cursou Administração de Empresas pela Universidade Salvador (Unifacs) e Sistemas de Informação pelo Instituto Paulista de Ensino e Pesquisa. Tem mais de quinze anos de experiência atuando em indústrias de diversos segmentos como celulose e papel, química, metalurgia e fertilizantes, sempre na área de manipulação e análise de dados, com forte participação na configuração e treinamento de CMMS e ERP, coordenando equipes e buscando excelência no atendimento aos clientes. Atualmente exerce a função de desenvolvedor de negócios na V&R Manutenção Industrial Ltda.

Contatos
www.vrmanutencao.com.br
camerino.junior@vrmanutencao.com.br
(41) 9514-9793

Como já dizia minha avó, ninguém pode tirar o conhecimento de você! Isto é fato. A menos que você mesmo limite seus conhecimentos.

O segredo é não se limitar

Achar que sabe tudo é o primeiro passo para a limitação de conhecimento. Por mais que se saiba a respeito de qualquer assunto, nunca se sabe tudo. Há sempre novos horizontes a serem explorados em qualquer campo, pessoal ou profissional.

Na maioria das vezes o que limita a evolução do ser humano é a vontade, ou melhor dizendo, a falta dela. O conhecimento nos é transmitido de diversas maneiras, na escrita, na fala, no que vemos, dessa forma somos bombardeados todos os dias com informações dos mais diversos tipos, resta saber o que fazer com tais informações.

No mundo informatizado a maioria das pessoas tende a preferir a informação visual e acredita que visualizar algumas fotos ou imagens pode compreender a mensagem transmitida sem ao menos ler a matéria e acompanhar as imagens. Um dos grandes vilões dos profissionais e das pessoas que buscam oportunidades de negócios é tentar deduzir a informação. Consequentemente os problemas que as deduções causam logo aparecem.

Portanto, não se limite ao conhecimento que você tem hoje, temos 24 horas no dia para adquirirmos cada vez mais conhecimento, porque até dormindo podemos adquirir conhecimento, seja ele da forma que vier. Até mesmo ao executar o seu trabalho diário, questione-se, como você pode fazer para melhorar ou facilitar suas atividades do dia a dia. Assim descobrirá coisas que talvez não soubesse antes, isto é conhecimento.

Classificando o conhecimento

Podemos classificar o conhecimento de duas maneiras: conhecimento implícito e conhecimento adquirido.

O conhecimento implícito

Conhecimento implícito: é inerente de atividades predefinidas, adquiridas através da vida, como as necessidades do corpo. Por exemplo, alguém precisa nos ensinar o que fazer quando estamos com fome, com sede ou com quaisquer outras necessidades fisiológicas?

O marketing aplicado aos relacionamentos

Este é um conhecimento que o corpo transmite, aprendido assim que nascemos, pois está implícito na característica do ser humano. Quando se pergunta a uma criança porque ela come, ela logo responde, porque tenho fome. É o conhecimento implícito que ela tem do próprio corpo. Aí com o passar do tempo vem o conhecimento adquirido.

O conhecimento adquirido

É o conhecimento que recebemos, primariamente de nossos parentes, pais, avós, irmãos e assim por diante. Se fizermos a mesma pergunta anterior "por que você come?" a uma criança com conhecimento adquirido, ela responderá "para crescer e ficar forte". Onde foi parar a resposta "porque tenho fome"? Essa é uma substituição natural de conhecimento que fazemos sem mesmo perceber. Cada vez que ouvimos de alguém, ou lemos em algum lugar qualquer coisa relacionada a determinado assunto, o cérebro humano tende a substituir as informações. Isso significa que eliminamos o conhecimento implícito? Não, apenas significa que passamos a utilizar o conhecimento adquirido. Por conseguinte, quando nascemos já viemos dotados de conhecimento, que seja mínimo, mas, já o temos. Por sua vez, o que fazemos com o conhecimento adquirido é o que revela se estamos realmente evoluindo ou não, quer como pessoas ou como profissionais.

Adquirir conhecimento para crescer

Como já mencionado, em sua primeira fase o conhecimento adquirido vem de nossos parentes. Então, na segunda fase ele vem de um bom livro? Ah, seria bom, se isso fosse verdade, mas não. Infelizmente, com a cultura do imediatismo, vivemos a era da informação rápida de modo que, hoje, o segundo professor do ser humano é a televisão ou o computador. Existem muitos programas educativos que ensinam as crianças a se comunicarem, apresentam outras culturas e até despertam o interesse por outro idioma, porém, há também muita coisa da qual não se tira proveito algum, chamada cultura inútil.

Faça um exame e veja se consegue identificar se o nível de conhecimento que você tem hoje é suficiente para que alcance seus objetivos pessoais ou profissionais. Se você pensa em desenvolvimento pessoal e profissional, a internet pode proporcionar artigos muito bons que podem ajudá-lo a alavancar seu progresso, a alcançar objetivos e, até, a dar uma grande virada em sua vida, mas para isso você não pode ter preguiça de ler. E quando digo ler, não falo apenas de leitura corriqueira, falo do entendimento sobre o que se lê. Procure por assuntos relacionados à sua busca, geralmente dois ou três artigos semelhantes lhe darão um norte de por onde começar.

Quantas vezes você parou para analisar a atividade de uma empresa quando estava na busca por um emprego ou por uma melhor colocação no mercado de trabalho? Conhecimento lhe dá uma vantagem surpreendente sobre os menos preparados. Os recrutadores, pelo menos, das grandes empresas procuram saber o seu grau de interesse naquela vaga e o quanto você conhece a respeito da empresa, portanto, adquirir conhecimento sobre a empresa, o que ela faz, como desenvolve seus produtos e, até mesmo, sobre as responsabilidades sociais que ela assumiu são um grande diferencial para que você seja um dos escolhidos para aquela oportunidade. Para tanto, isso exige que você tenha vontade de fazer a diferença ou de ser a diferença. Pessoas sem conhecimento quando vão colocar um quadro na parede começam com o prego e o martelo, pessoas com conhecimento procuram o melhor local, ângulo, altura e luminosidade do ambiente, para então saber onde pregar o prego ou se o ideal seria mesmo um prego para pendurar aquele quadro.

Não se limite a limpar o chão agachado com um pano, porque lhe disseram para fazer assim, questione se você pode usar um esfregão ou um rodo. O que quero dizer é que, não se limite a fazer as coisas como todo mundo faz, existem maneiras de otimizar e até de melhorar os processos, basta que as pessoas usem o conhecimento. Porém, para usá-lo, precisam primeiro adquiri-lo.

A busca por uma profissão ou formação profissional pode começar na internet, procure testes de perfil profissional, existem alguns excelentes, para que você se identifique com alguma profissão e procure uma instituição de ensino para levar à frente a sua busca por conhecimento.

Se você já é um profissional respeitado em sua área de atuação, o que tem feito para melhorar o seu potencial, ou você acha que já alcançou o máximo que poderia chegar? Converse, troque ideias com seus colegas de trabalho e subordinados, muitas vezes uma visão diferente do mesmo processo pode gerar grandes ideias. Nunca deixe se atualizar, leia bastante sobre tudo o que está relacionado à sua atividade e à atividade desenvolvida por sua empresa, mas não se limite a um tipo específico de conhecimento, procure saber de tudo um pouco.

Todos os dias nós temos vários desafios a vencer, seja no trajeto para o trabalho ou para a escola, seja na execução de nossas atividades

O marketing aplicado aos relacionamentos

profissionais ou estudantis e até mesmo no nosso retorno para casa, após a escola ou trabalho. Superar estes desafios com tranquilidade vai depender do conhecimento que você tem para encará-los e resolvê-los.

Conhecimento, quando é importante saber transmiti-lo

Na maioria das vezes, principalmente no ambiente profissional, existe certo medo ou receio por parte dos trabalhadores com relação a ensinar o serviço para novos colaboradores. Qual o primeiro pensamento que vem à mente? Se eu ensinar o serviço a esse camarada, ele vai tomar o meu lugar e eu ficarei desempregado. É aí que entra a questão de como saber transmitir o conhecimento.

O novo colaborador deverá aprender as rotinas do setor e como executar as tarefas da função que ele ocupa. Se o seu superior lhe designou esta incumbência é por dois motivos: ou porque você é o único que realiza a atividade, ou porque ele confia em você para transmitir de forma correta e com qualidade as atividades inerentes àquela tarefa. Vamos trabalhar com a segunda hipótese, porque hoje em dia são poucas as funções onde apenas uma pessoa a executa. Então, se você é a pessoa de confiança do seu superior e ele lhe delegou esta responsabilidade é porque você tem conhecimento sobre o assunto. Questione-se: você adquiriu todo o conhecimento sobre esta atividade do dia para noite? Por mais simples que seja a atividade, leva certo tempo para que as pessoas comecem a realizá-las com perfeição, alguns mais outros menos, mas sempre há um tempo a ser considerado. Se a responsabilidade de treinar o novo colaborador lhe foi conferida, a pergunta é: como fazer isso?

Transmita o conhecimento como se fosse remédio, em doses homeopáticas, um pouquinho de cada vez. Quando se está treinando alguém, você passa a observar melhor a atividade que realiza e descobre que existem algumas coisas que, com a correria do dia a dia, você não teve tempo de perceber. Com isso, você não só estará transmitindo conhecimento como também estará adquirindo mais conhecimento. Com o passar do tempo e com conhecimentos a mais, você poderá dispor do tempo em que o novo colaborador executa as atividades que antes você executava para buscar novos conhecimentos. Procure saber mais sobre as áreas relacionadas com a sua, como a sua atividade interfere no andamento de outros setores, tente entender o processo como um todo, em pouco tempo você estará apto para realizar outras atividades e buscar promoções dentro da própria empresa ou de qualquer outra. Mas nunca se esqueça de dar suporte a seu aluno, por assim dizer, saber transmitir conhecimento é uma responsabilidade, os grandes líderes sabem como transmiti-los. Quer ser um grande líder? Não adquira conhecimento apenas, saiba como transmiti-lo.

Ter conhecimento não significa que o que você sabe é o correto. Por isso adquirir conhecimento vai além de ler ou de falar sobre determinado assunto, exige também domínio do assunto, saber realmente do que se fala. O conhecimento superficial não deixa de ser conhecimento, mas não é algo que traga um diferencial pessoal ou profissional. Volto a frisar que a falta de vontade é que atrapalha o progresso do ser humano. A maioria das pessoas espera que as coisas venham até elas e quando o colega de trabalho é promovido ou o vizinho compra um carro zero e dos mais caros sobram críticas para quem foi atrás de progresso. Não seja comodista, vá atrás de seus objetivos, leia, estude, busque maneiras de ser e/ou fazer a diferença.

Não se limite a ficar focado somente em suas atividades, observe o ambiente a sua volta, amplie seus horizontes, tenha um bom relacionamento interpessoal, conheça as pessoas. Atitudes simples como cumprimentar seus colegas de trabalho ou mesmo o pessoal da limpeza, aquela senhora que serve o café e outros colaboradores que não são do seu setor, podem fazer com que você seja visto com outros olhos tanto por subordinados quanto por superiores.

O tempo dos líderes cuja porta do escritório estava sempre fechada e que se limitavam a delegar tarefas já foi superado, os líderes de hoje são muito mais flexíveis. Tudo bem que ainda existem alguns como antigamente, mas a maioria está aberta ao diálogo e aceita melhor as ideias de seus colaboradores. Seja também um líder inovador, seja a diferença para a sua empresa e seus subordinados.

Resumindo, chegará a hora em que o conhecimento adquirido deverá ser repassado, portanto, tenha plena certeza do conhecimento que você possui. Se tiver dúvidas, não transmita. Informações erradas ou incompletas podem gerar transtornos e discussões desnecessárias, busque mais informações, procure embasar os seus conceitos do conhecimento adquirido e nunca pense que sua palavra é lei, independentemente do cargo que possua ou de sua vida pessoal. Essa atitude pode passar às pessoas a sua volta um desconforto e um sentimento de que você é arrogante e não tem disposição para ouvir. Lembre-se de que nós temos dois ouvidos, dois olhos e uma boca, isso significa que devemos ouvir e observar mais e falar menos.

Pense nisso...

- Até o hoje, onde o conhecimento que eu tenho me ajudou

O marketing aplicado aos relacionamentos

a conquistar os meus objetivos pessoais e/ou profissionais?
- Onde quero chegar e em quanto tempo quero alcançar este objetivo?
- O que me move a buscar novos desafios e novas conquistas?
- O que eu faço no meu dia a dia reflete o que estou buscando?

As respostas a essas perguntas lhe darão um norte de como o conhecimento que você tem hoje pode ajudá-lo e o quanto você precisa se esforçar em busca de mais conhecimento ou de um conhecimento mais específico relacionado aos seus objetivos.

Visão para o futuro

É muito importante saber aonde se quer chegar e quais os recursos necessários para alcançar o seu destino. Você está preparado?

Se você se sente preparado, faça um planejamento para começar a conquistar seus objetivos. O conhecimento será seu grande aliado nesta empreitada. Antes de mais nada, é preciso saber:

- Não tenha pressa de alcançar seu destino, a viagem longa é muito mais compensatória;
- Muitas vezes parecerá que você retornou ao ponto de partida, mas não desanime, isso faz parte do processo de aprendizado. Esse possível retorno lhe dará outras perspectivas;
- Faça anotações. Tenha sempre à mão uma agenda ou um caderno onde possa anotar os pontos relevantes de suas pesquisas e assuntos discutidos com outras pessoas. Se preferir meios eletrônicos, lembre-se de mantê-los sempre atualizados, tenha um pendrive como *backup* e faça constantemente atualizações.
- Nunca se livre de livros ou do material didático que adquirir ao decorrer da viagem. Eles servirão como mapa; um guia que você poderá recorrer sempre que necessário.

Existem ainda outros pontos que poderemos considerar sobre esta e outras questões da utilização e aquisição de conhecimento, estes nós analisaremos em próximos artigos.

6

Interpretando os desejos de seu cliente

Na atualidade, a dinâmica de como fazemos negócios tem levado empresas e empresários a mudarem seus conceitos em relação a como utilizar eficazmente ferramentas no processo do marketing aplicado ao relacionamento. O marketing de relacionamento responde pela construção de relações duradouras entre organização (empresa) e consumidor (cliente), com base na confiança e nos ganhos mútuos ao longo do tempo

Dimitrios Asvestas

Dimitrios Asvestas

Palestrante e conferencista em programas de Treinamento *In Company* nas áreas de motivação, planejamento estratégico, vendas, atendimento, liderança, desenvolvimento pessoal e gestão de finanças pessoais. Consultor especialista em planejamento pessoal financeiro, investimentos, proteções financeiras e internacionalização de riquezas. Seguros, Investimentos, previdência, passivo trabalhista e recuperação judicial. Especialista em marketing de relacionamento e gestão de redes em mercado multinível. Consultor em treinamentos junto a INMARK-International do Brasil. Certificado pela Franklin Covey Brasil no Seminário "O que mais Importa". Conselheiro da ABEFIN (Associação Brasileira de Educadores Financeiros). Conselheiro da Associação Comercial de São Paulo - Distrital Mooca. Empresário por mais de 10 anos no segmento de Fast Food. EMPRETECO. Sócio do Rotary Club de São Paulo Vila Alpina - distrito 4430.

Contatos
www.thoref.com.br
dimitrios@thoref.com.br
(11) 98100-9390

Dimitrios Asvestas

Entendemos como marketing o conjunto de operações que envolvem a vida do produto ou serviço, desde a planificação de sua produção até o momento em que é adquirido pelo consumidor. Por outro lado, relacionamento tem a ver com o ato de se relacionar.

Quando pensamos em marketing aplicado aos relacionamentos, creio que seja o ato efetivo de saber o que nosso cliente deseja e necessita, para que possamos atender suas expectativas. Ou seja, como atender e nos relacionar se não conhecemos, com detalhes, a outra parte?

Para que possamos (empresa) nos relacionar com os mais diversos tipos de clientes, necessitamos saber mais sobre eles.

Existem ferramentas como CRM, **Customer Relationship Management**, que cumprem este papel.

O objetivo de um CRM é manter registro fiel sobre nossa carteira de clientes. Desde os dados mais simples de cadastro, até o histórico de compras, *hobbies*, datas especiais, festivas e até reclamações, caso existam.

Cada vez mais, para fidelizarmos nossos clientes, é preciso saber exatamente as suas necessidades e assim surpreender no atendimento.

Pesquisas apontam que o custo para captação de novos clientes é cinco vezes maior do que manter a carteira.

O marketing relacional tem foco nos clientes já existentes e não na angariação de novos. Sua origem é do marketing direto e implica que parte da empresa tenha um forte conhecimento sobre os gostos dos clientes, quer sejam produtos, marcas ou serviços. O seu desenvolvimento permite a evolução da empresa, uma vez que para satisfazer os seus clientes, tem de ser mais proativa, escutando suas opiniões e desejos. Ao fazê-lo, cria-se espaço para o desenvolvimento de produtos ou serviços personalizados.

A seguir, listo alguns tópicos importantes que se evidenciam na empresa quando estamos alinhados com os desejos de nossos clientes e temos definidos, com clareza, Missão, Visão e Valores:

- Clientes satisfeitos provocam menos estresse;
- Clientes satisfeitos tomam menos o nosso tempo. Lidar com queixas e problemas pode consumir muitas horas e eles sempre surgem quando estamos mais ocupados;
- Clientes satisfeitos falam de sua satisfação para outras pessoas, o que amplia a boa reputação da organização;
- Clientes satisfeitos trazem satisfação ao trabalho e podem ajudar a motivar você e sua equipe;

O marketing aplicado aos relacionamentos

- Clientes são seres humanos: é natural querer proporcionar um atendimento atencioso e prestativo;

Através da filosofia de retenção, os relacionamentos se tornam cada vez mais importantes para o crescimento e fortalecimento de uma empresa. Deve-se buscar melhor e maior conhecimento acerca dos clientes. Para isso, é necessária a criação de planos estratégicos (de marketing), tendo em vista a constante satisfação dos consumidores, tema do marketing de relacionamento.

Criar ou participar de eventos específicos (feiras, congressos, palestras, etc.), isto é, exatamente onde nosso perfil de cliente se encontra, para sempre apresentar lançamentos e novidades; ou estender o convite para que eles participem, como forma de reconhecimento pelo permanente relacionamento comercial conosco.

Informações importantes em um banco de dados podem representar a permanência da empresa no mercado.

Quando a empresa tem um número pequeno de clientes locais, é possível que o gestor consiga de alguma maneira conhecer alguns detalhes importantes sobre seus gostos e hábitos. No entanto, à medida que a empresa cresce e a carteira de clientes aumenta consideravelmente, não há como gerenciar sem um CRM que possibilite exercer a efetiva gestão do relacionamento.

Empresas focadas em relacionamento tendem a obter melhores resultados, ou seja, contam com clientes mais rentáveis. Por sua vez, adquirem e coletam maior valor. Em contrapartida, suas propostas de valor superior são motivadoras para os clientes interagirem. Através dos avanços tecnológicos, as práticas relacionais ampliaram seu escopo.

Este conjunto de informações estratégicas tem como finalidade monitorar as experiências de consumo dos clientes e, por consequência, gerar uma amostragem comportamental do mercado em nosso segmento.

Ao mesmo tempo em que falamos da importância da implantação de um CRM eficiente e desenhado para as necessidades especificas de cada empresa, não podemos deixar de lado a capacitação do time de colaboradores, quanto a sua utilização e, principalmente, capacitando-o para a excelência no atendimento aos clientes.

Creio que podemos pontuar cinco níveis diferentes no processo de venda ou marketing relacionado aos clientes:

1. O vendedor efetua a venda tradicional junto ao cliente;
2. Efetivada a venda, o vendedor orienta o cliente a interagir com

Dimitrios Asvestas

a empresa, incentivando-o a telefonar, esclarecendo dúvidas ou fazendo as reclamações que eventualmente existam;

3. Podemos pensar de uma maneira mais responsável e atual, quando um colaborador ou setor responsável entra em contato com o cliente de 48 a 72 horas após a venda, para confirmar se conseguimos atender suas expectativas, nos antecipar para possíveis reclamações e, ao mesmo tempo, solicitar indicações, referências de amigos ou sugestões de melhorias;

4. O próximo passo característico de empresas líderes de mercado tem a ver com um atendimento de *call center* ativo. O vendedor ou um departamento entra em contato com seus clientes para informar sobre lançamentos, tendências e eventos evitando, assim, a evasão para a concorrência. Este tipo de atendimento faz com que o cliente se sinta importante e acolhido;

5. Outra maneira estratégica de fidelizar o cliente surge do interesse real e sincero por parte da empresa em orientá-lo sobre a melhor maneira de utilizar os produtos, buscando melhor *performance* ou rendimento, ajudando-o a economizar e usufruir melhor dos produtos adquiridos. Desta maneira, o cliente começa a sentir que tem uma empresa parceira e pode contar com a equipe.

Até este momento, estamos falando de marketing aplicado aos relacionamentos, porém o enfoque tem sido maior para empresa-cliente.

Não menos importante, é dever da empresa e de seu gestor se preocuparem, na mesma proporção, com o marketing de relacionamento em seu time interno de colaboradores.

O maior patrimônio de uma empresa é seu capital humano.

Para buscarmos o melhor resultado em faturamento, temos de promover, primordialmente, o marketing aplicado ao relacionamento com nossa equipe.

Entender seu perfil, sonhos, desejos e metas, para que assim possamos desenvolver estratégias inteligentes, fazendo-a se comprometer com os processos de aprendizado e atendimento ao cliente.

Traçar o perfil da equipe, desde o setor de atendimento até os níveis gerenciais, é de fundamental importância para que possamos crescer com solidez.

Investir no melhor *software* de gerenciamento (CRM) não é garantia de sucesso, se não tivermos um time comprometido com os processos, princípios, valores e missão da empresa.

O marketing aplicado aos relacionamentos

Definir uma verba anual para treinamento comportamental de liderança e desenvolvimento humano é imprescindível para o crescimento sustentável.

Criar entre as pessoas o sentimento de que são importantes em sua individualidade e que suas diferenças somadas criam a importante diversidade no atendimento aos clientes.

Fazer com que cada colaborador sinta-se parte do todo. Ao mesmo tempo, mostrar que ninguém é insubstituível e se houver necessidade, a empresa buscará novos profissionais.

Ainda que tenhamos agora uma equipe treinada e capacitada na excelência do atendimento aos clientes, e que tenhamos investido em equipamentos e softwares inteligentes, de nada adiantará **se a equipe não for capacitada a lidar com as ferramentas.**

Constantemente, me deparo com empresas que têm ferramentas de gestão fantásticas, porém os colaboradores não foram **capacitados**, treinados e atualizados quanto ao uso do sistema.

Agora temos definidas as metas e os objetivos da empresa, onde estamos e desejamos chegar. Temos uma equipe capacitada emocional e tecnicamente. Falta estabelecer o processo de validação de nossos parceiros fornecedores, pois deles e do bom relacionamento dependerá a excelência no processo de atendimento aos clientes.

O marketing aplicado ao relacionamento com nossos pares, nossos fornecedores, é peça fundamental do conjunto capaz de atingir as metas propostas no plano estratégico de crescimento. Portanto, entendemos que o processo demanda o alinhamento de um conjunto extenso de procedimentos, que podemos enumerar abaixo, como um guia prático para implantação:

- Definir nosso público-alvo e área de atuação;
- Definir metas de crescimento para elaborar plano de ação estratégico;
- Escolher junto ao mercado a solução mais adequada de CRM, customizando de acordo com a empresa e suas necessidades;
- Capacitar a equipe tanto nas questões de relacionamento interno (interpessoal), quanto no atendimento ao cliente e uso correto da ferramenta de gestão escolhida;
- Avaliar constantemente, a partir de relatórios e reuniões, o índice de crescimento, a retenção de clientes, reclamações e retorno dos clientes para novos negócios;
- O acompanhamento constante dos resultados, dependendo do ramo de atividade, deve ser diário.

Dimitrios Asvestas

Marketing de relacionamento é a resposta para as empresas enfrentarem este desafio e exige domínio do conhecimento sobre a tecnologia inerente a sua atividade, concorrentes, clientes, novas tecnologias que podem modificar o ambiente competitivo e sua própria organização, capacidades, recursos, planos e formas de negociar.

O objetivo do CRM é dar à empresa os meios mais eficazes e integrados para atender, fazer o reconhecimento e cuidar do cliente, transformando dados em informações que sejam disseminadas por toda a organização, possibilitando que o cliente seja conhecido, cuidado e bem atendido por todos e não somente pelos vendedores e *call center*.

Portanto, marketing aplicado ao relacionamento está diretamente ligado ao processo de reconhecimento dos desejos e objetivos almejados pela empresa, das necessidades de nossos clientes, dos anseios e objetivos de conquista do time de colaboradores, além do estabelecimento de parcerias duradouras com nossos fornecedores, para que **juntos** possamos atingir as metas estabelecidas.

Nas palestras que realizo pelo Brasil em empresas, congressos e conferências empresariais, posso resumir que abordamos o tema explorando com detalhes este conteúdo:

Conquistar um novo cliente demanda muito trabalho, tempo e altos investimentos em propaganda;

Chegamos à conclusão de que manter clientes é menos oneroso, e trabalhoso, ou seja, gastamos menos com o cliente que já é fiel;

O sucesso na implantação de um projeto de CRM dentro da organização é resultante do comprometimento das pessoas; desde gestores até atendentes e pessoas que, direta ou indiretamente, fazem contato com o cliente todos os dias;

Envolver no projeto mudanças estruturais, tanto na empresa quanto na cultura das pessoas e em sua filosofia é o maior desafio, pois se inicia uma nova fase dentro da organização e a liderança exerce papel importante no processo;

Marketing aplicado aos relacionamentos, portanto aplica-se aos relacionamentos.

Desejo fazer uma observação não menos importante, que é o marketing aplicado ao relacionamento familiar.

Assim como na empresa, necessitamos também conhecer profundamente os desejos e anseios das pessoas que fazem parte de nosso relacionamento, como esposa, filhos, marido, companheira, companheiro e assim por diante, pois sem essas informações, corremos o risco de que em curto espaço de tempo, percamos essa relação.

O marketing aplicado aos relacionamentos

Relacionamentos se desgastam, e **as partes vão para a concorrência** apenas e tão somente porque não temos um **"CRM"** familiar atualizado com todas as informações importantes sobre os gostos, anseios e desejos escondidos de nossos parceiros(as). Sabemos tudo de nossos clientes e nada efetivamente sobre as pessoas que nos são caras, que amamos...

Grande parte de empresas familiares, que não conseguem prosperar e se manter no mercado, têm como pano de fundo o desacerto no marketing de relacionamento pessoal / familiar, que acaba por influenciar nos resultados da empresa junto ao mercado e à concorrência.

7

O novo marketing: marketing 3.0 X marketing de relacionamento 3.0

O cenário mercadológico contemporâneo apresenta-se competitivo e complexo. Logo, o nível de exigência e qualificação dos profissionais de marketing cresce de modo acelerado. Para atender às demandas dos mercados cada vez mais hipercompetitivos e exigentes faz-se necessário o constante desenvolvimento de novas metodologias e técnicas que atendam as dinâmicas de mercado, surge então um novo pensamento dentro do marketing, o marketing 3.0

Douglas de Matteu

Douglas de Matteu

Prof. Douglas de Matteu, Ph.D.(c): Doutorando em *"Business Administration* PhD" pela Florida Christian University. Mestre na Arte do *Coaching* FCU/EUA. Mestre em Semiótica, Tecnologias da Informação e Educação, especialista em Marketing, Educação a Distância e em Gestão de Pessoas com *Coaching*, Bacharel em Administração. *Master Coach* pelo Metaforum com reconhecimento internacional por diversas instituições. *Trainer* em PNL. Treinador comportamental. Credenciado como treinador de *coaches* junto a World Coaching Council. Professor convidado da Florida Christian University - EUA e Docente na Fatec de Mogi das Cruzes, Faculdade Unidade de Suzano - UNISUZ e em cursos de pós-graduação. Coordenador do Grupo de Ensino e Pesquisa em Liderança e *Coaching* – GEPLICO da FATEC. Presidente da Associação Brasileira dos Profissionais de Marketing e do Instituto Evolutivo. Desenvolve treinamentos *in company*, palestras e *coaching*. Coautor de mais de quinze livros, coordenou as obras *Master Coaches e Treinadores Comportamentais* pela Editora Ser Mais.

Contatos
www.institutoevolutivo.com.br - www.douglasmatteu.com.br
douglas@institutoevolutivo.com.br
(11) 3419-0585
(11) 98100-9390

O marketing 3.0

O marketing vem evoluindo com o tempo, seu objetivo iniciou-se com a venda de produtos, em que o foco era o produto, orientado para o valor funcional que é denominado como marketing 1.0. Em seguida, o cliente ganhou destaque e o foco passou a ser a satisfação, retenção de clientes, diferenciação e relacionamento customizado, que é a marca do marketing 2.0 e integra aspectos funcionais e emocionais. Já o marketing 3.0 considera tecnologias emergentes e é voltado para os valores, baseado no desenvolvimento do mundo em um lugar melhor, integra aspectos funcionais, emocionais e espirituais (KOTLER, KARTAJAYA e SETIAWAN, 2010).

Os autores destacam as mudanças que vêm transformando o marketing contemporâneo. Diante desse contexto, o objetivo deste artigo é propor um novo olhar para o marketing que integre aspectos conceituais e práticos ao relacionar dimensões do marketing 3.0 (KOTLER, KARTAJAYA e SETIAWAN, 2010), marketing de guerrilha (LEVINSON, 2010) somando-o a ciências comportamentais como *coaching* (MATTEU, 2012), programação neurolinguística (O'CONNOR, 2011) e a teoria da complexidade MORIN (1990) por meio de uma construção interdisciplinar (FAZENDA, 2007) ao propor o marketing de relacionamento 3.0.

A proposta aqui está centrada em integrar os referenciais do marketing 3.0 (KOTLER, 2010), ao relacioná-los com os níveis neurológicos, desenvolvidos por Robert Dilts, e apresentados por O'CONNOR(1996, 2011) e *Coaching* Evolutivo, MATTEU (2012).

Os níveis neurológicos referem-se aos diferentes níveis de experiência do homem que perpassam pelas variáveis relacionadas ao ambiente, comportamento, capacidade, crenças, identidade e além da identidade (O'CONNOR, 2011).

Essa tendência holística é convergente com as perspectivas do marketing contemporâneo. "O marketing 3.0 leva o conceito de marketing à arena das aspirações, valores e espírito humano" KOTLER (2010, p.5). O autor também revela a perspectiva do indivíduo, considerando: mente, coração, espírito e os correlaciona com missão, visão e valores organizacionais.

Esta concepção mais abrangente e sistêmica evidencia a aplicação do marketing 3.0 "As empresas devem alcançar os consumidores como seres humanos plenos, feito de alma, coração e espírito. O objetivo é não negligenciar o espírito" (KOTLER, 2010, p.43).

A posição de Stephen Covey (2011) é a do ser humano pleno, com corpo físico, mente com capacidades de pensar e analisar, e coração, no sentido de considerar a emoção e o espírito.

Ao considerar os níveis neurológicos, emerge a visão integrada

O marketing aplicado aos relacionamentos

do marketing 3.0, em que se pode construir um pensamento sistêmico que inter-relacione os níveis neurológicos com as inovações do campo neurocientífico e as tendências mercadológicas, ou seja, atrelar os processos mentais, que perpassam pelo aspecto de ambiente, comportamento, habilidades e capacidades, que formam os três primeiros níveis. E avançar com reflexões mais profundas no que tange às ações de marketing ao considerar-se a necessidade de pensar as crenças, valores, identidade e espiritualidade.

Nesse sentido, as crenças e valores orientam nossos comportamentos e estão inseridos num contexto mais profundo neurologicamente. Logo surgem questionamentos do tipo, quais valores e crenças norteiam as atitudes do consumidor contemporâneo e como conectar-se a ele em nível mais profundo.

O consumidor contemporâneo está mais consciente, tem acesso à informação em poucos cliques por meio da internet e busca mais do que um produto, para atender suas necessidades e desejos. Busca na marca aspectos que perpassam por crenças e valores alinhados com os seus e até pela sua própria identidade, ideias e estilo de vida. No aspecto de filiação, ele quer se sentir parte de um grupo diferenciado, podendo até alcançar propósitos ou ir além, por meio dos aspectos espirituais.

A espiritualidade hoje ganha um espaço nas organizações e também no campo cientifico. Principalmente após Daniel Goleman (2012) ter trazido os referenciais de inteligência emocional (QE), que ainda são variáveis importantes também para o marketing à criação ações mercadológicas que estimulem o hemisfério direito e esquerdo, ou seja, razão e emoção. Agora, a ciência desperta um novo olhar sobre nossas ações, a inteligência espiritual. De acordo com ZOHAR, MARSHALL,(2012) existe a inteligência espiritual que relaciona a intuição com significados mais profundos. Ela trata do significado da vida, indo além das dimensões do QI, inteligência racional, QE, inteligência emocional. O marketing já utiliza muito bem esse conceito ofertando razões racionais para compra e também apelos emotivos que conquistam o cliente.

O QS, inteligência espiritual, é inspirado pela visão e valores, resgatando a autopercepção, o que se aproxima com a proposta do marketing 3.0 já destacado.

Marketing de relacionamento 3.0

Ao pensar em marketing de relacionamento, temos como ponto de partida os *stakeholders*, ou seja, as partes interessadas no negócio, composto por acionistas, investidores, empregados, sindicato, fornecedores, governo, consumidores entre outros.

É importante salientar o pensamento de LEVINSON (2010) de que o marketing pode ser traduzido como todo o contato, por menor que pareça ser, em que a empresa; a marca tem com o mercado, ou seja, com as pessoas e em especial com os *stakeholders*. Logo, podemos pensar que cada interação entre marca, empresa e seus funcionários com a sociedade é uma ação de marketing. Adicionamos a esse olhar ingredientes do marketing 3.0 e das ciências comportamentais contemporâneas para alcançar resultados e atender às demandas dinâmicas do mercado. Recomenda-se, então, o alinhamento de ações de marketing com os valores que contribuem ao desenvolvimento de um mundo melhor, valores como a sustentabilidade entre outros.

Alinhamento dos níveis lógicos com marketing

Os seres humanos capturam a realidade por meios dos cinco sentidos, visão, audição, tato, paladar e olfato, esses referenciais já são utilizados no marketing experimental (SCHIMITT, 2001), porém vamos agora aprofundar o tema integrando os níveis neurológicos, trazendo reflexões em níveis individuais e organizacionais, posteriormente pensando em ações para marketing de relacionamento 3.0, conforme descrito no quadro.

Níveis neurológicos aplicados ao marketing de relacionamento			
Dimensões	Relação com o indivíduo	Empresa	Ações marketing de relacionamento 3.0
Ambiente.	Limites e oportunidades.	Estrutura física, decoração, iluminação, cheiros etc.	Ambiente onde possa estimular os cinco sentidos. Oferece experiências singulares, em que a pessoa se sinta segura e aberta às possibilidades.
Comportamento.	Ações e reações.	O comportamento dos funcionários, a linguagem verbal e não verbal.	Conectar-se com o cliente por meio de *rapport*, técnica da PNL, que permite a conexão inconscientemente por meio de espelhamento, etc.
Capacidades e habilidades.	Direção e estratégia.	Fornecer informações dos produtos e ter funcionários bem treinados.	Oferecer informações, treinamentos e palestras. Conhecimento que forneça direção e estratégias para o cliente alcançar os seus objetivos.

O marketing aplicado aos relacionamentos

Crenças e valores.	Permissão e motivação.	Em que a empresa acredita e quais valores ela utiliza como norteador na tomada de decisão.	Valores e crenças da organização que se conectam com o indivíduo, como sustentabilidade (Natura) e inovação (Apple), geram uma conexão mais profunda com o cliente e o motiva.
Identidade.	Senso de identidade e missão.	Qual é a identidade da empresa/marca?	Quando o cliente se identifica e comunga do mesmo senso de missão da empresa, tem orgulho da marca, do que representa.
Afiliação.	Sentimento de pertencimento a um grupo.	Criar meios para tratar cada cliente de forma singular, sistemas de CRM podem auxiliá-lo.	Quando o cliente é tratado como mais do que um consumidor, por exemplo, membro da Associação Brasileira dos Profissionais de Marketing. Sentimento de pertencimento.
Espiritualidade.	Propósito de vida, visão, sentido da vida, legado.	Propósito maior alinhado ao marketing 3.0 "Tornar um mundo melhor".	Quando o cliente vê, ouve e sente que empresa se preocupa com cada cliente, com a sociedade e com a produção de mundo melhor.

Conforme apresentado no quadro, as empresas contam com várias dimensões para se relacionarem com clientes e também possibilidades de aprofundar esse relacionamento. É relevante destacar que as crenças e valores que orientam nossos comportamentos estão inseridos num contexto mais profundo neurologicamente. Logo emergem questionamentos do tipo quais são os valores e quais crenças norteiam sua organização? Sua empresa busca tornar o mundo melhor?

Diante da consideração, recomenda-se que os valores da organização sejam alinhados com o seu *target*. Tal postura pode ser também veiculada para o mercado no sentido de imprimir na mente dos clientes uma diferenciação da empresa, além das variáveis tradicionais do composto de marketing (4ps). Temos como exemplo a Apple, empresa que se destaca não só pelas características dos seus produtos, mas pelo valor de inovação que marca os produtos da empresa.

As organizações de destaque provavelmente serão aquelas que adotarem valores coerentes com a realidade do mercado e do mundo. No que tange às crenças, como vender um produto ou um serviço sem acreditar no mesmo? Como se comprometer com os resultados das organizações sem necessariamente acreditar na organização? Faz-se necessário, então, desenvolver crenças, primeiramente internas, isto é, no profissional, no sentido de acreditar verdadeiramente nos propósitos da organização, de seus produtos e serviços ofertados e depois disseminar essa crença por toda empresa, em seguida para o mercado.

Ao pensar em adquirir um determinado produto ou serviço, analisa-se além das características físicas, da conveniência, do custo beneficio e da solução de sua necessidade ou desejo. Consideram-se também os seus valores pessoais, suas crenças e sua identidade como consumidor e da respectiva empresa/marca. Tal aspecto é ratificado por Marcos Cobra: "As pessoas expressam sua individualidade por meio de marcas" (COBRA, 2009, p.192).

Para desenvolvermos o marketing de relacionamento 3.0, podemos utilizar o referencial da 'Atitude UAUMe!®' de João Alberto Catalão e Ana Teresa Penim (2012), que preconiza surpreender positivamente as pessoas e que está alicerçado nos seguintes comportamentos:
- Discurso interno positivo;
- Apreciar e encorajar os outros;
- Cultivar uma visão positiva do mundo;
- Ter energia positiva;
- Não se autolimitar;
- Ter iniciativa e ser resiliente;
- Acreditar que a vida é realização e praticar o valor da gratuitidade.

A proposta consiste em surpreender os outros positivamente ao "tocá-los" além de suas expectativas, acionando mecanismos de criatividade social, que irão potencializar a sua resposta positiva, estendendo-a a outrem, criando uma rede de Gratividade UAUme! (CATALÃO; PENIM, 2012).

Doze ações para promover o marketing de relacionamento 3.0
1 – Suspenda todo tido de julgamento, todos são clientes potenciais;
2 – Valorize a diversidade, respeite as diferenças;
3 – Tenha sempre uma equipe muito bem preparada e treinada;
4 – Utilize as tecnologias a seu favor, Sistemas de CRM e as redes sociais em especial;
5 – Engaje primeiro seus funcionários, depois o mercado;
6 – Estimule os cinco sentidos humanos;

O marketing aplicado aos relacionamentos

7 – Considere as dimensões racionais, emocionais e espirituais em ações mercadológicas;

8 – Faça uso dos níveis neurológicos, ambiente, comportamento, capacidade e habilidades, crenças e valores, identidade, afiliação e espiritual;

9 – Tenha um discurso interno positivo, assuma linguagem e comportamentos positivos.

10 – Focalize para superar as expectativas dos clientes e mantenha o foco de "fazer um mundo melhor";

11 – Trate as pessoas como elas gostariam de ser tratadas.

12 – Aplique a gratuidade, coloque a gratidão em atividade.

Diante deste artigo, fica o convite/desafio. Qual foi o seu aprendizado diante da leitura? O marketing mudou, e você? O que pode colocar em prática agora?

Lembre-se da frase de Myles Gaythwaite "Os homens obtêm êxito não por aquilo que sabem, mas pelo que se lembram e põem de fato em uso".

Referências

CATALÃO, J.C; PENIN, A. T. *Atitude UAUme!®: Como surpreender e criar valor na vida pessoal e nos negócios.* São Paulo: AREMEC, 2012.

COBRA, Marcos. *Administração de Marketing no Brasil,* 3 ed., Rio de Janeiro: Elsevier, 2009.

COVEY, Stephen R. *Os 7 Hábitos das pessoas altamente eficazes.* Rio de Janeiro: Bestseller, 2011.

FAZENDA, Ivani C. A. *Interdisciplinaridade um projeto em parceria.* 6 ed. São Paulo: Loyola, 2007.

GOLEMAN, D. *O cérebro e a inteligência emocional: novas perspectivas.* Rio de Janeiro: Objetiva, 2012.

KOTLER, P.; KARTAJAYA, H.; SETIAWAN, I. *Marketing 3.0: as forças que estão definindo o novo marketing centrado no Ser Humano.* Rio de Janeiro: Elsevier, 2010.

LEVINSON, JAY C. *Marketing de guerrilha: Táticas e armas para obter grandes lucros com pequenas e médias empresas.* Rio de janeiro: Best Seller, 2010

MATTEU, Douglas. T*ransformando vidas através do Coaching Evolutivo.* In PERCIA, A; MATTEU, D; MARQUES, J. R; SITA, M. *Master Coaches.* São Paulo: Ser Mais, 2012.

_____. *O processo de coaching: A possibilidade de revolucionar a sua vida e a gestão de pessoas* in: MOTT, M; SILVA, L,R. *Gestão de pessoas: Elementos, ferramentas e procedimentos,* 2012.

MORIN, Edgar. *Introdução ao pensamento complexo.* 2. ed. Lisboa: Instituto Piaget, 1990.

O'CONNOR, Joseph. *Manual de programação neurolinguística: PNL: um guia prático para alcançar os resultados que você quer.* Tradução de Carlos Henrique Trieschmann. Rio de Janeiro: Qualitymark, 2011.

SCHMITT, Bernd H. *Marketing Experimental.* São Paulo:Nobel, 2001.

ZOHAR, Danah; MARSHALL, Ian. *QS: Inteligência Espiritual.* Rio de Janeiro: Viva Livros, 2012.

8

O professor e a Geração Y

É o professor que faz despertar certos valores que nem sempre são apresentados ao indivíduo pela família. Como formador de opinião, tem o papel social de preparar o aluno para a vida. A intenção do marketing de relacionamento é proporcionar um ambiente que seja agradável; é atrair e manter o bom relacionamento entre professor e aluno. É transformar apáticos em pessoas motivadas

Ênio Cavalcanti

Ênio Cavalcanti

Graduado em Letras pelo Centro de Formação de Professores de Arcoverde e especialista em Programação do Ensino da Língua Portuguesa pela UPE. Tem MBA em marketing pela UNOPAR, e formação em *Coaching* pelo Instituto Holos. Leciona há mais de 10 anos, conquistando êxito em sua prática de ensino através de estratégias pedagógicas dinâmicas e de técnicas inovadoras de focalização da atenção dos alunos, criação de contextos educativos e facilitação de assimilação de conteúdos. Autor de artigos publicados em livros e revistas de circulação nacional na área de educação e marketing. Palestrante e consultor em educação para instituições de ensino, em temas ligados às questões de liderança, motivação e implantação de estratégias eficazes de ensino/aprendizagem. Busca um método de ensino para a vida, que leva o aluno a desenvolver o potencial pessoal de análise crítica, proatividade e participação social.

Contatos
www.eniocavalcanti.com
Facebook: facebook.com/eniocoach
enio.cti@gmail.com
(87) 9600-1457 / (71) 9385-3652

Ênio Cavalcanti

Os relacionamentos pessoais e profissionais são formados a partir dos costumes e da ética da sociedade em que cada indivíduo está inserido. Na escola se inicia nossa aprendizagem de cidadãos, por duas vias: o conhecimento dos nossos direitos e o reconhecimento dos nossos limites. Neste contexto, o *professor* é um dos catalisadores através do qual se aprende a viver em sociedade, aceitando e entendendo as diferenças do outro.

É o professor que faz despertar no aluno certos valores que nem sempre são apresentados ao indivíduo pela família. Como formador de opinião, tem, também, o papel social de preparar o estudante para a vida – não apenas para vestibulares e concurso! - independente da disciplina que lecione, levando-o a descobrir que o mais importante não é posição social, orientação sexual, religião, raça ou cor, mas, sim, o caráter e a dignidade humana. Este é um desafio que o marketing de relacionamento pode ajudar a vencer. Mas, como? Vejamos.

Fundamentalmente, o marketing de relacionamento fortalece as relações entre pessoas e dentro das instituições de ensino ele se faz cada vez mais necessário, pois a cada ano cresce o número de professores que adoecem por causa da depressão e do estresse adquiridos em sala de aula. Os motivos, todos sabemos. As consequências são a falta de motivação, aposentadoria precoce, abandono da profissão entre outros.

A intenção de aplicar o marketing ao Ensino Aprendizagem é, em primeiro lugar, fazer com que o ambiente seja agradável a todos. Em segundo lugar, é atrair, manter e aumentar o bom relacionamento entre o professor e o aluno, a escola e a comunidade.

Na prática, é transformar professores e alunos apáticos em pessoas motivadas, comprometidas e leais aos objetivos e metas pessoais e da instituição.

Conhecer-se, interagir e ser criativo são bases essenciais para o sucesso de um planejamento em marketing de relacionamento.

Uma pessoa com dificuldades para se relacionar com os demais pode ser um excelente aluno, mas é pouco provável que seja um bom professor mesmo que tenha estudado nas melhores escolas e universidades e tenha diversas especializações.

O fato é que o mundo evoluiu. Com o advento da internet e a globalização, o relacionamento entre as pessoas sofreu mudanças consideráveis. O que deu certo nos anos 80 não serve para a geração "Y" deste século que se inicia. O mesmo se aplica à educação hoje. O professor precisa estar por dentro dos assuntos que circundam a vida do aluno. Tem que conquistá-lo para além

O marketing aplicado aos relacionamentos

da sala de aula, visto que os relacionamentos continuam nas redes sociais, hoje presentes nos celulares que cabem no bolso.

Com tantas mudanças e tecnologias, é inconcebível que existam escolas com quadro de giz e professores que não utilizam tais recursos. Será difícil convencer seus alunos de que é melhor ler o livro indicado, - do que assistir à programação apelativa da TV ou passar horas na internet -, se este não despertar nos discentes a curiosidade e o desejo de aprender utilizando as novas tecnologias.

O professor tem que ser atualizado. O marketing de relacionamento é uma realidade e algumas ferramentas como a persuasão são fundamentais, pois a geração "Y" é completamente ligada às novidades tecnológicas e boa parte desse alunado prefere qualquer coisa que não seja a escola. Para atraí-lo, temos que inovar e saber persuadir!

Não podemos achar que sabemos tudo, só pelo fato de que utilizamos alguns *slides* em sala de aula. Temos que compreender que "tecnologia" não se limita ao computador, DVD e data show. Precisamos ser dinâmicos e utilizar métodos que atraiam a atenção do aluno.

Numa experiência pessoal, criei um blog onde postava artigos atuais. A ideia era fazer com que o aluno lesse os textos que seriam debatidos em sala. Depois disso, eles produziam dissertações. Com essa tática, os que realmente queriam aprender como escrever uma boa redação, se saíram muito bem nos vestibulares e concursos. A maioria criou gosto pela leitura e escrita. Hoje tenho ex-alunos escritores, poetas e aprovados em concursos e vestibulares. Atingi meu objetivo sem exagerar na tecnologia e sem ficar só nas regras dos livros.

O marketing associado à experiência profissional e pessoal de cada professor enfatiza a interatividade, a conectividade e a criatividade. Com esta abordagem, os relacionamentos melhoram e os objetivos são alcançados.

Mas afinal, o que é marketing? Resumidamente explico que é o processo usado para determinar que produtos ou serviços possam interessar aos consumidores, assim como a estratégia que se irá utilizar nas vendas, comunicações e no desenvolvimento do negócio. A finalidade do marketing é criar valor e satisfação, gerindo bons relacionamentos.

Cada um de nós é uma marca, um produto. O que vendemos? Serviços. Esses serviços são o nosso conhecimento didático e humano. Nossa metodologia, nosso jeito de ensinar e conviver

Ênio Cavalcanti

com os alunos. Todos têm uma necessidade e esperam que nós correspondamos às suas expectativas. É aí que entra o marketing na vida pessoal e profissional. Você compraria uma Ferrari com motor de fusca ou pagaria o valor de um Porsche num Uno duas portas? Claro que não!

Assim é o serviço que vendemos. Ele tem que encher os olhos de quem compra, mas também convencer que vale a pena comprar. Para fazer sucesso, temos que ter conteúdo e qualidade. Com a concorrência acirrada - tanto na esfera privada como pública - não basta ter certificados e experiência. As empresas buscam pessoas eficientes, criativas, arrojadas e que se expressam de uma maneira que conquiste o aluno. Nas entrevistas de emprego, o candidato é avaliado não só por seu currículo, mas por sua comunicação e desenvoltura.

Muitos nascem com o dom da oratória, porém, a maioria aprende com muito esforço como se portar em público e transmitir sua mensagem. Alguns até fracassam profissionalmente e não percebem como isso aconteceu mesmo tendo tantos títulos. Existem, também, aqueles que através do marketing fazem sucesso junto aos alunos e instituições. São professores que querem fazer a diferença, que não se conformam com a situação da educação e não ficam reclamando dos baixos salários e dos maus alunos. Estes sempre são convidados para lecionar em colégios melhores, privados e públicos; ministrar cursos e palestras; organizar e gerenciar projetos, coordenar e dirigir instituições.

Os professores de sucesso sempre estão disponíveis. Os medianos nunca podem, não têm tempo, estão cansados. O segredo para ser um professor bem-sucedido é pensar como empresa: "Um empreendimento chamado você". Toda empresa que quer ser grande investe em seus funcionários.

Não é produtivo esperar ter dinheiro. Infelizmente o professor do Brasil não recebe o respeito e a consideração como em países desenvolvidos. Meu conselho é: saia da sua zona de conforto e comece a investir em você, na sua carreira. Concentre-se no que você faz de melhor. É aí que está a chance de ser reconhecido. Agregue valores ao seu nome. Faça cursos, ministre *workshops* mesmo que em alguns deles você não receba nada. Mas lembre-se que é o seu nome que está em jogo. É sobre você que vão falar e é nessa hora que sua marca, ou seja, você começa a ter visibilidade e destaque.

Você já pensou por que a empresa "X" escolheria você para ministrar uma palestra na sua área? Já se questionou por que cha-

O marketing aplicado aos relacionamentos

mou aquele seu colega, com pouca experiência e não você? Não culpe ninguém, é você o responsável pelo sucesso ou fracasso da sua marca pessoal. O que você está esperando para mudar o que sabe que precisa mudar em sua vida pessoal e profissional? Ou será que você já desistiu de ser uma pessoa realizada pessoal e profissionalmente? Saia da procrastinação. O tempo é cruel e não vai esperar por você. Tome uma atitude, anime-se! Valorize-se!

Quanto mais motivado você estiver, mais motivados os alunos ficarão. Quanto mais valor você der ao seu aluno, mais ele se sentirá importante e mais positivamente agirá em relação a você. A médio e longo prazo isso fará uma diferença enorme. Para os que não conhecem mais profundamente o marketing e a oratória, vou apresentar agora algumas dicas que farão toda a diferença.

O marketing pessoal pode ser definido como uma tática individual para atrair e desenvolver contatos e relacionamentos do ponto de vista individual e profissional, bem como dar visibilidade a qualidades, habilidades e competências relevantes na perspectiva da aceitação e do reconhecimento por parte de outros. Para destacar-se em meio à verdadeira selva social em que se transformou o capitalismo, o marketing vem se tornando uma ferramenta cada vez mais necessária para todos, do mais simples ao mais sofisticado.

Os elementos básicos, para o sucesso no marketing pessoal, são:

- A qualidade do posicionamento emocional para com os outros
- A comunicação interpessoal
- A montagem de uma rede relacionamentos
- O correto posicionamento da imagem
- A prática de ações de apoio e incentivo para com os demais

Posicionamento emocional pode ser definido como sendo a forma com que as pessoas se lembrarão de um indivíduo. Algumas pessoas se recordam de outras pela maneira cortês, positiva e educada como foram tratadas, pela sinceridade e zelo com que tiveram o contato, enfim, pelas emoções positivas que remetem à imagem de outrem. Ao contrário, há pessoas que deixam uma imagem profundamente negativa, mesmo que o contato interpessoal tenha sido curto.

Assim, a prática do marketing pessoal deverá ser responsável por um grande cuidado na maneira como se dão os contatos interpessoais. São fundamentais para isso atitudes que remetam à atenção, simpatia, assertividade, ponderação, sinceridade e demonstração de interesse pelo próximo, de uma forma autêntica e transparente. Reza uma máxima do marketing pessoal: atenção personalizada a quem quer que seja nunca é investimento sem retorno.

A comunicação interpessoal pode ser definida como sendo o grande elo que destaca um indivíduo em meio à massa. Quando ele fala, quando se expressa por escrito ou oralmente, quando cria vínculos de comunicação continuada, externa o que tem de melhor em seu interior. Assim, usar um português correto e adequado a cada contexto, escrever bem, vencer a timidez, usar diálogos motivadores e edificantes e manter um fluxo de comunicação regular com as pessoas é básico para um bom desenvolvimento do marketing pessoal. Temos sempre a tendência de ver as pessoas que se comunicam bem como líderes no campo em que atuam.

Rede de relacionamentos pode ser definida como uma teia de contatos, nos mais variados níveis, fundamentais para o indivíduo se situar socialmente, tanto de forma vertical (com relações em plano mais elevado que o seu) quanto horizontalmente (com seus pares, em plano semelhante). Quando se fala em rede de contatos, dois desafios surgem imediatamente: dimensionar os relacionamentos de forma plural, isto é, ser capaz de se relacionar em qualquer nível, tornando-se lembrado por todos de forma positiva; e manter a rede de contatos, enviando mensagens periodicamente, fazendo-se presente em eventos sociais e tratando aos outros com atenção e cordialidade.

Posicionamento de imagem pode ser definido como uma adequação visual ao contexto social. É fato que a sociedade hipervaloriza a imagem e, exageros à parte, o princípio do cuidado visual precisa ser analisado realisticamente. Assim, o traje correto e adequado ao momento, a combinação estética de peças, cores e estilo, bem como os cuidados físicos fundamentais (o corte do cabelo, a higiene, a saúde dentária, etc.) são importantes para uma composição harmônica e atrativa da imagem.

Finalmente, **a prática de ações de apoio, ajuda e incentivo para com os demais é** o grande elemento do marketing pessoal e, como destaque social, a melhor forma de galgar um lugar nas mentes e corações dos que nos cercam. Não é preciso dizer que apoiar, ajudar e incentivar as pessoas deve ser um conjunto de atitudes sinceras, transparentes e baseadas no que se tem de melhor. Até porque ações meramente aparentes são facilmente detectadas e minam a essência do marketing pessoal verdadeiro. O segredo, portanto, é sempre se perguntar: de que maneira posso ajudar? De que forma posso apoiar? Como posso incentivar o crescimento, o progresso e o bem-estar do próximo?

O marketing aplicado aos relacionamentos

Em última análise, após a exposição desta gama de aspectos ainda pouco explorados no campo da educação é importante fixar o seguinte:

Quando bem praticado, o marketing pessoal é uma ferramenta extremamente eficaz para o alcance do sucesso social e profissional. E o melhor é que, além de beneficiar quem o pratica, ele também proporciona bem-estar para os que estão ao redor.

9

Como elaborar um plano de marketing pessoal de alto impacto e como construir uma rede de relacionamento que faça a diferença

Um plano de marketing pessoal excelente requer muita atenção aos detalhes e, acima de tudo, um objetivo bem definido para que o plano em ação surta o efeito esperado

Eugênio Sales Queiroz

Eugênio Sales Queiroz

Cientista social com MBA em Gestão de Recursos Humanos pela Uninter Curitiba. Autor de vários livros lançados no Brasil e no exterior, entre eles *As 60 ações inteligentes para o sucesso* pela Qualitymark Editora. Ministra treinamentos corporativos e palestras de alto impacto nas áreas de excelência profissional, atendimento ao cliente, vendas, marketing pessoal, liderança, com atuação na área educacional. Em suas palestras, procura inspirar os participantes a terem uma vida pessoal e profissional mais plena. Por passar uma energia poderosa aos que o assistem, é um dos palestrantes motivacionais mais requisitados do momento.

Contatos
www.eugeniosales.com.br
consultor@eugeniosales.com.br
Facebook: facebook.com/eugeniosalesqueiroz
(81) 9936-7126
(81) 3723-8256

Eugênio Sales Queiroz

Não basta ser bom, é preciso ser excelente, não basta ser excelente, é preciso que os outros também saibam disso. O mundo altamente globalizado e interligado tem exigido cada vez mais proatividade e profissionais de alta qualidade. Ser bom não interessa mais, é preciso ser excelente, espetacular, notável e fazer realmente a diferença. E o profissional moderno que desejar alcançar o topo do sucesso, além de ser eficiente em sua carreira, precisará saber divulgar de forma profissional suas características para a sociedade como um todo, por isso se faz necessário elaborar um plano de marketing pessoal eficiente e depois construir uma rede de relacionamento (*networking*) para que as pessoas saibam que você existe e do que é capaz de realizar.

Um plano de marketing pessoal excelente requer muita atenção aos detalhes e, acima de tudo, um objetivo bem definido para que o plano em ação surta o efeito esperado.

O que deve conter em um plano de marketing pessoal eficiente (PMPE)?

Uma boa apresentação, ou seja, vestir-se de forma a causar um efeito positivo, neste ponto exageros estão fora de cogitação.

Outro detalhe, o velho adágio popular que diz "diga-me com quem andas que te direi quem és" agora mudou para "diga-me com quem andas que te direi aonde chegarás", o que na prática quer dizer, se junte aos bons, se junte aos que têm ambição positiva, porque se juntar com pessoas de péssima índole ou com os "fracassados de plantão" não é um bom negócio para quem deseja o sucesso. Por isso, cuidado com quem você convive no seu dia a dia profissional, pois o seu nome também será lembrado de forma positiva ou negativa de acordo com suas amizades profissionais.

O seu plano de marketing pessoal eficiente precisa também conter características próprias, por exemplo, você precisa ter uma autoconfiança extraordinária para que a sua presença em eventos sociais ou mesmo em reuniões de negócios ou no próprio ambiente de trabalho cause uma excelente repercussão, até o brilho do seu olhar e sua postura física podem somar ao seu marketing pessoal.

Procure estar sempre disponível a seus contatos profissionais, pois um profissional que não atende aos seus pares, não será bem-visto pelos seus contatos. Atender as solicitações é uma maneira eficiente de ser um profissional benquisto quando requisitado.

Em relação às mídias sociais, o seu PMPE precisa ter uma atenção toda especial nesta área. Procure usar as mídias sociais de forma que agreguem valor à sua marca registrada. Por essa razão, procure conhecer e usar as melhores redes sociais que possam somar ao seu PMPE.

O marketing aplicado aos relacionamentos

Nelas você poderá compartilhar ideias, bem como mostrar que você é uma pessoa altamente conectada com o mundo moderno. É bom lembrar que as mídias sociais tanto podem somar como prejudicar a sua marca pessoal, bom senso é o melhor remédio neste caso, então evite participar ou mesmo provocar assuntos polêmicos.

Um detalhe muito importante no seu PMPE é a sua habilidade nas conversas em eventos sociais, pois não conheço outro meio que ajude o profissional moderno a se destacar e a mostrar a que veio. A sua comunicação precisa ser impactante, ou seja, precisa ser transparente, coerente, entusiasmante e provocante, a fim de que seus clientes e parceiros de negócios sintam em você a segurança de um profissional experiente e vencedor. Afinal de contas, quem não sabe se comunicar bem, perde ótimas chances de ter sucesso na carreira profissional.

Aqui vai uma dica extra: se você é muito tímido ou se fala pelos "cotovelos" faça um curso de comunicação verbal e aprimore sua comunicação profissional.

Saber explanar ideias de forma eficiente é outro ponto importante, ao qual você precisa prestar bastante atenção na hora de usar o PMPE. Uma boa notícia é que a maioria das pessoas gosta de conhecer outras com ideias inovadoras e que sabem apresentá-las de forma simples, objetiva e com segurança, essa é uma habilidade muito usada pelos líderes modernos. Então, aproveite seus encontros sociais ou mesmo reuniões de negócios para expor ideias de forma eficiente e profissional.

Outra habilidade das pessoas de sucesso, e que você precisa prestar atenção, é o bom humor e o entusiasmo que elas têm para viver e alcançar o tão desejado sucesso. Elas aprenderam desde cedo que ninguém gosta de manter contatos com pessoas "ranzinzas", ou seja, mal-humoradas e com a fisionomia fechada. É sempre bom lembrar que o bom humor nos aproxima de outros profissionais a quem desejamos ter contato. O bom humor abre portas, enquanto o mau humor nos faz perder ótimas oportunidades.

O bom humor, em tempos de estresse, torna-se também um diferencial competitivo, afinal de contas é muito melhor fazer e realizar negócios com pessoas de bem com o universo, com as outras pessoas e consigo mesmas. Pense nisso e invista no bom humor, seus contatos agradecerão a sua presença de espírito.

Após refletir como elaborar o PMPE, vamos analisar qual a melhor maneira de divulgar ou mesmo disseminar suas qualidades profissionais. Um dos caminhos mais eficientes que conhecemos é por meio de um plano de *networking* eficiente (PNE), ou seja, é construir uma poderosa rede de relacionamento profissional a fim de divulgá-lo profissionalmente e o que você faz de melhor.

Mesmo para quem já está no mercado de trabalho há bastante tempo é preciso cuidar ou mesmo criar sua rede de relacionamento, pois será ela que lhe dará sustentação em seu sucesso profissional.

E como criar uma rede de relacionamento e mantê-la de forma profissional para que possa fazer diferença na carreira?

Primeiro passo: conheça o seu estilo de ser e comece a observar outros profissionais de diversas áreas para poder dar início aos seus contatos.

Segundo passo: participe ativamente de encontros sociais, incluindo reuniões e palestras em associações comerciais, câmara de dirigentes lojistas, Rotarys e Lions. Esses clubes sociais reúnem o que há de melhor na sociedade e lá você encontrará o seu público-alvo ou, pelo menos, pessoas que tomarão conhecimento sobre você, seu profissionalismo e o que tem a oferecer ao mercado.

Terceiro passo: seja um amplo colecionador de cartões de visita, mesmo daqueles profissionais que você acha que nunca precisará, pois nunca sabemos o dia de amanhã. Organize-os em uma pasta para achar sem demora quando precisar.

Quarto passo: quando conhecer um novo contato, apresente-se sempre com energia emocional, ou seja, tenha sempre uma presença firme. Todos gostam de conhecer pessoas de sucesso e autoconfiantes.

Quinto passo: saiba que o segredo para fazer sucesso com as pessoas é se interessar verdadeiramente por elas, portanto, escute seu interlocutor com muita atenção e apreço, essa é uma forma certeira de a pessoa simpatizar com sua amizade.

Sexto passo: sempre distribua os cartões de visita no início da conversa para a pessoa notar que você é um profissional sociável e amigável.

Sétimo passo: quando falar de si mesmo, cuidado para não cometer exageros e se apresentar como o super, o magnífico, o extraordinário, o Cara. As pessoas priorizam profissionais comedidos e que não se autointitulam como pessoas infalíveis. Isso pega muito mal.

Oitavo passo: tenha cuidados extras quando se sentir na obrigação de emitir opinião sobre determinados assuntos como política, religião, futebol, sexualidade, ou outros temas polêmicos, pois uma opinião lançada ao vento pode comprometer a imagem profissional. Bom senso nestes casos é o melhor remédio.

O marketing aplicado aos relacionamentos

Nono passo: evite falar rápido ou lento demais para não tornar a conversa chata e sem sentido. Fale sempre com segurança e mantenha-se atento aos detalhes do diálogo para não cometer gafes que manchem seu profissionalismo.

Décimo passo: evite a todo custo provocar ou deixar seu interlocutor constrangido, preserve a conversa de assuntos indelicados e inconvenientes.

Décimo primeiro passo: mantenha sua rede de contatos sempre ativa, ou seja, sempre que conhecer uma pessoa num evento social é de bom tom enviar um e-mail mostrando satisfação em conhecê-la.

Décimo segundo passo: aceite o maior número possível de convites para participar de eventos sociais como palestras, reuniões de negócios, viagens, etc. Esta é uma maneira muito eficiente de manter seus contatos atuais e de fazer novas amizades.

Décimo terceiro passo: esteja sempre disponível quando for solicitado a prestar algum favor. Isso mostrará que você é uma pessoa com a qual se pode contar. Quando não puder de forma alguma ajudar, saiba ser elegante na recusa da solicitação.

Décimo quarto passo: colecione datas de aniversários dos seus principais contatos, use algum dispositivo eletrônico (celular, por exemplo) para lembrá-lo e no dia ligue ou, no mínimo, mande um e-mail ou poste uma mensagem de impacto nas redes sociais, pois todos gostam de ser lembrados. Essa dica vale também para datas importantes como Natal, Ano Novo e na comemoração da Páscoa.

Décimo quinto passo: por último, seja sempre muito presente na vida dos seus contatos pessoais. Só procurá-los quando você precisar é de extrema indelicadeza e falta de profissionalismo.

Agora que você está pronto para elaborar seu plano de marketing pessoal e cuidar de sua rede relacionamento para ter mais sucesso em sua vida profissional, lembro que não adianta você gastar tempo e esforço para elaborar metas, se não cuidar delas. Portanto, como última dica, aconselho a não deixar "esfriar" tudo o que você construiu com esforço e atenção.

Siga firme amigo(a) leitor(a). O mundo precisa de pessoas fortes, determinadas a fazerem sucesso, que tenham simplicidade de coração, presença de espírito para ajudar o maior número de pessoas possíveis e deixar em cada uma delas a nossa marca registrada.

Boa sorte e sucesso.

10

Uma revolução chamada marketing político

Toda grande transformação precisa ser compreendida da maneira mais ampla possível e o político não foge dessa regra, afinal, ele é capaz de afetar e influenciar diretamente não apenas profissionais de marketing, mas todos os cidadãos. Conhecer mais profundamente o marketing político é ampliar horizontes e perceber um enorme potencial para a profissão e para a vida

Fábio Simonetti

Fábio Simonetti

Diretor de Negócios da Dueto Comunicação, agência de comunicação especializada em Comunicação Social e marketing político e eleitoral. Experiência na implantação de marketing de relacionamento, desenvolvendo estudo de pesquisa e opinião. Gestor e profissional de propaganda com 20 anos de experiência, tendo atuado como coordenador em diversas campanhas pelo Brasil, realizando consultoria a cargos eletivos, vereadores, prefeitos e deputados. É diretor da APP Ribeirão Preto (Associação Paulista dos Publicitários) e membro da ABCOP (Associação Brasileira dos Consultores Políticos). Ministrou aulas nas Faculdades FABAN. Formação e Certificação Internacional "The Global Leadership Institute" na University of California, San Diego, School of International Relations and Pacific Studies.

Contatos
www.dueto.ppg.br
fabio@dueto.ppg.br
(16) 3967-3067
(16) 98149-8190

Marketing x marketing político

Antes de avançar, é preciso entender que o marketing empresarial (ou marketing clássico, entre tantas denominações), amplamente aplicado no setor privado em diversos meios e segmentos, é diferente do marketing político.

Segundo Philip Kotler: "Marketing é a atividade humana dirigida à satisfação das necessidades e desejos através de um processo de troca".

Assim, no marketing empresarial, o consumidor tem garantida uma premissa básica, que parte de sua plena satisfação. Cabe às empresas (públicas ou privadas), assegurar, por seus próprios meios, o completo atendimento das necessidades e desejos de seus consumidores por serviços e produtos de boa qualidade.

A garantia legal de satisfação é assegurada pelo Código de Defesa do Consumidor. Caso seja lesado por defeito do produto ou propaganda enganosa, ele deve ser imediatamente ressarcido pelos prejuízos causados.

No marketing político/eleitoral, isso não ocorre, afinal, não há um código de defesa do eleitor capaz de "trocar" ou "devolver" um candidato eleito. Caso não ocorra nenhum problema grave comprovado (que poderia causar um *impeachment*, por exemplo), ele permanecerá no cargo por quatro anos, no mínimo.

Também temos a questão do voto popular, afinal, ele é obrigatório, diferentemente do marketing empresarial, onde o consumidor tem a opção da compra. Mesmo que a opção seja pelo voto branco ou nulo, ele tem de votar.

Feita a diferenciação, é preciso estabelecer outra, pois é comum que os conceitos de marketing político e marketing eleitoral sejam confundidos, afinal estão intimamente relacionados e são complementares, porém diferentes:

O **marketing político** está relacionado à construção da imagem do político em todos os momentos de sua carreira, seja enquanto candidato, depois de eleito, ou em qualquer momento de sua carreira; sem um prazo final, ou seja: enquanto a pessoa pública existir, o marketing político deve estar presente. Seu objetivo primário é criar imagem sólida e positiva, gerar notoriedade, admiração e empatia por parte da população como um todo, sem restrições.

O **marketing eleitoral** é mais pontual. Como o próprio nome sugere, está relacionado diretamente ao pleito, porém tem início muito antes da eleição, atingindo o ápice no desenrolar do período eleitoral.

O marketing aplicado aos relacionamentos

Seu objetivo primário é gerar relação de confiança e cumplicidade com o maior número de eleitores possível, através de diversas ações de marketing, marketing direto, propaganda, etc.

O marketing político de lá para cá

Após Nixon e Kennedy realizarem o primeiro debate na TV, nos anos 60, a maneira pela qual o candidato é visto e reconhecido na sociedade ganhou importância. A partir daí, não há como assumir a disputa eleitoral sem um profissional de marketing assessorando e planejando as estratégias de campanha em todos os âmbitos. A revolução começou...

Segundo o Dicionário Houaiss, a palavra "revolução" é datada do século XV e significa: "grande transformação, mudança sensível de qualquer natureza, seja de modo progressivo, contínuo, seja de maneira repentina".

A revolução do marketing político começou em decorrência da própria evolução social. O conflito de interesses, as pressões sociais, a quantidade de candidatos, a segmentação de mercado, as exigências de novos grupamentos de eleitores, o fortalecimento dos grupos de pressão e tantos outros elementos foram determinantes para a necessidade dos princípios do marketing aplicados à política. Sozinho, as chances de eleição de um candidato são muito pequenas, para não dizer remotas.

O marketing político nada mais é do que o esforço planejado para se cultivar a atenção, interesse e preferência de um mercado chamado eleitorado. Pode-se afirmar, sem medo de errar, que ele representa um caminho desejável e seguro para o sucesso de quem deseja seguir carreira política.

O marketing político destina-se ao aprimoramento completo de um político, passando por todos os níveis, desde a apresentação pessoal básica (vestuário, higiene pessoal, corte de cabelo...), sua maneira de se expressar (gestual, tom de voz, olhar...), seus trejeitos, postura perante o eleitorado, comportamento relacionado à vida pessoal, entre outros fatores.

Infelizmente, o marketing político aparece, com frequência, ligado a um caráter negativo, associado a práticas totalitárias ou manipulativas. Há quem pense, erroneamente, que qualquer pessoa, desde que devidamente preparada e assessorada por *"experts"* no assunto, seria capaz de eleger-se, mesmo que desprovida de ideias ou motivações políticas legítimas.

Fábio Simonetti

Assim como no marketing empresarial, é falsa a ideia de que só uma boa campanha publicitária é responsável por vender o produto.

Já existiu um tempo em que um *"jingle* que pega", uma "frase de efeito" ou um "filme publicitário emocionante", eram capazes de sustentar ou até mesmo eleger um político, mas esse tempo acabou. O povo brasileiro está mais politizado, mais interessado em conhecer a fundo o político antes de confiar a ele seu voto, um processo de crescimento altamente benéfico para toda a sociedade. O cidadão está cada vez mais exigente, está mudando, e o marketing político está mudando junto.

Os famosos "cursos de final de semana" podem agregar sim, têm seu valor, porém engana-se quem pensa que são suficientes para atuar neste mercado de maneira eficiente. Não é possível fazer do político um fantoche ou robô programado e achar que, hoje em dia, ele será eleito apenas por possuir uma bela foto ou uma trilha bem composta. É preciso entender que a publicidade é apenas uma das ferramentas. O marketing político demanda muito mais do que uma campanha bem feita, requer dedicação integral do profissional, tato e experiência no preparo correto do político para enfrentar altos e baixos de campanha, autocontrole para superar a "guerra de nervos" do dia a dia eleitoral, rapidez de raciocínio para perceber e acompanhar as abruptas e constantes mudanças no cenário, sem falar em uma boa dose de visão de mercado, para aproveitar todas as oportunidades, e não apenas aquelas facilmente reconhecidas.

Nada disso será suficiente se não houver um político moderno, legítimo, com vontade política verdadeira, boas ideias, boas propostas, com conteúdo...

Aí sim, quando temos o encontro deste marketing político moderno e atuante com um político íntegro e verdadeiro, está feita uma revolução capaz de mudar este gigante (agora, acordado) chamado Brasil.

11

Marketing de relacionamento: criação do vínculo essencial com o cliente

No mundo cada dia mais competitivo, onde mudanças ocorrem em um piscar de olhos, nós precisamos buscar mudanças no marketing pessoal, a fim de criar, manter e melhorar os relacionamentos com públicos diversos. Nesta busca incessante de aperfeiçoamento em se relacionar, algumas questões devem ser analisadas

Fabíola Simões

Fabíola Simões

Formada em Comunicação Social – Habilitação em Jornalismo, MBA em Gestão de Pessoas, pós-graduando marketing. Docência no Ensino Superior e Gestão de Cidades. Proprietária da agência Ideias Mídia Comunicação Integrada e Treinamentos; atua como palestrante em diversas empresas no Vale do Paraíba – São Paulo. Assessora de Imprensa na Faculdade de Ciências Humanas de Cruzeiro – FACIC, Faculdade Santa Cecília – FASC, Sindicato dos Metalúrgicos de Cruzeiro e Feiras Agropecuárias.

Contatos
www.ideiasmidia.com.br
fabiola@ideiasmidia.com.br
fabiola.simoes.jornalista@gmail.com
(12) 99171-6240 / (12) 98120-6144

Fabíola Simões

Vivemos uma era diferente de todas as outras. Mudanças acontecem num piscar de olhos, e diariamente somos bombardeados por milhares de informações. Entre elas, várias contêm mensagens de divulgação de produtos e serviços em profusão fora do normal ou do alcance da mente. Neste emaranhado de percepções, promoções e afins, temos um cenário onde as corporações brigam por clientes em todos os níveis. E tudo acontece numa época onde as distinções sobre produtos ou serviços são embaralhadas, com ciclos de vidas menores, adaptados aos mercados globais cada vez mais segmentados e competitivos.

Nesta nova realidade mercadológica, os especialistas enfatizam que os mercados são prioritariamente qualitativos em detrimento da mensuração quantitativa. Por estes motivos, a gestão e a prática do relacionamento com o cliente se tornam imprescindíveis para a sobrevivência das organizações, que necessitam demandar atenção ao foco do foco do cliente.

Isto significa entender seus produtos e serviços pela ótica de quem os consome. Prospectar estas necessidades e desejos é vital para garantir uma estratégia de mercado vencedora. Saiba os motivos pelos quais seus clientes compram de sua organização!

O conceito do marketing de relacionamento já está maturado nas organizações. Seu aperfeiçoamento ocorreu de forma gradativa, principalmente na última década, quando se transformou numa ferramenta estratégica dentro do *mix* de qualquer empresa, não importando o seu porte ou mercado.

Resumindo sua fundamentação teórica, podemos afirmar que o marketing de relacionamento é o processo de criar, manter e melhorar relacionamentos fortes com clientes e acionistas. Seu principal objetivo é aprimorar as relações com os públicos que se relacionam com o microambiente da organização, em especial clientes e fornecedores, visando estabelecer um relacionamento duradouro e que tenha por base o conhecimento em toda sua amplitude. Este relacionamento perene é o segredo para o sucesso das organizações que compreendem a importância de possuir uma base forte, sólida e fidelizada de clientes. Conquistar a confiança do cliente no mercado atual, onde existem inúmeros concorrentes oferecendo basicamente os mesmos produtos e serviços, faz parte da gestão estratégica vencedora das organizações que procuram diferenciais. Não é uma tarefa simples!

Atualmente, não basta possuir os melhores produtos e serviços. Seu *portfolio* pode ser hiperatrativo, entretanto, é essencial estabele-

O marketing aplicado aos relacionamentos

cer um vínculo com o cliente, onde ele sinta que não é apenas "mais um", mas único num relacionamento que traga satisfação aos seus desejos e necessidades. Entenda que neste vínculo essencial com o cliente, é imperativo que a organização esteja preparada, em todos os departamentos, para o único foco que interessa na sua estratégia vencedora de marketing de relacionamento: servir o cliente.

Algumas variáveis são fundamentais para que seu programa de marketing de relacionamento consiga atingir um grau de excelência adequado às expectativas do seu cliente:

- Foco no **negócio** (produtos/serviços, clientes, relacionamentos e resultados);
- Criação de novas formas de comunicação em busca de relacionamentos mais profundos e duradouros;
- Montagem de uma estrutura que atinja toda a cadeia de relacionamentos:

Clientes / fornecedores / intermediários e sociedade.

Nesta caminhada para atingir o sucesso no relacionamento com o cliente, estabelecendo o vínculo essencial, não podemos esquecer que entender as suas razões, analisar suas percepções são ações preponderantes para criar e implantar estratégias eficazes, que busquem conquistar a confiança do cliente para que se torne parceiro constante da organização, por um período de tempo que seja longo e estruturado.

Outra análise importante é tomar muito cuidado para não cair em uma armadilha comum, porém, silenciosa e perigosa, quando tratamos de programas de relacionamento com o cliente: satisfazer não é garantia total de fidelizar. Pesquisas demonstram que clientes satisfeitos também trocam de fornecedor, desde que não haja custo adicional. Ficar atento às reações e monitorar as ações dos clientes é fator crítico de sucesso para um eficaz programa de marketing de relacionamento.

O vínculo essencial com o cliente demanda compreendê-lo em toda a sua extensão, o que significa que não basta ter um banco de dados atualizado. Ele será uma ferramenta útil no processo desde que garanta informações extraordinárias sobre a vida do cliente, extrapolando o simples conhecimento de seu perfil socioeconômico. É necessário estabelecer uma relação de confiança, uma parceria à prova de concorrentes, onde sua blindagem começará pelo interesse sincero sobre o que realmente importa para o cliente.

Fabíola Simões

A literatura apresenta diversos níveis de vínculo que podem ser estabelecidos com o cliente, na busca de um sistema ágil e eficaz de marketing de relacionamento:

- Vínculo estrutural (o cliente e a empresa estão operacional e estruturalmente ligados ou integrados, ao empregar frequentemente tecnologia para facilitar a interação);
- Vínculo de valor à marca (valor que o cliente obtém ao se relacionar diretamente com o produto);
- Vínculo comportamental (quando os clientes se unem a uma organização);
- Vínculo pessoal (quando os clientes gostam de trabalhar com pessoas específicas);
- Vínculo de informação e controle (quando os clientes se beneficiam dos relatórios e outras informações);
- Vínculo de valor (quando obtém o valor que procuram de seus fornecedores);
- Vínculo de opção zero (quando as organizações têm pouca escolha).

Montar sua estratégia a partir destes níveis permitirá que sua organização pratique o relacionamento como algo estruturado dentro do planejamento de marketing, porém sem esquecer que tudo pode ir pelos ares desde que não haja um monitoramento das ações praticadas e a mensuração dos resultados, que não podem e nem devem ser analisados somente sob o prisma financeiro. Em diversas ocasiões, os investimentos demandados aparentemente não trarão os resultados esperados ou projetados pelas metas. Neste momento, a análise sistêmica deve permitir a todos na organização entender que a manutenção do vínculo com o cliente, e a consequente manutenção da sua confiança nos produtos e serviços, vale mais do que somente o aspecto econômico. A resposta é simples, antecipando possíveis questionamentos a respeito deste posicionamento controverso: o trabalho realizado no programa de marketing de relacionamento que visa satisfazer e principalmente fidelizar o cliente, sempre tem como boa prática três ações:

1. Manter um comportamento do cliente;
2. Mudar um comportamento do cliente;
3. Reforçar um comportamento do cliente.

O marketing aplicado aos relacionamentos

Afinal, criar um vínculo essencial com o cliente é vital para o sucesso do programa de marketing de relacionamento da sua organização.

Ele objetiva, em última instância, projetar as seguintes ações estratégicas:

- Prospectar potenciais clientes;
- Identificar e antecipar novas tendências de consumo;
- Permitir a criação de um sistema de comunicação personalizado com os seus públicos.

Um vínculo forte é o elo que vai permitir à sua organização manter competitividade no mercado.

Conceber e implementar um programa vencedor de marketing de relacionamento é possível, desde que não haja falta de foco na hora das perguntas cruciais que antecedem este momento. Perguntas que demonstram claramente o que a organização espera ao criar este programa:

1. Queremos descobrir como fabricar um produto ou prestar um serviço, e posteriormente tentar convencer o cliente a comprá-los?
2. Queremos descobrir o que os clientes estão dispostos a consumir, e então oferecer-lhes exatamente produtos e serviços que atendam estas expectativas?

O sucesso ou fracasso do seu programa de marketing de relacionamento está diretamente ligado às respostas destas questões.

Escolha de modo sábio, estratégico e boas vendas!

12

Uma estratégia de Madonna, você ou sua empresa possui?

Relacionar-se com consumidores e empresas não é uma tarefa fácil, de um lado vivemos a superexposição de marcar promoções, eventos, vantagens, por outro lado empresas, marcas, indústrias e consumidores diariamente vivendo os mesmos hábitos há décadas. O desafio está em revolucionar no relacionamento com o público, com ideias simples ou ultra sofisticadas, desta forma criando uma aproximação entre a empresa e seu público

Fernando Kimura

Fernando Kimura

Bacharelado em Administração de empresas com ênfase em marketing pela Anhembi Morumbi, especialização em marketing digital pela ESPM e Neuromarketing pela UBA – Universidad de Buenos Aires. Atuou no marketing para pequenas e médias empresas na Microsoft Brasil, atualmente trabalha em Marketing e Geração de Demanda na Oracle para a América Latina. Palestrante internacional, já realizou apresentações para mais de 50 mil pessoas no Brasil, Argentina, Colômbia, Chile, Equador e Inglaterra. Professor convidado da ESPM, e do curso de Pós-Graduação em Marketing Digital da Faculdade Impacta. Colunista do Mundo do Marketing e de seu blog 1001 ideias.

Contatos
www.fernandokimura.com.br
www.1001ideias.com.br
contato@fernandokimura.com.br
(11) 99210-9655

Fernando Kimura

Gostaria de abrir minha participação com um produto de sucesso nas últimas décadas: Madonna!
Vamos relembrar alguns momentos deste ícone pop:

Anos 90 – Passou a ser polêmica e seu show foi proibido pelo Vaticano. Esta era a forma que utilizava para chamar a atenção e aguçar a curiosidade do público. Nos anos 90, Madonna lançou o livro Sex e todas as edições se esgotaram em uma noite. Importante ressaltar que não existiam redes sociais, a força da internet era baixa, não havia e-mail marketing ou SMS, nenhuma ferramenta de marketing digital.
Anos 2000 – Mudou radicalmente e tornou-se mãe. Teve Lourdes Maria, Rocco e escreveu um livro infantil.
Ano de 2010 – Madonna já tinha mais de 50 anos, porém se apresentava ainda mais bonita e disposta do que aos 20, até hoje é um ícone da música e da moda mundial.

E o que isso tudo tem a ver com um livro de marketing e relacionamento?

Muita coisa. Acabo de relatar 30 anos da história de um produto que se adequou ao tempo. Reinventou-se, e desta forma manteve sua relevância. Isso é o que eu denomino uma estratégia Madonna: a capacidade de adequação das pessoas, empresas e produtos às novas tendências, interagindo com seus consumidores, fãs e seguidores de acordo com suas vontades, estilos, características e comportamentos.

Ajudar o cliente a comprar

A superexposição de marcas, anúncios, ofertas, descontos e promoções aumenta o desafio de chamar a atenção das empresas e consumidores.

Neste momento, o marketing de relacionamento é fundamental, pois é através dele que um elo entre marca e produto é criado, favorecendo os consumidores.

Muitas empresas estão preocupadas somente em vender e se esquecem de ajudar o cliente a comprar. Vender e ajudar são processos bem diferentes.

Muitas empresas estão preocupadas somente em vender e se esquecem de ajudar. Vender e ajudar são processos bem diferentes. Muitas empresas já ajudam o cliente a comprar com excelência.

O marketing de relacionamento deve ser usado pelas empresas

O marketing aplicado aos relacionamentos

como uma estratégia de estar presente na vida de seus clientes. O mais importante é não coagir o cliente, pois a compra deve ocorrer naturalmente dentro do processo. Dentre várias ações de relacionamento, podemos destacar eventos, viagens, *workshops*, almoços, jantares, *shows*, atividades esportivas, culturais ou sociais, cuja realização fortalece o elo empresa x cliente. O retorno das ações de marketing de relacionamento pode ser de curto, médio ou longo prazo, dependerá da estratégia e objetivo.

Ajude o cliente a comprar!

A força do hábito

É muito comum o hábito de subutilizar produtos.
• Quantas vezes você usou todos os 10 ou 15 botões do forno de micro-ondas da sua casa?
Geralmente, pressionamos somente o botão de 1 minuto ou 30 segundos e pronto, ele começa a funcionar. A força do hábito conduz o relacionamento entre consumidor e produto em algo mecânico, sem graça, rotineiro.
Muitas empresas e produtos vivem o desafio de não serem subutilizados.
Aqui temos um desafio e diversas possibilidades de soluções. Vamos imaginar o micro-ondas de sua casa. Ele pode ser pequeno, com 20 litros ou grande, com mais de 30 litros de capacidade. Talvez seja branco ou de inox, tenha a função *grill*, dourador e diversas outras; mas algo nele é igual a qualquer outro: quando já fez o que você programou, avisa com um sinal sonoro: BIIP BIIIP BIIIIP! Não é muito diferente de uma marca para outra.
Uma empresa argentina de eletrodomésticos, chamada BGH, observou esta característica, e criou uma série limitada de micro-ondas que vinham com uma entrada USB, na qual era possível inserir um *pen drive* com sua música favorita. Ao terminar a tarefa programada, o micro-ondas tocava sua música favorita.
Quando tiver a oportunidade, vale assistir o vídeo. Segue o link: www.bit.ly/bghmicroondas
Esta simples ideia fez a edição limitada vender rapidamente e a empresa lançou outros lotes no mercado. Este é apenas um pequeno exemplo de como a relação empresa, produto e consumidor pode mudar.
Os produtos também se relacionam com os consumidores, não somente sua empresa, seu site e outros canais de atendimento.

Egocentrismo corporativo x valores e crenças

Muitas empresas estão habituadas a utilizar em sua comunicação expressões como: *somos o melhor, o maior, o mais rápido, nosso produto é o melhor segundo tal estudo/canal.*

Algumas vezes, o discurso pode ser válido, mas dosagem é imprescindível, a fim de que a mensagem não pareça arrogante.

Para relacionar-se com clientes, é importante lembrar:
• Quais são os valores e crenças de sua marca, produto ou empresa?
• Como transmiti-los aos funcionários da empresa e clientes?
• Meus valores e crenças são verdadeiros?

Quando a empresa consegue transmitir seus valores e crenças de forma natural, os consumidores automaticamente se identificam e passam a seguir a marca. Isso ocorre com muitas empresas como: Harley-Davidson, Coca-Cola, Calvin Klein, Nestlé, Kopenhagen,Cartier, BMW entre diversas outras.

Relacionamento personalizado, a personificação da massificação

Gostamos de nos sentir únicos ou exclusivos. O desafio é fazê-lo de uma forma massiva, ou para um pequeno grupo de clientes.

Esta necessidade ocorre em empresas que trabalham com produtos de consumo (*B to C*), ou produtos corporativos (*B to B*). Ao final do processo, mesmo no mercado *B to B*, estamos falando de pessoas, vendendo, ajudando e oferecendo soluções para outras pessoas.

Este não é um desafio fácil. É neste momento que entram em ação a criatividade, capacidade de observação, quebra de barreiras e formalidades, a ousadia, o pensando arrojado e a sofisticação.

Vou compartilhar um caso pessoal, sobre como uma empresa comunicou-se de forma personalizada, fazendo com que me sentisse único, importante, a ponto de parar e ver sua mensagem mais de uma vez, compartilhar com muitos em minhas palestras, aulas e até aqui, no livro, como agora faço.

Uma amiga, Paulinha Tadeu e seu irmão Keko resolveram empreender e abrir uma agência de marketing digital personalizado. Imagine o desafio, pois existem agências aos montes. Além disso, marketing digital é um tema novo.

A festa de inauguração deste desafio empreendedor não poderia passar despercebida. Foi este desafio que levou todos a pensar em um convite simples, porém totalmente inovador.

O marketing aplicado aos relacionamentos

Recebi um vídeo-convite através das redes sociais. Cliquei e começou: primeiro uma imagem do lugar onde a agência está instalada, no lindo bairro Savassi, em Belo Horizonte. Em seguida, o vídeo mostrava o prédio da agência, logo depois, eu já estava dentro do elevador e o botão do 7º piso estava pressionado. A porta do elevador se abria, eu caminhava poucos passos e entrava na agência. Paulinha Tadeu me recepcionava. A partir deste momento, me senti em casa, entrei pela agência e fui até a última sala. Todos me cumprimentavam e acenavam em sinal de boas vindas. Ao chegar em uma sala, fui surpreendido por uma moça que estava escrevendo algo em um balão e ela disse:

- Ei, Fernando, que coincidência; acabei de encher o seu balão!

Assim dito, ela virou o balão em minha direção e meu nome estava nele. Eu já assisti a este vídeo centenas de vezes e, em algumas delas, ainda me emociono. Algo tão simples, porém tão diferente, surpreendente e personalizado!

Quando tiver a oportunidade, vale assistir ao vídeo. Segue o link: www.bit.ly/made4ukimura

Este é um exemplo claro de *emotional engagement* (engajamento emocional com cliente).

Creative Relationship Management – Relacionamento criativo com clientes

Muitas empresas utilizam o famoso sistema de CRM - *Customer Relationship Management* (sistema de gerenciamento de clientes e vendas), porém algumas estão muito além disso. O CRM pode ser somente uma ferramenta, um sistema, mas ao utilizar como *Creative Relationship Management,* (sistema de relacionamento criativo), mudamos a percepção.

As marcas concorrem pela atenção, tempo, disponibilidade dos consumidores e no momento em que os clientes os contatam através dos canais de atendimento; fone, e-mail, chat, redes sociais, existe uma nova oportunidade de relacionar-se de forma criativa, mesmo diante de uma reclamação, elogio, solicitação, compra, venda ou troca.

Prezado Sr., Sra., Excelentíssimo cliente.

A alta formalidade deve ser deixada de lado, sem que o respeito pelo cliente seja esquecido.

Vou citar um exemplo que ocorreu no mercado de TV a cabo exemplo da empresa GVT.

Um cliente mudou de casa, e na nova não havia estrutura necessária para instalação técnica do equipamento. Fã da empresa, o cliente enviou uma mensagem com tom emocional e amoroso à empresa. A empresa, frente a esta atitude do cliente, precisou responder no mesmo tom de linguagem.

A arte de relacionar-se e contar histórias.

Parte de nosso cérebro (reptiliano) nosso cérebro antigo, não consegue diferenciar o real do irreal. Por isso, nos encantamos por histórias e filmes, mesmo que racionalmente saibamos que o que está sendo contado não seja real. A partir disso surge uma técnica chamada *storytelling* - no *storytelling* contamos uma história às pessoas, envolvendo as mesmas através deste elemento. De certa forma, levando a mensagem a diversas áreas do cérebro do consumidor, garantindo associação através de um relacionamento contextualizado. O *storytelling* é muito utilizado em campanhas publicitárias de tv, e hoje muito em evidência vídeos *online* disponíveis no youtube ou vimeo.

Para entender, confira este desafio que tive ainda quando trabalhei na Microsoft. Criar uma história de dois minutos, onde contasse como os produtos da Microsoft eram capazes de auxiliar empresas a ganhar tempo. Em dois minutos são abordadas diversas soluções, mas desde o início o vídeo se preocupa em se relacionar com quem assiste e não abordar produto. Vale assistir o vídeo: www.bit.ly/mstempo.

Exteligência e Neuromarketing. Entender o funcionamento do cérebro, nos permite relacionar com os consumidores de forma mais assertiva.

A inteligência está associada à capacidade de raciocínio, foco e assimilação de uma pessoa. Já a exteligência está associada a capacidade de observação e associação de diversas informações.

Hoje, as empresas, produtos e pessoas precisam observar e ser mais exteligentes na comunicação e relacionamento com os consumidores.

O neuromarketing é a associação da neurologia e marketing, no neuromarketing observa-se como melhor atingir as neurométricas que são atenção, memória e emoção.

Ao momento que as marcas e produtos utilizam de atenção e emoção, para se relacionar com clientes, é gerado tecnicamente o que o neuromarketing denomina de engajamento emocional.

Este será o novo desafio para os relacionamentos: criar produtos, serviços e soluções, considerando que 95% das decisões de compra são inconscientes, as marcas, produtos e empresas, precisarão entender como atingir o inconsciente dos consumidores, criando desta maneira uma estratégia de relacionamento além de diferente, emocional, uma verdadeira estratégia Madonna.

O marketing aplicado aos relacionamentos

Referências

LINDSTROM, Martin. *A lógica do consumo.*

DUHIGG, Charles. *O poder do hábito.*

BROWN, Tim. *Design Thinking.*

GOSLING, Renato. *O vendedor do futuro.*

TURCHI, Sandra. *Estratégias de Marketing Digital E-commerce.*

JOHNSON, Steven. *De onde veem as boas idéias.*

13

Como chegar ao sucesso utilizando os *gaps* do marketing de relacionamento?

As pessoas e o mundo sempre aguardam uma excelente resposta para este tipo de pergunta, como se fosse a solução de todos os seus problemas. É um grande paradoxo, pois após lerem nossas respostas, muitos se decepcionam, e continuarão assim, caso não se conscientizem de que o grande segredo para o sucesso não está na utilização de melhores ferramentas e sim como as utilizaremos

Fernando Paixão

Fernando Paixão

Profissional dedicado à docência no ensino superior. Docente há mais de quatro anos nas graduações de Administração e Tecnólogos de Recursos Humanos, Marketing e Gestão Empresarial. Realiza consultoria, avaliação e seleção de candidatos para processo de atração e seleção de talentos, *coaching*, treinamentos e capacitação de equipes, implementação de gestão de pessoas, gerência, planejamento e mapeamento de processos e competências, transformação organizacional. É palestrante motivacional e gerencial. Possui experiência nacional e internacional, treinado em centros de excelência tais como: Unigranrio, FGV e University of California, Irvine - USA. Mais de dez anos de conhecimento, experiência e resultados nas áreas de gestão de pessoas, recursos humanos, departamento de pessoal e desenvolvimento de equipes, capacitação de pessoal, *coaching*, marketing e administração de conflitos. Consultor na área de implementação e estrutura de processos de melhorias na gestão de pessoas, criação de programas de capacitação gerencial e operacional nas empresas, entre elas: P. F. Andaimes e Locanty. Por um ano foi coordenador de pós-graduação e cursos de extensão na FIJ – Faculdade Integrada de Jacarepaguá. Sócio/Diretor Comercial de uma revista *online* para o público acadêmico e jovens de 20 a 30 anos, a +Q informação (www.revistamaisqueinformacao.com.br).

Contatos
adm.gestaodepessoas@gmail.com
https://www.facebook.com/fernando.paixao.9
http://www.linkedin.com/pub/fernando-paixao/2a/ba1/a3
(21) 99117-4109

Fernando Paixão

A prática do marketing de relacionamento na sociedade é de extrema relevância e necessidade por conta da globalização, da momentânea predominância das mídias sociais e das pessoas, que a cada dia estão se tornando polivalentes, fazendo com que adotem medidas para reduzir o tempo e aumentar os resultados. Assim, podemos exercer ou realizar diversas atividades profissionais, exercitar os *gaps* de competências, com o objetivo de alavancar nossas metas. O Brasil está crescendo, gradativamente, através desta ferramenta e pretendo contribuir para que este índice aumente cada vez mais, pois é uma tendência mundial e mercadológica.

Palavra-chave: *gaps* de competência, marketing de relacionamento, foco nos resultados.

Contextualização global

As pessoas não estão conseguindo usar estas ferramentas de forma eficaz. Vemos nos noticiários, na internet, nas ruas, nas organizações, todos conectados de uma forma na qual você sempre dá um passo e todos sabem onde, o que está fazendo ou pretende fazer. O perigo está estabelecido, porque estar conectado não significa que tem relacionamento com as pessoas; trocando conhecimento, buscando novas experiências e realizando um aprendizado contínuo.

Recentemente, autores como McKenna (1993), Morgan e Hunt (1994 e 1995), Gummerson (1994), dentre outros, alertaram sobre outros relacionamentos relevantes para a oferta de valor aos clientes. Segundo esta visão mais ampla, o marketing de relacionamento deve considerar todos os relacionamentos que possam influenciar na satisfação dos clientes ou pessoas, Sendo assim, Hunt e Morgan (1995) definem:

> "(...) Marketing de relacionamento se refere a todas as atividades dirigidas a estabelecer, desenvolver e manter as trocas relacionais de sucesso (...)". (Bretzke, 2000, pg 90)

Todos nós superamos no dia a dia diversos obstáculos para que tenhamos os sonhos realizados, seja a formação acadêmica, a busca por melhor colocação no mercado de trabalho, a empresa dos sonhos, etc. Muitas vezes, nos parece difícil o caminho. Curvas sinuosas

O marketing aplicado aos relacionamentos

quase nos tiram da estrada que trilhamos para a obtenção dos ideais, e, muitas vezes, somos nós, consciente ou inconscientemente, que travamos o caminho com as fraquezas, os medos, insegurança; ou seja, acreditamos que os principais fatores adversos são os nossos relacionamentos profissionais e interpessoais.

Partindo desta premissa, vou abordar o tema proposto, mostrando como melhorar seus relacionamentos profissionais e fazer bom uso da mídia como fonte para alavancar suas perspectivas e obter resultados extraordinários.

Gaps de marketing de relacionamento

Gap é uma palavra inglesa que significa "lacuna ou vão". A palavra é também utilizada com significado de "diferença". Com base em profissionais da área e minha expertise na área de marketing e gestão de pessoas, vou passar para vocês os 5 *gaps* estratégicos de marketing de relacionamento.

1º Gap: defina quais os objetivos ao se relacionar com as pessoas

O maior desafio do ser humano é justamente saber aonde queremos chegar. Parece uma pergunta fácil, mas as pessoas continuam conhecendo outras todos os dias, sem saber para que e por que. Exemplo: você fala com pessoas o tempo todo, mas quando precisa da ajuda de alguém, sempre recorre às mesmas pessoas. O certo seria: preciso de um conselho profissional, para quais contatos devo ligar? Preciso de uma dica de curso, quem vai me auxiliar? Preciso divulgar meu trabalho e nem sei por onde começar... Por isso, é preciso focar nos objetivos ao se relacionar com as pessoas; às vezes, os contatos certos trazem resultados que você nem imagina.

2º Gap: marketing pessoal

Este é o momento de você mostrar a essência pessoal e profissional. Crie um bom cartão de visita e o entregue para quem acha que pode render bons contatos. Depois, comece a filtrar por todos os lados. Um bom *network* também possui pessoas que estão fora do seu campo profissional. Então, não hesite em se arriscar e entrar em terreno desconhecido. Talvez seus melhores contatos estejam lá.

Para que desenvolva o marketing pessoal, vou lhe dar dicas que utilizo sempre e você fará o mesmo:

- Seja autêntico, único, surpreenda, seja humilde, verdadeiro, espontâneo e visível. Desta forma, com certeza terá excelentes resultados.

3º Gap: network estratégico

Aumentar e melhorar seu *network* deve ser parte do plano estratégico profissional. Algumas dicas:

- **O relacionamento estratégico é formado por redes de contatos úteis.** De que adianta ter 1000 contatos de telefones, 3000 no Facebook, sendo que não representam contatos úteis para você? Não basta armazenar contatos. É preciso relacionar-se com eles;
- O relacionamento estratégico define pessoas ou empresas para se conhecer e acessar;
- Amplie seus conhecimentos e contatos, frequentando lugares diferentes. Participe de palestras, cursos, congressos, *workshops* não apenas dentro de sua área profissional, mas também em áreas afins. Para cada evento, vá com um objetivo traçado.

4º Gap: network universal – Mídias

Atualmente, existem vários sites dedicados para o público profissional, como o LinkedIn. Acesse a página e faça o seu: www.linkedin.com e o próprio Facebook, que são ótimas plataformas para encontrar profissionais e aumentar sua rede de relacionamento.

Dicas de construção de relacionamento:

- Desenvolva interesse genuíno pelas pessoas que pretende incluir em sua rede, não procure as pessoas apenas quando estiver precisando de favor;
- Esteja sempre disponível para ajudar as pessoas da rede à medida de suas possibilidades e sempre retribua um favor na mesma "moeda";
- Procure mostrar sempre que pode ser útil à sua rede de contatos.

O marketing aplicado aos relacionamentos

5º Gap: surpreenda sua rede de relacionamentos

A grande cereja do bolo de um relacionamento é receber algo que não está esperando, uma simples ligação, enviar um e-mail com alguns assuntos úteis dos quais seus contatos gostarão ou a indicação para uma vaga de emprego, curso e palestras em geral.

Podemos observar que tudo relatado neste artigo são ferramentas e recursos já utilizados por nós. O que faltava era um ajuste fino. Tenho certeza de que estes *gaps* e dicas farão com que vocês repensem, reformulem, ajustem seus contatos e agreguem novos.

Finalizo este texto dizendo: tudo é possível para quem quer compartilhar e deixo a seguinte mensagem:

> *"A qualidade não está nas coisas, nem nas pessoas e sim na relação entre elas."*
> Autor: Robert Pirsig

14

Seja diferente no mundo dos semelhantes

Há alguns anos venho me dedicando a escrever, semanalmente, artigos que refletem o dia a dia das pessoas e das empresas, com o objetivo de estimular a reflexão sobre alguns temas. Aparentemente, trata-se de um objetivo simples, mas eu diria que este é um grande desafio nos dias atuais. Pontualidade, honestidade, humildade, comunicação, liderança, relacionamento, todos esses fatores influenciam o nosso marketing pessoal e, consequentemente, nossos resultados

Gabriel Colle

Gabriel Colle

Empresário; engenheiro agrônomo; mestrando em Administração; pós-graduado em Gestão Empresarial Competitiva; pós-graduado em SBDG (Sociedade Brasileira de Dinâmica dos Grupos); membro da Câmara Setorial de Agronegócio do Planejamento Estratégico Passo Fundo/RS 2020; consultor e instrutor da Lauca Treinamentos & Desenvolvimento; coordenador de relações internacionais da Faculdade IMED; palestrante empresarial ministrando palestras em eventos *in-company*, como Sipats e programas de desenvolvimento de equipes. Autor dos livros: "Aprenda a Falar em Público com Eficácia", Seja diferente no mundo dos semelhantes"; Seja + Produtivo". Atuou como Presidente Nacional da Júnior Chamber Internacional (JCI Brasil) em 2012.

Contatos
www.gabrielcolle.com.br
comercial@gabrielcolle.com.br
(54) 3601-4317
(54) 9620-7953

Aceite os convites

Todos os dias somos convidados para inúmeras atividades, e muitas delas desconhecidas. O que normalmente nos leva a recusar esses convites, sem ao menos sabermos do que se tratam? Estamos cometendo um grave erro, pois são nesses momentos, em algum evento que fomos convidados, que surgem as melhores oportunidades de nossas vidas. Sabe aquela palestra chata ou aquele jantar com pessoas que você nunca viu antes? São essas as ocasiões ideais para conhecermos gente nova e aprendermos com elas.

Não adianta ficar em casa e esperar que as coisas aconteçam. Aproveite cada oportunidade para conhecer novas pessoas, novos lugares, e novos trabalhos. O fato de você estar em constante atividade, convivendo com diversos grupos sociais, permitirá que grandes oportunidades apareçam em sua vida. Pesquisas realizadas com grandes executivos brasileiros mostraram que, para mais de 80% deles, suas maiores e melhores oportunidades apareceram quando eles menos esperavam, ou seja, num desses eventos, que acabamos indo por obrigação ou porque o chefe vai estar lá.

Pense bem nisso quando você receber o próximo convite para assistir uma palestra. Saiba que, as oportunidades aparecem, basta estarmos no lugar certo, e na hora certa. Como não sabemos quando vai ser, devemos procurar participar ao máximo, participar de tudo o que acontece à nossa volta. Mãos à obra e boas participações para você! Sucesso!

Motivação e relacionamentos

Algumas pesquisas afirmam que existe um motivado para cada dez desmotivados. Qual é a nossa missão? Reverter esse quadro! Atualmente relacionar-se bem, gostar de gente é cada vez mais importante e necessário. Procure sempre manter bons relacionamentos com as pessoas à sua volta. Como você pode fazer isso? A melhor maneira é disseminar o bem. Comportamento gera comportamento. Seja um exemplo positivo. Elogie as pessoas de forma sincera e cure o mau humor com sorrisos.

Transmita entusiasmo e crie uma sinergia com as pessoas de seu convívio, chame-as pelo nome, olhe nos olhos e passe confiança. Respeito é uma das palavras mais importantes para um bom relacionamento. Temos que saber respeitar as individualidades e necessidades de cada um. Bons relacionamentos são cultivados com diálogo, pois só assim as diferenças são minimizadas.

O marketing aplicado aos relacionamentos

Pessoas individualistas tendem a perder espaço, cada vez mais rápido, para aquelas pessoas capazes de se relacionarem bem.

O sucesso das organizações depende cada vez mais das pessoas envolvidas no processo e principalmente daquelas capazes de interagir e agregar valor ao trabalho em que estão envolvidas. Procure também compartilhar com as pessoas as conquistas, pois desta forma você as fará se sentirem valorizadas e dispostas a ajudá-lo sempre que for necessário.

Qualidade no atendimento em primeiro lugar

Está cada vez mais evidente que os clientes, antes de um produto de qualidade e de bom preço, procuram um bom atendimento. Querem ser bem tratados e, de preferência, se sentir únicos. Infelizmente, muitos empresários insistem em tratar o cliente como se fosse apenas mais um, quando na verdade ele é o seu verdadeiro patrão.

Em alguns atendimentos, o cliente se sente como se estivessem fazendo um favor àquela determinada empresa ao trazer-lhe o seu dinheiro. Entretanto, a realidade deveria ser outra, o empresário é quem deveria ter o sentimento de que é um privilégio ter aquele consumidor como cliente em meio a tanta concorrência. As pessoas, em geral, vão até a um estabelecimento comercial porque necessitam comprar alguma coisa, ninguém vai só a passeio. A chance daquele cliente ter ido à sua loja apenas para passear é muito pequena. As pessoas não têm mais tempo a perder, e certamente se entraram em um estabelecimento é porque alguma coisa querem. E o que falta para elas comprarem é alguém que as trate bem.

Vamos dar um basta em perguntas padrão como: "o que seria?" e depois de efetuada a venda, "mais alguma coisa?". O significado da palavra atender é muito abrangente e se levarmos em consideração o que isso de fato significa teremos que fazer uma entrega muito melhor: atender é dar atenção, acolher, servir, responder. Pense nisso!

Pontualidade vale ouro

Você já participou de alguma reunião em que alguém chegou atrasado? Ou melhor, vou refazer a pergunta: você já participou de alguma reunião em que todos chegaram na hora? Para aqueles que moram em grandes cidades, sobra como desculpa padrão o trânsito.

Pontualidade é uma virtude e a primeira característica das pessoas confiáveis. Se você se atrasa com frequência, coloque em prática suas habilidades de bom estrategista, por exemplo, leve em consideração todas as variáveis que possam afetar o seu plano e se organize de forma a nunca chegar atrasado. Seu marketing pessoal também começa a ser prejudicado quando os atrasos em sua vida são constantes.

Pense muito bem qual é a imagem que você vende de si mesmo todos os dias e, principalmente, respeite o tempo dos outros que devem ter uma agenda tão cheia quanto a sua. Ao ficarem esperando por você, perderam o tempo que poderiam dedicar a outras atividades ou a outras pessoas também importantes.

Mude o estilo de vida

Graças às novas tecnologias ficamos acessíveis sete dias por semana. Já não basta responder a um e-mail no mesmo dia, é preciso responder instantaneamente pelo *smartphone*. O processo de tomada de decisão também ficou mais rápido. Precisamos ser velozes e, ao mesmo tempo, precisos, um erro pode impactar muitas pessoas. A urgência tomou conta de nossas vidas, apesar de nem todos saberem diferenciar "urgência" de prioridade.

Graças a esse modelo de gestão das nossas vidas, muito profissionais vivem esgotados física e mentalmente. Por isso, precisamos ficar atentos para não nos tornarmos reféns desse modelo de gestão vigente. Busque ter um estilo de vida que respeite sua agenda pessoal. Pense quanto você precisa de fato ganhar para viver bem e analise se toda essa correria é realmente obrigatória ou se você entrou no ritmo dos demais que precisam ter muito para poder gastar muito e que não sabem dizer NÃO para as coisas.

É preciso elencar prioridades na família, no trabalho, na saúde etc. Se não houver mudança no estilo de vida, os problemas vão continuar. Estresse, ansiedade, insônia, pressão psicológica, e a nossa qualidade de vida sempre em segundo plano. Pense que se você não cuidar de si, chegará o momento em que não poderá executar nem a metade das atividades que faz hoje. Cuidar de si, manter uma vida equilibrada para poder fazer as coisas com mais qualidade e viver de forma mais saudável é fundamental.

Surpreenda as pessoas!

Para surpreender alguém, ao contrário do que algumas pessoas pensam, não é necessário muito esforço. Atualmente falamos muito em qualidade no atendimento ao cliente. Por acaso você já pensou que não basta mais um bom atendimento, mas que precisamos criar

O marketing aplicado aos relacionamentos

um relacionamento com nossos clientes?

Quando eu só presto um atendimento, eu não fidelizo meu cliente. É preciso muito mais do que isso, é preciso construir um relacionamento com ele. Por isso ouça com atenção quais as necessidades dele e procure oferecer o que o cliente de fato precisa. Perceba os detalhes, abra a porta para ele e mantenha o canal de comunicação sempre aberto, mesmo depois que o cliente saiu da empresa.

Relacionar-se bem com o cliente começa pela forma como você o cumprimenta. Atenda-o com entusiasmo, preocupe-se com ele, coloque-se à disposição. Investigue de forma sútil e harmoniosa as preferências, estilo e objetivos dele. É possível fazer isso sem ser invasivo ou deselegante. Pratique essas atitudes e o seu cliente se surpreenderá ao notar que você busca construir um relacionamento e não prestar apenas um serviço que ele poderá encontrar em qualquer outra empresa. Diferencie-se! Sucesso!

Construir ou desfrutar?

Passamos a vida construindo uma carreira, uma reputação, uma família, um patrimônio. Estamos sempre em busca de algo, mas qual é a hora certa de parar e desfrutar de tudo isso? Na verdade, todo momento é hora de desfrutar. A beleza está no caminho que percorremos para conseguir o que queremos e não necessariamente no destino final.

Equilíbrio é a palavra de ordem, é impossível desfrutar sem construir, porém, cabe a nós tornarmos prazerosos esses momentos de construção, trabalho e dedicação, e não um fardo. É preciso encarar planos e metas como desafios e não apenas como obrigações. São os desafios que nos movem, que nos motivam, por isso é tão importante desfrutar da trajetória que percorremos para chegar onde queremos.

Quanto tempo eu tenho?

Com certeza todos nós gostaríamos de ter esta resposta. Saber quanto tempo ainda temos para viver, para apreciar as coisas boas da vida, para desfrutar da companhia de nossos amigos e estar com as pessoas que amamos. Enquanto não sabemos quanto tempo temos, acabamos gastando-o com coisas bem menos prazerosas. Parece estranho, mas usamos o nosso tempo como se ele nunca fosse acabar.

Dedicamos pouco tempo para os melhores momentos e muito para os problemas e preocupações. A má administração do tempo é algo que afeta a grande maioria da população que não sabe distinguir urgência de prioridade.

Atualmente tudo é "urgente", as pessoas acostumaram a deixar todas as coisas para a última hora e ninguém sabe dizer não.

Só aprenderemos a gerenciar melhor o nosso tempo quando alguém disser: "Não posso fazer isso para você!". Só assim você aprenderá que da próxima vez precisa solicitar antes e se organizar melhor. Enquanto uns vão atropelando os outros, a nossa vida vai se tornando uma espécie de "maratona", uma corrida contra o tempo para fazer coisas que não são prioridades, mas que são urgentes graças à desorganização de alguém.

Até quando você vai deixar que roubem o seu tempo? Você é o dono dele e deve administrá-lo com qualidade. Tempo é dinheiro, mas também é vida!

Faça bem feito

Sempre que for fazer alguma coisa, lembre-se de que alguém está o observando. Isso mesmo, por mais que você pense o contrário, sempre tem alguém nos analisando. Vendemos a nossa imagem a todo o momento. Por isso, é fundamental fazer bem-feito. Não importa se é uma atividade rotineira ou algo único que você jamais voltará a repetir. Faça sempre bem-feito.

Fazer bem-feito tem relação direta com a imagem que você quer deixar para as pessoas. Como você quer ser lembrado ou reconhecido? Muitos poderão dizer: "Eu não me importo com o que os outros pensam ou acham de mim." O.k., na teoria essa frase funciona, mas na prática, nos importamos sim. Os nossos negócios, a nossa reputação e o nosso reconhecimento dependem disso.

À medida que ignoramos a opinião dos outros, passamos muitas vezes a nos considerar autossuficientes e isso normalmente nos cega. Ouça as opiniões a seu respeito, peça *feedback* e cresça com eles. Faça um filtro, absorva o que é relevante, mas nunca ignore. Analise a fundo cada percepção que os outros têm de você e procure melhorar.

Por isso, fica a dica de sempre fazer o melhor. Faça com que tudo que você estiver envolvido tenha o melhor resultado possível, pois assim será reconhecido como alguém que faz a diferença, lembrando que isso está cada vez mais raro hoje em dia.

Seja diferente no mundo dos semelhantes

Nos dias de hoje, fala-se muito em fazer a diferença. A seguir listo

O marketing aplicado aos relacionamentos

algumas estratégias que independem da formação, pós-graduação ou qualquer especialização que você venha a fazer na vida. Falo de gente, de atitude e de comportamento. Para que você possa encantar as pessoas que estão à sua volta, para que você realmente tenha bons relacionamentos e faça a diferença na vida das pessoas, no mercado de trabalho e entre amigos, seguem as dicas:

- Ouça os outros com atenção, mesmo se entender pouco ou nada do assunto;
- Elogie sempre que possível: elogio sincero;
- Perceba os detalhes;
- Abra a porta para os outros passarem;
- Seja gentil e educado com todos, amanhã eles podem se tornar seu cliente;
- Cumprimente sempre com um sorriso;
- Dê atenção a todos que estejam por perto;
- Ofereça ajuda para que os outros alcancem melhores resultados;
- Coloque-se à disposição das pessoas;
- Analise as coisas e as pessoas sem julgamentos;
- Seja pontual e dê retorno.

Pratique esta lista de atividades e veja o resultado em seu dia a dia. Sucesso!

15

Como obter sucesso em sua vida

Ter sucesso e alcançar seus objetivos é o desejo de todos nós, mas como definir claramente um objetivo e alcançá-lo de forma rápida e eficiente? Neste texto você encontrará algumas dicas que ajudarão no caminho em busca de sua realização pessoal e profissional. Todos nós temos capacidade e força para mudar nossa trajetória. Todos nós podemos ser coautores da história de nossas vidas

Gabrieni
Bengaly Gabry

Gabrieni Bengaly Gabry

Graduada em Administração de Empresas, pós-graduada em Gestão de Marketing e pós-graduada em Data Mining. Formada em *Personal & Professional Coaching* pela Sociedade Brasileira de Coaching. Formada em Gestão de Projetos pela Projectlab. Formada em Acupuntura pela escola Zang Fu. Participou de diversos cursos nas áreas de Pesquisa, CRM, E-Business, Business Intelligence, DBM, Modelagem de Dados, Qualidade de Dados, Marketing Direto e Big Data. Foi palestrante na QIBRAS – Congresso Internacional de Qualidade de Dados e participou de Seminários e Congressos sobre Data Base Marketing (DMA), Premiação da ABEMD, Customer Relationship Management (CRM) e Excelência no Atendimento ao Cliente. Atua há 22 no mercado de Seguros, tendo sido gestora das áreas de DBM, Pesquisa, Campanhas e CRM.

Contatos
gabrieni@gmail.com
(21) 99396-3047
(21) 3173-4034

Gabrieni Bengaly Gabry

Para ter sucesso e alcançar nossos objetivos, tanto na vida pessoal como profissional, vamos relembrar um conceito de marketing de Philip Kotler e algumas de suas funções.
Este é dos conceitos de marketing que mais gosto, pois o define como um processo social e nossa existência é um contínuo processo de interação, aprendizado e transformação.

"Marketing é um processo social e gerencial através do qual indivíduos e grupos obtêm o que necessitam e desejam por meio da criação e troca de produtos e valores com outras pessoas."
(Kotler 1998)

O marketing tem várias funções, mas quero destacar algumas que considero essenciais para o nosso sucesso:

- Tomada de decisão;
- Coordenação de processos;
- Gestão de recursos;
- Avaliação de resultados.

Para ter sucesso, é necessário que se tenha um objetivo claro e bem definido, mas nem sempre é fácil estabelecer o nosso real objetivo e para ajudá-los, vou listar algumas dicas:

1. Faça uma lista com todos os seus desejos, sem limitá-los, deixe fluir seus anseios;
2. Reveja sua lista e marque o que é um objetivo e o que é um sonho. Um bom objetivo precisa atender a alguns critérios de elegibilidade:

- Ser específico;
- Relevante;
- Alcançável;
- Mensurável;
- Ter prazo para finalização.

Vou dar alguns exemplos: correr a São Silvestre é um sonho, mas consumá-lo em dois anos é o meu objetivo. Fazer um mestrado é um sonho, mas concluir mestrado em Administração nos próximos três anos é um objetivo.

"A diferença entre um sonho e um objetivo é o prazo limite."
(Steve Smith)

O marketing aplicado aos relacionamentos

3. Agora que você já separou seus sonhos dos objetivos, atribua notas de acordo com o *grau de responsabilidade:*

- Nota 3 – Depende exclusivamente de mim;
- Nota 2 – Depende de mim e de outras pessoas;
- Nota 1 – Não depende de mim.

Se o seu objetivo depende exclusivamente de você, perfeito; mas se depende também de outras pessoas, certifique-se de que poderá contar com elas. Se não depende de você para alcançá-lo, descarte.

4. Atribua aos seus objetivos notas de 1 a 10, de acordo com o *valor* de cada um deles para você. Pense em quanto eles são importantes, quanto podem mudar sua vida, quanto o darão prazer, o que você ganha ao realizá-los e o que está perdendo, por não realizá-los.
5. Separe os objetivos que obtiveram notas 3 ou 2 em *grau de responsabilidade* e notas acima de 7 em *valor.*

Atribua um prazo limite para conclusão e divida em grupos de acordo com o prazo: **curto** (até 1 ano), **médio** (entre 2 e 3 anos) e **longo** (acima de 3 anos).

Agora que você já estabeleceu seus principais objetivos, vamos entender como as funções do marketing podem contribuir para nosso sucesso.

Tomada de decisão

Para termos sucesso na vida pessoal ou profissional, precisamos aprender a tomar decisões. Decidir nem sempre é fácil, mas é preciso. Se não o fizer, as pessoas decidirão por você. Tome as rédeas de sua vida e faça as próprias escolhas.

Se você fez o exercício de definição dos objetivos, já começou a exercer o poder de decisão, que passa por algumas etapas:

1. Identificação da questão: o que exatamente precisa ser decidido?
2. Análise: quais são as alternativas?
3. Avaliação das alternativas: qual alternativa atende aos objetivos propostos?
4. Triagem das alternativas escolhidas: qual a melhor alternativa?
5. Projeto de implantação: o que fazer para executar e implantar o que foi decidido?

"Não me preocupo com aqueles que não tenham a solução; preocupo-me com os que não conseguem ver o problema."
(Gilbert K. Chersterton)

Coordenação de processos

Defina para cada um dos seus objetivos as metas e os passos que precisa dar para obtê-los com sucesso.

Coordene seus processos de maneira a diminuir os riscos e garantir o atingimento dos resultados em cada etapa definida.

Crie mecanismos de lembrete, mas não deixe de realizar as ações propostas.

Verifique se você conseguiu prever todas as etapas e se criou indicadores de sucesso em cada uma delas.

Identifique se existe alguma crença limitante que possa frustrar seus objetivos e mitigue esse risco.

Faça uma análise SWOT para cada um dos objetivos. Desenvolva cada vez mais suas forças e trabalhe as fraquezas. Não se intimide diante das ameaças, busque alternativas.

Gestão de recursos

Estou considerando principalmente os recursos pessoais: valores, forças alavancadoras, conhecimento e habilidade. Utilize seus valores de forma positiva. Aprimore cada vez mais o conhecimento e desenvolva as habilidades.

O tempo é um recurso cada vez mais escasso e uma das maiores desculpas que temos dado para não alcançar os objetivos. *"Não tenho tempo"*. Não temos como aumentar as horas, mas podemos elencar o que realmente é prioridade para nós. Pegue um papel e escreva tudo que faz durante as 24 horas de seus dias e o tempo gasto em cada uma destas atividades. Defina as atividades que pode delegar para alguém e o faça, se desapegue, descentralize. Reduza o tempo gasto em atividades que não ajudarão no alcance de seus objetivos. Invista o seu maior recurso no projeto de vida. Orquestre seus recursos com maestria e ouça a voz do coração. A intuição é algo que não devemos desprezar, pois tem como base nossas vivências.

Avaliação dos resultados

Esta é uma etapa fundamental para o seu sucesso e deve ser feita ao longo de todo o processo. Avalie a evolução de seus objetivos, ve-

O marketing aplicado aos relacionamentos

rifique como está seu desempenho, o que está fazendo de diferente e o que pode ser melhorado para a próxima etapa. Vá corrigindo o rumo ao longo do caminho e não deixe para ver que saiu da rota apenas quando tudo der errado.

Outras dicas importantes

1. Estabeleça o que é sucesso para você

Muitas pessoas sofrem por almejar o que foi convencionado como sucesso: ter um excelente emprego, ganhar milhões, ter bens, fama, etc. Devemos estabelecer o que é sucesso para nós. Acordar em um dia lindo de verão é um sucesso, sair de casa e chegar bem ao trabalho, comer aquele prato que tanto desejava, ir ao cinema e rir ou se emocionar com um belo filme, contemplar o pôr do sol à beira-mar e aquela viagem tão esperada... Tudo isso é sucesso! Saiba que você já é uma pessoa de sucesso, pois acumulou inúmeros sucessos ao longo da vida.

2. Acredite em você

Tive paralisia infantil com 1 ano e 8 meses de idade e, durante boa parte da minha vida, as pessoas queriam definir o que eu podia ou não fazer. Elas não perguntavam o que eu desejava, apenas convencionavam que eu seria incapaz de fazer as coisas e de alcançar os objetivos.

Enquanto enfrentava muitos dilemas, dizia para mim mesma: - você tem duas opções, Gabrieni: aceitar o que as pessoas dizem de você ou mudar o rumo de sua vida. Decidi seguir meu coração, ser coautora da história de minha vida e não apenas desempenhar o papel de pobre-coitadinha, que queriam me atribuir. Não se deixe rotular, você pode ser tudo o que deseja. Não desista dos seus objetivos, construa o seu caminho, acredite em sua força!

Você não tem de fazer as coisas do jeito que os outros fazem, descubra o seu jeito, o seu tempo e não perca sua essência.

Não permita que as pessoas o limitem, somente você pode encontrar seus limites. Tenha certeza de que é muito mais forte do que imagina.

Minha vida foi permeada de agruras, mas também foi repleta de grandes sucessos. Lembro-me que uma vez estava subindo a trilha para a cachoeira *Véu da Noiva*, em Itatiaia, e um grupo estava descendo. Um senhor muito bem intencionado se aproximou e me disse que eu não precisava subir até lá, que poderia ver as fotos por ele tiradas, assim evitando o que seria "muito sacrifício" para mim. Quando começou a passar as fotos, olhei e educadamente falei: - *suas fotos estão lindas, mas agora eu vou lá em cima tirar as minhas, pois nas suas fotos não estou presente e quero fotos minhas neste lugar.*

Não seja apenas um espectador, faça parte do cenário.

Chegar lá em cima e tirar várias fotos, para mim, foi um grande sucesso. Chegue ao seu tempo, faça ao seu ritmo, descubra o seu jeito, mas não abra mão dos objetivos.

Celebre suas conquistas. Por menores que pareçam, são suas e ninguém pode tirá-las de você.

O desafio mais difícil de ser vencido é sustentado por nossas barreiras interiores, nosso Eu, nossas crenças limitantes. Acredite em você, no seu potencial, escreva e reescreva sua história quantas vezes forem necessárias.

Seja como um rio: aprenda a contornar os obstáculos e alcance o mar.

3. *Você é o único responsável por sua felicidade*

Aprenda que seus pais, cônjuge, filhos e amigos NÃO SÃO RESPONSÁVEIS POR SUA FELICIDADE. Muitos sofrem por delegar esta responsabilidade. Assuma que VOCÊ É A ÚNICA PESSOA RESPONSÁVEL POR SUA FELICIDADE e comece hoje mesmo a ter atitudes diferentes. Você não mudará sua história fazendo as mesmas coisas que sempre fez, repetindo os mesmos hábitos, dando as mesmas desculpas...

4. *Aprenda com os erros*

Nem sempre acertamos tudo. Nossas escolhas também podem dar errado, mas não se desmotive com o erro ou o insucesso, eles fazem parte de seu aprendizado. Tire sempre proveito das coisas ruins, a vida sempre ensina alguma coisa. Se ocorrer um fracasso e gerar um aprendizado, você já teve sucesso.

Por conta da deficiência, eu levava muitos tombos e quando isso acontecia, simplesmente ria e repetia para mim mesma: - *não se importe de cair, você só precisa se levantar. Se você caiu é porque estava andando, pense naqueles que não têm este privilégio!*

O conhecimento e a experiência são construídos com erros e acertos.

O marketing aplicado aos relacionamentos

Os segredos para o sucesso pessoal e profissional

Não existem segredos ou fórmulas mágicas para obter sucesso. Apenas acredite em você, defina seus objetivos com clareza, tenha disciplina para não desistir diante das dificuldades, insista, persista. Tenha resiliência e não desperdice as oportunidades. Invista tempo nas coisas que têm valor, que são importantes para você, que o dão prazer. Defina seu conceito de sucesso. Ao invés de apenas atuar, seja coautor(a) da sua vida.

Pense longe, mas trace metas curtas. Quando tenho de chegar a algum lugar e a caminhada é longa ou estou cansada, coloco na cabeça: *Gabrieni, você só precisa dar um passo de cada vez, um passo de cada vez, você só precisa chegar naquela árvore ali na frente, você só precisa chegar naquele poste, você só precisa chegar naquela banca de jornal.*

Metas curtas para um caminho longo.

Haverá momentos de adversidade e tristeza, mas lembre-se de que são momentos, nada é eterno, tudo passa...

O sucesso está em suas mãos. Arregace as mangas, defina os objetivos, estabeleça as metas, construa o caminho e celebre suas conquistas.

> **Se você quer, você pode!**

Referências

KOTLER, Philip. *Administração de Marketing: análise, planejamento, implementação e controle,* 5a edição, São Paulo: Atlas. 1998.

GABRY, Gabrieni Bengaly. *Percepção, Decisão e Criatividade.* Rio de Janeiro, 2002 (Monografia de pós-graduação – Gestão de Marketing).

SHARLAND, Elisa Maria Rodrigues. *Técnica de decisão.* Rio de Janeiro, 2000 (Apostila).

Sociedade Brasileira de Coaching - *Personal & Professional Coaching* <http://tonybordin.com/artigo/ser-ou-pensar-ser>.

16

Como usar o marketing de maneira simplificada e melhorar os resultados

Apresentarei neste artigo a história real de uma empresa que se alavancou a partir do estudo e aplicação do marketing, também mostrarei algumas ferramentas que o ajudarão a alcançar o sucesso na área

Giulliano Esperança

Giulliano Esperança

Bacharel em Educação Física pela Unesp – Rio Claro, especialista em Fisiologia do Exercício pela Escola Paulista de Medicina e especialista em Marketing pela Madia Marketing School. Possui MBA em *coaching, master coach, professional coach, leader coach, professional executive coach* pela Sociedade Latino Americana de Coaching e *professional & personal coaching* pela Sociedade Brasileira de Coaching. Fundador do sistema *"Wellness Manager"* em treinamento personalizado e diretor executivo do Instituto do Bem Estar Giulliano Esperança. Membro da Sociedade Latino Americana de Coaching e Membro do Conselho Consultivo da Sociedade Brasileira de *Personal Trainer*. Pai, marido, empresário, *personal*, *coach*, mentor e palestrante. "Venho cumprindo a minha missão de motivar pessoas a transformar intenção em ação, e ação em resultados, por meio de treinamento personalizado e hábitos saudáveis.

Contatos
personal@giullianoesperanca.com.br
(19) 98246-5252

Giulliano Esperança

A busca por qualidade de vida, saúde e condicionamento físico anda sofrendo do mesmo fenômeno que a moda ou a música – cada época tem a sua. O bombardeio de opções e comerciais promovendo a dieta milagrosa ou um equipamento mágico distorcem a realidade ao promoverem a solução fácil para um problema de qualidade de vida. No fim de todo este aparato de programas que prometem resultados imediatos, tecnologia mágica comprovada cientificamente, exercícios que trabalham o corpo todo em apenas dez minutos, vemos que tudo não passa de um jogo de persuasão.

Essa tentativa desenfreada de convencimento não leva em conta as suas reais necessidades, muito menos levantam quais serão seus benefícios pessoais. O que se vê, apesar de tudo, são relatos constantes sobre lesões e insatisfação. Esse mercado de abordagens impessoais e massificadoras passa por cima das maiores preciosidades da saúde física: a individualidade biológica, física e emocional.

O que se observa?

Neste mundo onde se observa uma pandemia de doenças cardiovasculares, o marketing em programas de treinamento e exercício assume um papel de suma importância.

Atualmente, no mercado *fitness*, vemos uma enorme disponibilidade e comercialização de treinos, o que me faz acreditar que seus consumidores estão em busca de um significado para trocar o sofá e o conforto de casa pelo treino.

Ser verdadeiro em primeiro lugar

O maior aprendizado que tive, nos meus estudos e experiências com marketing, é de que faz toda diferença a verdade e a preocupação em apresentar o trabalho o mais próximo possível do real.

Ao perceber isso, aprofundei ainda mais o estudo e a aplicação do *coaching* no meu processo de prospecção. Hoje apresento meu trabalho utilizando um conjunto de questões baseadas na técnica *smart* de definição de metas.

Essa etapa é fundamental, pois através destas informações iniciais, começa-se o relacionamento com um cliente e, principalmente, compreende-se que nosso serviço ou produto só terá valor se atender a expectativa desse cliente, e assim sempre será.

O marketing aplicado aos relacionamentos

A importância do marketing

Pretendo aqui realizar uma contribuição singular ao mostrar a história real de uma empresa que se alavancou a partir do estudo e aplicação do marketing. Com o objetivo de ser didático, apresento um método que poderá ser aplicado por você. Estruturei uma mudança em sete etapas: dinheiro, empreendedorismo, sucesso, ações de marketing, foco, investimento e oportunidade.

O papel do dinheiro no marketing

Em primeiro lugar, se você não sabe para onde ir não adianta ter recursos. Lembro-me com muita clareza quando o Almeris, um grande amigo e profissional, me fez a seguinte pergunta:

– Um café de vinte reais é mais caro do que um café de dois reais?

Imediatamente respondi que sim, e ele então completou:

– Bom, o café de dois reais é frio e amargo, o de vinte reais é feito com grãos selecionados e servido em frente à Torre Eiffel.

Ali compreendi o maior significado de um produto: seu valor. Percebi também que precisava criar algo diferenciado em meu trabalho. Para isso, o que deveria estar operante é o valor deste trabalho.

Hoje em um mundo de entretenimento vasto, atrativo e prazeroso, o relacionamento criado entre mim e o meu cliente é a única coisa que ninguém pode fazer igual, este foi o meu grande trunfo.

Empreendedorismo e marketing

Empreendedores são aqueles que entendem que há uma pequena diferença entre obstáculos e oportunidades e são capazes de transformar ambos em vantagem.
(Nicolau Maquiável)

A dificuldade de um negócio deve ser vista como uma grande oportunidade de se diferenciar no mercado. Em geral estas dificuldades são compartilhadas pelo consumidor e pelo prestador de serviço.

Sou *personal trainer*, e os feriados e as reposições de aula representavam um grande problema. Pensando pelo lado financeiro, eu sempre tinha que devolver as aulas não executadas a meus alunos, pois a falta desta aula representava para eles o distanciamento de sua meta, já que sem a execução dos treinos a chance de sucesso se tornaria remota.

Esta é uma situação com impacto negativo para a empresa e para o cliente. Portanto, me perguntei como poderia fazer disso um diferencial e criei a flexibilidade de horário. Hoje meus clientes contam com o benefício do reagendamento dos seus treinos, o que tem feito uma grande diferença na satisfação deles, pois sabem que as viagens, os feriados e certos compromissos pessoais nunca serão impeditivos para atingirem a meta pessoal. O método que criei proporciona este cenário positivo.

Sucesso e marketing

> *Para ter um negócio de sucesso, alguém, algum dia,*
> *teve que tomar uma atitude de coragem.*
> *(Peter Drucker)*

Iniciar um novo trabalho e um novo relacionamento baseado no positivismo exige coragem. Optei por acrescentar esta conduta como base na comunicação com os clientes: de que o desafio está em converter as percepções negativas e de pessimismo gerados pelo estresse do dia a dia.

Ao olhar o cenário atual, percebe-se que as pessoas estão em busca de soluções, de qualidade de vida e de prazer. Esta meta, digamos, universal, depende de uma clareza de informações fidedignas e um processo de *coaching* se encaixa perfeitamente para a longevidade e o sucesso do relacionamento pessoal e profissional.

Ações de marketing

> *Você nunca sabe que resultados virão da sua ação.*
> *Mas se você não fizer nada, não existirão resultados.*
> *(Mahatma Gandhi)*

Confesso que esta é a minha parte preferida do artigo. Ao questionar as pessoas que me conhecem, você ouvirá que tenho um foco muito grande na prestação de serviço ao cliente. Tenho por base superar as expectativas dele e buscar deixá-lo satisfeito além do que o cliente esperava. Servir satisfatoriamente é um caminho que enriquece o relacionamento com o cliente e é um trajeto para o crescimento contínuo da empresa.

A estratégia é oferecer, nos momentos de crises e grandes difi-

O marketing aplicado aos relacionamentos

culdades, soluções, com um esforço extra que independe de saber se esse cliente terá ou não um vínculo financeiro com você. É uma arte nobre e recompensadora.

Existe um padrão entre o serviço oferecido e os padrões de compra, o que permite um controle destas variáveis. É ir muito além do "posso ajudar?". É o único caminho para o crescimento sólido perante a competitividade atual no mercado.

Realmente acredito no atendimento diferenciado quando me deparo com um grande número de profissionais e empresários preguiçosos, que se julgam autossuficientes, mas estão cegos por não compreenderem que precisam se entregar mais. Se você quer ver um sonho afundar, acrescente preguiça. Agora para atingir o sucesso, espelhe-se num atleta. Seu treino e sua dedicação extra é que garantem a vitória.

Foco e marketing

> *A maior descoberta de minha geração é que qualquer ser humano pode mudar de vida, mudando de atitude.*
> *(William James)*

Para o sucesso e um relacionamento diferenciado, o plano de marketing deve contemplar "os quatro Pês" – produto, preço, ponto de venda e promoção – e, principalmente, atentar e definir um "quinto Pê", o posicionamento.

O posicionamento contribui com informações necessárias para os quatro Pês, pois ele é o que você faz com a mente do seu potencial cliente, ou seja, é exatamente como o produto está posicionado na mente do potencial consumidor.

Este é um passo importante para o seu relacionamento com o cliente. Hoje existem produtos demais, serviços demais e uma avalanche de publicidade disputando a atenção do seu cliente potencial. Aqui vai um teste: "Você se lembra da última publicidade que viu hoje?"

Eis uma lição que aprendi: é preciso definir qual adjetivo as pessoas relacionam a você. Como afirmou Al Ries e Jack Trout: "O problema de comunicação é a própria comunicação".

Como posicionamento, eu preciso conhecer o meu foco, determinar o meu alvo, saber que a escolha de quem eu quero atender, mais uma vez, respeita a determinação de uma meta *smart*, imprescindível para qualquer negócio.

Investimento e marketing

> *O ritmo da mudança é tão rápido que a capacidade*
> *de mudar se tornou uma vantagem competitiva.*
> *(Richard Love, da Hewlett-Packard)*

Ao definir onde eu queria estar com a minha empresa, com a minha carreira e o tipo de relacionamento necessário entre mim e meus clientes, foi preciso pensar em investimento.

Investimento de tempo em busca das informações necessárias para o posicionamento que eu defini atingir.

O marketing também se fundamenta na concorrência baseada na posse de informações. Equipamentos e outros recursos são facilmente copiados, porém, o capital intelectual e as informações inerentes a uma empresa dificilmente o serão. A vantagem competitiva poderá ser construída pelo conteúdo gerado pelas informações que a empresa produz.

Se temos um denominador comum, que é a vantagem competitiva fruto de um capital intelectual, as perguntas que eu preciso fazer para atender o meu negócio e ter um impacto positivo no relacionamento com cliente são:

- Que tipo de formação eu preciso?
- Quais as informações que a minha empresa precisa ter para formar um relacionamento satisfatório com o meu cliente potencial?
- Como eu irei monitorar a satisfação do meu cliente?

Estas três perguntas são um início e uma fonte preciosa de informações para que a gestão consiga encontrar soluções e apoio nas tomadas de decisão.

Otimismo e marketing

> *O mundo é primeiro das pessoas de atitude.*
> *As pessoas de intenção vêm depois.*
> *(Antônio Carlos Rodrigues)*

Tão importante quanto acreditar é ter atitude. E essa atitude será nutrida pelo significado que o seu plano de marketing tem. Um bom relacionamento com os seus clientes envolve uma entrega e uma gestão empresarial eficiente e eficaz. Eficiente por fazer tudo certo e eficaz por trazer resultados financeiros ao negócio, os dividendos.

No fim, o resultado de um bom relacionamento com o cliente

O marketing aplicado aos relacionamentos

será importante para a longevidade do negócio. Somos todos movidos pelas emoções e compreender por que estou fazendo tudo o que faço é uma ressignificação do meu trabalho em si.

Ou seja, trabalho para ter os recursos para suprir a minha família e também para suprir as vidas que estão em busca de saúde, de tratamento, de investimento em felicidade e autoestima.

O crescimento isolado é ilusório. A colheita é, obrigatoriamente, posterior à semeadura, e a semeadura, posterior ao plantio da semente, o plantio é posterior à escolha desse ato, e esta escolha é antecedida pela vontade de colher o fruto no qual você acreditou. Um grande amigo falou algo muito marcante: "Ao olhar uma laranja, nunca saberemos quantas sementes têm lá dentro, mas o que importa é acreditar que de apenas uma semente muitos frutos virão".

Faça diferente. Pessoas de sucesso fazem acontecer, superam obstáculos, acompanham a meta. É preciso lembrar que a busca pelo sucesso exige empenho, trabalho e preparo.

17

A arte de conviver, o segredo da vida

Harmonia e resultados de um melhor convívio fazem parte da maior e mais importante conquista que um ser humano pode desejar para o desenvolvimento pessoal e humano, porque não há nada mais importante para nós que o convívio com o semelhante em um ambiente de acolhimento e simpatia, onde possamos criar afinidades e crescer evoluindo juntos, com consciência de sabermos lidar com a zona de conflitos que se estabelece naturalmente ao iniciarmos o convívio

Hiram Moraes Jr.

Hiram Moraes Jr.

Palestrante natural do Rio de Janeiro, graduado em Engenharia e empresário, atuou como profissional da área em grandes empresas. Em Vitória (ES) atuou no Governo do Estado, através da Secretaria de Gestão e Recursos Humanos; participou do Seminário EMPRETEC; Treinamento de Desenvolvimento Humano Ultrapassando Limites com base na Programação Neurolinguística, ministrado por Rodrigo Cardoso. Foi apresentador da Rede TV (ES) no Programa Espaço de Artes Celga. Autor de projetos culturais no segmento de Música, Teatro e Dança, foi empresário na área de restaurantes, bares e atualmente exerce atividades no segmento de entretenimento. Ao longo de sua atuação na carreira profissional de Engenharia, sempre conduziu equipes, valorizando seus integrantes e promovendo a construção de um ambiente harmônico, onde a voz dos colaboradores era ouvida e respeitada.

Contatos
hirammoraes@gmail.com
Skype: skmoraes

Hiram Moraes Jr.

Ao longo de minha vida pessoal e profissional tive a oportunidade, assim como todos nós, de conhecer pessoas com perfis diversos e pude descobrir o valor que tem a convivência com o próximo em todos os momentos de nossas vidas, buscando o entendimento de alguns "porquês" que nos fazemos diante das atitudes de pessoas ao nosso redor, que nem sempre nos deixam confortáveis e muitas vezes nos causam mágoas e ressentimentos; já que ainda não somos capazes e nem estamos preparados para entender as razões que nos levam a práticas dessa natureza.

Com base na minha experiência de vida, participação em seminários e palestras sobre os mais variados temas, além de treinamentos, leituras diversas sobre postura e comportamento, dentre outras leituras muito úteis para nossa evolução pessoal, e ainda textos extraídos das obras de autores importantes, desenvolvi este conteúdo com a intenção de compartilhar um pouco desse segredo da vida que é a arte de conviver, com conceitos estruturados nas características, que uma vez observadas até se transformarem em hábitos, nos conduzem a um melhor convívio, contribuindo para que nos tornemos pessoas cada vez melhores.

O tema visa abordar questões sobre nossa percepção em relação aos outros, ao cenário que nos rodeia, enfim; sobre como estamos no mundo em que habitamos e o que pensamos sobre algumas situações muito básicas.

Desde os primeiros dias de nossas vidas, iniciamos um intenso aprendizado que nos é passado pela maestria da vida, ensinando através de nossos sentidos, um sem número de lições que espontaneamente vamos arquivando em nossas mentes. Todo o duro processo de amadurecimento deste aprendizado, logo de início é bem natural, pois o corpo e a mente buscam a saúde, e para isso basta que tenhamos preservados os sinais vitais, mantendo a "vida".

Diferentemente, conviver é uma arte. E por que arte? Porque não existe um modelo ou formato pré-determinado que nos leve, através do convívio, a resultados matemáticos ou de base lógica, esperados quando se vive em decorrência dos sinais preservados.

Ao contrário, conviver supõe fenômenos não concretos, sutis, que trazem à tona a riqueza e a sabedoria. Através de gestos e atitudes, podemos nos manifestar em relação aos outros, praticando a formação de um ser humano melhor e obtendo, como benefício, a construção de um mundo melhor, mais humano e igualitário.

A arte de conviver só é aprendida por aqueles que se dispõem

O marketing aplicado aos relacionamentos

realmente a praticar uma série de comportamentos, que trazem benefícios vitais para todos.

No momento em que isso passa a acontecer, ou seja, assim que permitimos a interferência mútua, admitimos a formação daquilo que vamos chamar aqui de zona de conflitos. Vamos experimentar a capacidade que temos de superar as próprias limitações, fazendo uso de equilíbrio constante das emoções, mantendo-as em absoluto controle da razão, para não nos perdermos intimamente.

Educar cansa e crescer dói! O processo da educação passa intensamente pela qualidade na convivência, ou seja, precisamos de sabedoria para tirar o máximo de proveito do que os outros e nós temos de bom para compartilhar.

Certamente vale muito vivenciar os hábitos diários que passamos a adquirir na busca por uma convivência mais saudável, afinal, para ter uma vida rica em experiências é fundamental construir o melhor convívio conosco, com os demais, com o ambiente que nos cerca e com a natureza.

Quando as relações se tornam mais harmoniosas e observamos uma sensível redução nos conflitos, aumentam as chances de se conquistar resultados melhores. Todos ganham com isso, pessoal e profissionalmente.

A convivência saudável e harmônica é um desejo generalizado. Um ambiente com estas características permite que as relações se construam com muito mais solidez, confiança e amor.

Aqui estamos fazendo referência e mantendo o foco no convívio e estímulo das relações em ambiente profissional, tendo em vista o próprio tema do livro. Entretanto, os leitores poderão perceber que os conceitos se aplicam a qualquer natureza de conviver.

Um dos primeiros problemas que surgem quando iniciamos a convivência com alguém é a criação da zona de conflitos. Relacionar-se tem um sentido de inferir ondas de transformação uns nos outros, pois têm início inúmeras transferências de conceito, ideias e princípios entre as pessoas.

Apesar da zona de conflitos formada, não podemos afirmar que haverá o surgimento de conflitos, mas, certamente, podemos acreditar que há grande chance, pelo fato de existir a interação entre valores essenciais e muitas vezes inegociáveis, partes de um elenco de escolhas e preferências que cada um traz consigo ao longo da vida, neste processo que costumo dizer: cansa e dói.

Considerando que a existência desta área de conflitos é inevi-

Hiram Moraes Jr.

tável, é importante desenvolver meios de lidar com nossa enraizada escala de valores essenciais, colocando-a disponível para uso na hora exata em que surgirem diferenças, preferências e escolhas que necessitem ser compreendidas, visando o empenho de cada um na direção de construir o que temos de melhor para conviver.

É sumamente importante e jamais devemos esquecer que todas as coisas que acontecem em nossas vidas têm um preço associado. É necessário ter a consciência de que vamos pagá-lo. Este preço está intimamente ligado à conquista de nossos objetivos e sempre será saudável celebrar as vitórias, independente do grau de sacrifício a favor de prêmios capazes de nos levar a uma condição especial. Para tanto, temos de entender a importância de que somos eternos aprendizes e sempre ensináveis. Quando nos dispomos para isso, entendemos melhor e colocamos em prática os ensinamentos que podemos extrair para um convívio saudável.

Há um processo que tem início em nossa formação como cidadãos, com o qual absorvemos o que é passado por nossos pais, avós, tios, enfim, familiares próximos; com a formação escolar ou amigos com quem dividimos nosso crescimento.

Um reencontro com estes valores essenciais nos faz melhores e valorizados. Através de um processo de reflexão profunda, representa para nós importante resgate das características comportamentais, adormecidas ou esquecidas nas profundezas do tempo, que sem sombra de dúvida nos farão capazes de superar grandes desafios.

Colocamos até aqui informações sobre convivência no plano pessoal ou profissional, que observadas por nós, invariavelmente nos remeterão ao conhecimento e domínio comportamental, mas precisamos estar despertos para aplicar no dia a dia. Estes esclarecimentos irão contribuir para a construção de seres humanos melhores e trarão um ambiente cada vez mais adequado a um convívio melhor, mais maduro e saudável.

Estabelecido então o ambiente propício ao resgate dos valores essenciais, entramos em contato com informações de como lidar com as zonas de conflito.

O reencontro citado gera comportamentos e hábitos simples, porém importantes e fundamentais ao bom estilo de conviver. Além disso, desenvolvendo e estabelecendo melhores laços em nosso convívio, nos tornamos menos individualistas, mais sociáveis e integrados ao universo que nos cerca, criando um novo olhar, através do qual passaremos a perceber o nosso mundo.

O marketing aplicado aos relacionamentos

Há ainda de se considerar que vamos ajustando e realinhando valores, de modo a nos proporcionar uma reconstrução do "eu" diante da família, dos amigos e até mesmo conosco, afinal necessitamos conviver com a própria essência.

Quando me refiro a características indesejáveis ao convívio saudável, menciono com intenção de exemplificar algumas delas: o ciúme, a inveja, ódio, egoísmo, arrogância e a ganância. Vale citar que existem muitas outras, que uma vez identificadas, exigem atenção para que não nos envolvam ou causem prejuízos, talvez irreparáveis para nossas relações; muitas vezes por interpretações indevidas ou inadequadas e nem sempre verdadeiras.

A nossa mente tem uma forte tendência de absorver com muita facilidade o que é negativo, caindo numa verdadeira armadilha. Desta forma, o bom conviver impõe atenção e intensidade para as coisas positivas.

Com base nesta questão de que nossa mente, em algumas situações, age contra nós, é que devemos estar focados nas características que considero indispensáveis ao estabelecimento de um ótimo e harmonioso ambiente de convivência.

Vale citar, enriquecendo o entendimento sobre o tema: aquilo que eu chamo de valores essenciais para um convívio saudável, muitas vezes pode ser confundido com as características, ou seja, querem dizer a mesma coisa.

Fazendo agora referência às características indispensáveis, podemos dar como exemplo o pensamento construtivo, a comunicação, o respeito, afeto, altruísmo, humildade, percepção, renúncia, solidariedade, desapego, entusiasmo, perdão, amizade, paciência, justiça, flexibilidade, sinceridade, humor e cerca de 70 outras características e valores que consegui listar.

São essas características ditas indispensáveis, que citei como valores essenciais e irão formar a base, os alicerces de construção, sobre os quais será edificado um ser humano de extremo valor; que diante dos menos nobres de sentimentos e consciência, fará a diferença ao se mostrar capaz de praticar o equilíbrio entre emoção e razão, com imparcialidade em seus julgamentos, desenvolvendo critérios analíticos antes de adotar os críticos, que irão nortear suas atitudes, na maioria das vezes apoiadas por gestos de amor e valorização humana.

O que irá fazer este ser humano que considero capaz de estabelecer limites saudáveis? Estará pronto para usar o discernimento,

Hiram Moraes Jr.

consciência e lucidez, para interpretar a vida, os fatos, pensar com serenidade, construir a comunicação mais adequada ao momento para exprimir ideias e conceitos, valorizando o grande segredo da vida com arte... A convivência.

Assim, estará pronto para:

- Aprimorar a qualidade dos relacionamentos;
- Identificar as características indesejáveis e indispensáveis ao saudável conviver;
- Realinhar valores e postura;
- Descobrir novos valores;
- Desenvolver e apurar a sua percepção sobre as atitudes do dia a dia;
- Desenvolver e aprimorar a consciência;
- Aprimorar o ser humano que existe dentro de si.

Façamos referência ao que nos diz o filósofo espanhol Fernando Savater:

Ninguém chega a se tornar humano se está sozinho.
Nós nos fazemos humanos uns aos outros.

E ainda Confúcio, ao nos dizer:

A natureza dos homens é a mesma, são os seus hábitos
que os mantêm separados.

Concluindo, é preciso ter a consciência de que está em nós tudo o que necessitamos para conquistar um saudável conviver, para nos desenvolver e tornar cada vez mais maduros em nossas relações.

Cuidado com os pensamentos, eles se transformam em palavras.

Cuidado com as palavras, elas se transformam em ações.

Cuidado com as ações, elas se transformam em hábitos.

Cuidado com os hábitos, eles moldam o caráter.

Cuidado com o caráter, ele controla o destino.

O marketing aplicado aos relacionamentos

Todos nós nascemos com um "lobo" e uma "ovelha". A escolha de quem vamos alimentar mais é única e exclusivamente nossa.

Tem muita gente contando com a sua evolução na convivência, pois cada pessoa acha que é "o outro" ser humano que deve mudar. A diferença nesta queda de braço sobre quem deve dar o primeiro passo, é que agora você tem as ferramentas para fazê-lo. Desejo um ótimo conviver!

18

A arte e a ciência do marketing na era do consumidor "forever" conectado

Hoje o maior desafio do profissional de marketing é estabelecer relacionamentos emocionais duradouros e, acima de tudo, rentáveis com o consumidor moderno. O avanço das tecnologias digitais ocasionou um paradoxo do poder do consumidor, onde ele, apesar de sempre acessível, tornou-se dessensibilizado à propaganda de massa tradicional, exigindo das marcas novas estratégias de engajamento

Jennifer Joanne Golden

Jennifer Joanne Golden

Executiva de marketing e comunicação com mais de quinze anos de experiência nacional e internacional. Consultora e palestrante especializada em marketing direto e estratégias de engajamento aplicadas aos canais e mídias digitais, sociais e emergentes. Uma das pioneiras em marketing de produtos e tecnologias aplicado a Big Data, Addressable Advertising (*display*, *mobile* e *social*) e E-mail Marketing por meio de sua atuação na Acxiom Corporation, uma das maiores empresas de dados, análise e tecnologia aplicadas para marketing no mundo. Profissional formada em Comunicação Social pela Pontifícia Universidade Católica do Rio Grande do Sul, com certificados em E-mail Marketing and Messaging e Pragmatic Product Marketing e realização de diversos cursos de pós-graduação em Design Gráfico na Univeristy of California Los Angeles e na Academy of Art University of San Francisco.

Contatos
jennifer@goldentche.com
LinkedIn: www.linkedin.com/in/goldentche/
Twitter: @GoldenTche

Era uma vez...

A estratégia de marketing das grandes empresas era simples: investia-se a maior parte do orçamento em meia dúzia de canais de massa disponíveis – impressos, rádio, televisão, *outdoors*, etc. – para atingir o máximo de público ou audiência possível, gerando "consciência" da marca. Os anunciantes contratavam grandes agências para criarem fantásticas campanhas de publicidade cujo objetivo era atingir as massas de forma criativa, levando à "consideração" de seus produtos. E, na maior parte das vezes, o único elo de relacionamento personalizado se realizava no ponto de venda durante a compra. As marcas ainda não estavam focadas em estabelecer relacionamentos com o consumidor.

As empresas controlavam a passagem do consumidor pelo funil de compra de seus produtos e serviços, e nós, consumidores, consumíamos as mensagens em momentos de família designados ao entretenimento, ao lazer, e à cultura, com expressa atenção focada no canal designado e sem distrações. Ninguém falava em marketing de relacionamento, ou em fidelização das marcas. A arte do marketing, da publicidade, e da propaganda vingava ao estilo "Mad Men".

Já o dono da loja, ou do mercadinho da esquina, mantinha seu cadastro, sabia onde o cliente morava, quantos filhos tinha, quais produtos gostava – o marketing de relacionamento surgia ali e se fortalecia por meio da confiança estabelecida entre pessoas.

Funil Tradicional de Compra

O consumidor *forever* conectado

Fast forward aos dias de hoje... A inovação digital tecnológica mudou fundamentalmente o controle das empresas sobre o funil tradicional de compra. O surgimento da internet e dos programas de busca transformaram a maneira como compramos e nos relacionamos.

O marketing aplicado aos relacionamentos

Novas e inúmeras telas e a mobilidade da informação fazem com que tenhamos acesso imediato a informações que influenciam o nosso processo de decisão no momento da verdade, tais como: preço; disponibilidade; rankings de satisfação. Estamos sempre conectados!

> O Brasil é um dos países com mais destaque nas redes sociais: Atingindo o segundo lugar no *ranking* mundial no Facebook com 64,7 milhões de usuários em janeiro de 2013[1] e no Twitter com mais de 40 milhões de contas em 2012[2].

A influência dos amigos nas decisões de compra via redes sociais vale muito mais do que a propaganda veiculada durante a novela, até porque o DVR, o Netflix, o YouTube e o Hulu nos permitem assistir os nossos programas favoritos e pular os comerciais por completo. Mesmo assim, se não estamos dormindo, estamos conectados – via *smartphones*, *e-mail*, *tablets*, SMS, *banners*, comerciais de rádio e TV, anúncios, *product placement*, *mailings*, IPTV, etc. Somos bombardeados com mensagens, a maioria irrelevante para o nosso comportamento de compra, e esta irrelevância nos tornou imune às táticas de marketing tradicional.

Como consumidores, queremos sim um relacionamento mais profundo com as marcas, porém queremos que este relacionamento se estabeleça em nossos termos, no canal de nossa preferência, na hora certa, com a oferta e a mensagem personalizada para nossa necessidade. Queremos participar da conversa e sermos ouvidos. Queremos que as marcas antecipem as nossas necessidades e entreguem nossos sonhos... E tudo isso em tempo real. Não é pedir muito. É?

Assim, se confirma o paradoxo do poder do consumidor moderno e hiperconectado – apesar de nunca ter existido tantas formas de se comunicar com ele, nunca foi tão difícil engajá-lo.

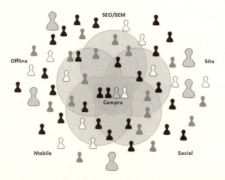

O Consumidor Moderno

---
[1] Quintly.com, janeiro de 2013: Facebook Country Stats January 2013 – Brazil And India Are Adding Millions
[2] Semiocast, 30 de julho de 2012: Twitter reaches half a billion accounts. More than 140 millions in the U.S. Geolocation analysis of Twitter accounts and tweets by Semiocast

Jennifer Joanne Golden

Neste ambiente amplifica-se a pressão sobre os profissionais de marketing em estabelecer relacionamentos lucrativos e de longo prazo com o consumidor e impulsionar a vantagem competitiva das empresas. Enquanto isso, os orçamentos de marketing se fragmentam e a disruptura digital é constante. O profissional de marketing se pergunta: Com tantos canais, como decidir onde aplicar o investimento e os recursos? Com tantas métricas, como determinar as táticas que realmente influenciaram o retorno no investimento? Como estabelecer melhores práticas em canais emergentes? E o risco se der tudo errado?

Mad Men vs. *Smart Men*?

Mesmo a campanha mais criativa do mundo pode não trazer os resultados esperados. De acordo com uma pesquisa publicada durante o auge da transformação no comportamento de compra do consumidor por Rex Briggs e Greg Stuart, em seu livro "What Sticks"[3], somente nos Estados Unidos mais de US\$112 bilhões foram desperdiçados em publicidade que não deu retorno. Por quê? Porque praticamente 80% dos investimentos em mídia "direcionada" *online* deixam de atingir o público-alvo[4], isso sem falar nos outros canais de massa onde o monitoramento é mais complexo.

Para crescer e se preservar como empresa na era da disruptura digital e do consumidor hiperconectado é preciso investir em uma estratégia diferenciada, onde exista um balanço preciso entre a arte e a ciência do marketing, otimizando o valor do cliente a cada momento de interação. Para isso, é necessário realmente conhecer a fundo o perfil e as atividades, não só do consumidor alvo, mas do melhor cliente, focando os esforços no marketing personalizado e individualizado. Impossível? Não. Difícil? Talvez.

1. Estabeleça novos paradigmas de marketing

Fica a encargo dos profissionais de marketing quebrar os silos corporativos, estabelecendo novos paradigmas de mensuração que vão além das metas e métricas fragmentadas por canal de distribuição frequentemente incorporadas, e alinhando o retorno de investimento em marketing ao modelo de negócio das empresas e ao *Total Lifetime Value* dos clientes. A solução ideal seria abraçar a gestão de BIG DATA e romper as barreiras entre o universo emocional e o analítico, o *online* e o *offline*, trabalhando com diversos setores dentro da companhia para unir dados transacionais e atitudinais, históricos de compra,

---

[3] Briggs, Rex e Stuart, Greg. What Sticks: Why Most Advertising Fails and How to Guarantee Yours Succeeds, Kaplan Business, 1° de setembro de 2006.

[4] ComScore, Março de 2009: Research from eight U.S. brand campaigns with budgets between \$400,000 and \$2 million.Geolocation analysis of Twitter accounts and tweets by Semiocast

O marketing aplicado aos relacionamentos

informações de preferência de canal, de produtos, estilo de vida, etc. Infelizmente, isto pode ser um processo árduo que exige investimentos fora do escopo do departamento de marketing em termos de infraestrutura, pessoal, processos e tecnologia.

Estima-se que existam mais de 1.200 exabytes (1 exabyte = 1.000.000.000 gigabytes) de dados armazenados no mundo. Somente 2% são de fontes não digitais.

Até então, as empresas podiam justificar a aceitação do *status quo* em seus modelos de negócio, citando a impossibilidade de implementar estas mudanças devido ao investimento. Porém, na era do consumidor hiperconectado, as empresas não têm tempo a perder. Manter-se no *status quo* é deixar de colher *insights* valiosos para estabelecer e manter relacionamentos e fidelização. São estes *insights* que irão garantir vantagem competitiva e liderança no mercado para as marcas.

Isto não significa que não se deve mais investir em marketing até que essas mudanças sejam feitas, mas, para o profissional de marketing, foi-se o tempo em que simplesmente cruzar os dedos e rezar para que uma campanha desse certo era visto como uma estratégia promissora. Hoje, é preciso ter certeza que irá dar certo. Investir na incerteza é cometer suicídio profissional!

2. Não adianta gritar mais alto, é preciso sussurrar ao ouvido

Enquanto a maior parte dos profissionais de marketing já tem *insights* sobre seus clientes e o público-alvo definido e segmentado por perfil inferido, gastam-se milhões anualmente junto às agências em identificação de "personas" para a idealização de campanhas de difusão em canais de massa. Aí é que está o problema. Apesar da digitalização das mídias permitir que os profissionais de marketing reajustem suas estratégias rápida e precisamente de acordo com a resposta do consumidor, os canais digitais ainda são tratados como canais de difusão de massa, quando a expectativa do consumidor é que sejam canais de relacionamento.

Assim, enquanto as empresas lutam por quem irá gritar mais alto nos canais digitais, ignoram os relacionamentos previamente estabelecidos com seus reais e mais valiosos consumidores. O método tradicional de identificar o perfil do consumidor alvo e tentar alinhá-lo às audiências definidas pelos *publishers* (portais, sites, plataformas ou blogs) para a compra de mídia via as DSP's, adnetworks e adexchanges torna-se motivo de frustração para as marcas, que não conseguem acionar seus *insights* para um engajamento significativo

– personalizado e em escala – com seus públicos *online*.

É preciso trocar as estratégias de *broadcasting* (difusão de massa) pelas de *narrowcasting* (difusão seletiva). Investindo em opções cada vez mais endereçáveis (*addressable advertising*), e hoje disponíveis nos canais digitais por meio de parcerias formadas pelas grandes empresas de gestão de dados e os *publishers* em prol de seus clientes e anunciantes respectivamente, é possível atingir e engajar exclusivamente um público predeterminado com a mensagem certa, na hora certa. Estas parcerias garantem o uso seguro e em escala das bases proprietárias para *targeting* do consumidor a nível individual. O processo é facilitado por meio da formação de *safehavens*, centros ou plataformas de processamento, onde os dados e segmentos proprietários dos anunciantes são *matched* com os registros dos usuários dos *publishers*. Códigos únicos são criados para a combinação da campanha certa com o usuário certo sem que as informações pessoais e identificáveis do indivíduo sejam compartilhadas.

Na prática, isso significa que, como consumidores, receberemos conteúdo promocional e ofertas que realmente combinam com nosso perfil, estabelecendo um relacionamento de fidelização com as marcas de forma coordenada e multicanal.

Assim, se o *leasing* do meu carro estiver vencendo, posso receber uma oferta exclusiva para renovação via *banner* da concessionária local. Se eu abandonar um *shopping cart online*, recebo um desconto adicional para completar a compra via *mobile*. Se eu compartilhar uma oferta nos meios sociais, recebo um crédito na próxima visita à loja. E se eu estiver passando por uma loja liquidando a TV que eu estava buscando *online*, ela pode me passar um SMS avisando.

3. Quem, onde, quando, como, quanto e com que?

Compreender a contribuição das inúmeras interações com o consumidor é fundamental para erradicar mídias ineficientes e otimizar a fidelização. A gestão dos dados encontrados nos canais digitais possibilita campanhas de marketing mais focadas e mais inteligentes.

O profissional de marketing deve iniciar examinando todos os dados ao seu alcance, como métricas de navegação, respostas de e-mails, blogs, *cookies*, arquivos de centrais de atendimento ao cliente, e o *listening* das interações sociais, para depois juntar estes dados com informações socioeconômicas, geoanalíticas e transacionais, permitindo a criação de modelos de propensão de compra e *insights* para gestão das bases e a criação de segmentos exclusivos e pro-

O marketing aplicado aos relacionamentos

prietários. Na prática é preciso primeiro determinar quais os *insights* mais importantes para a marca de acordo com as metas específicas da empresa, para que realmente sirvam para estabelecer e medir o engajamento de longo prazo.

Quanto mais completo o quadro, maior a visibilidade das interações entre clientes e *prospects* com a marca. Mas para nada servem estas informações se os *insights* não forem aplicados e ativados pelas equipes de criação, permitindo mensagens individualizadas e ao mesmo tempo coordenadas. O objetivo deve ser otimizar a experiência dos melhores clientes e *prospects* de forma multidimensional, reduzindo o desperdício de investimentos com mídias não direcionadas.

A habilidade de aplicar estes *insights*, personalizando e adequando as mensagens por meio das mídias e em todos os canais, impulsiona um mar de mudanças na forma em que os profissionais de marketing podem avaliar suas atividades. A aplicação de *insights* refinados ajuda marcas a melhor antecipar e influenciar o comportamento do consumidor e investir mais inteligentemente em mídias com melhores retornos. Quando os *Mad Men*, as duplas criativas, se unem aos *Smart Men*, profissionais de marketing focados em dados, a oportunidade é enorme!

Referências

BRIGGS, R.; STUART, G. *What Sticks: Why Most Advertising Fails and How to Guarantee Yours Succeeds*. Kaplan Business, 2006.

NIERHOFF, Maximilian H. in Country Stats. *Facebook Country Stats January 2013 – Brazil And India Are Adding Millions*. Disponível em: <http://www.quintly.com/blog/2013/01/facebook-country-stats-january-2013-brazil-and-india-are-adding-millions/>. Acesso em: Janeiro de 2013.

Twitter reaches half a billion accounts. More than 140 millions in the U.S. Geolocation analysis of Twitter accounts and tweets by Semiocast. Disponível em: <http://semiocast.com/en/publications/2012_07_30_Twitter_reaches_half_a_billion_accounts_140m_in_the_US>. Acesso em: 30 de julho de 2012.

Research from eight U.S. brand campaigns with budgets between $400,000 and $2 million. Disponível em: <http://www.comscore.com>. Acesso em: março de 2009.

19

Conhecendo-se melhor para conquistas maiores

Caro leitor, é um prazer compartilhar com você o meu ponto de vista sobre o marketing pessoal aplicado aos relacionamentos, todos nós temos o potencial de criar e divulgar a nossa imagem de forma positiva em nossa convivência diária de forma direta ou indireta. Este artigo levará você a uma viagem interior no sentido de se conhecer melhor e descobrir o muito que se pode dar e receber

João Vidal

João Vidal

Consultor empresarial e palestrante. Autor do livro: *Vender é a Arte de Crer*. Coautor do livro: *Consultoria empresarial, Coach Alta Performance* lançados pela Editora Ser Mais. Coautor do livro: *Liderança Estratégica*, lançado pela editora Leader. Lançou os DVDs, e CDs *Como Crescer em Vendas I e II* que abordam a excelência em técnicas de vendas e liderança. É também autor do DVD *Motivação é o combustível,* que trata com muita habilidade e carinho as questões da motivação em muitos aspectos da vida, independente da profissão, do nível cultural, sócio e econômico de cada pessoa. Formado em *coach life* pela (ABRACOACHING). Fundador e diretor da Joerk Consultoria em Vendas, empresa que atua no mercado de consultorias, cursos de vendas, palestras de motivação, liderança e qualidade de relacionamento em equipe. Atua no segmento de treinamento para liderança, motivação e vendas há 23 anos. Já levou os seus cursos e palestras a várias empresas, e órgãos como: SEBRAE MG - Associação Comercial de Minas Gerais, faculdades conceituadas de Belo Horizonte, como: Newton Paiva, Centro Universitário UNATEC e Promove.

Contatos
vidalcursos@joerk.com.br
www.joerk.com.br
(31) 3275-0192 / (31) 8686-0093

João Vidal

Quem é você?

Todos nós queremos ser amados, respeitados, reconhecidos e valorizados pelas pessoas de forma direta e indireta. Isso é natural do ser humano. Todos buscam estes valores, mas, às vezes, nos perdemos pela falta de autoconhecimento.

É muito comum encontrar pessoas que se isolam por não se sentirem seguras nas suas relações e temendo o que irão passar para as outras pessoas, preferem o isolamento, não se permitem a chance de conhecer novas pessoas. A consequência é que agindo assim, apagarão sua imagem, que já é frágil, se lançando ao esquecimento.

Há outras que fazem exatamente o contrário, se esforçando ao máximo para causar uma boa impressão e se perdendo com a falta de conhecimento sobre si, às vezes representando um papel ridículo quando forçam a barra em ser exageradamente agradáveis ou insistentes, sem a noção de tempo e melhor oportunidade para apresentar de forma adequada as ideias, valores, crenças e até mesmo o que poderia somar positivamente diante de novas pessoas e oportunidades que são criadas ou surgem em seu caminho.

Então recomendo que estas pessoas se façam as seguintes perguntas:

- *Quem sou?*
- *Onde estou?*
- *Como estou?*
- *O que tenho para oferecer agora?*
- *Aonde eu quero chegar?*
- *Como eu quero chegar?*
- *Quando eu quero chegar?*
- *O que terei para oferecer quando chegar?*

Respondendo com clareza, você encontrará pontos negativos que poderão perfeitamente ser melhorados no dia a dia e transformados em grandes virtudes.

Dentro destas análises, você encontrará também muitos pontos positivos, antes não notados, transformando-os em grandes qualidades, das quais poderá fazer uso diário no sentido de autoestima, bem como valorizar ainda mais o seu bom nome, sua imagem, despertando nos outros maior interesse por você e fazendo destes pontos

O marketing aplicado aos relacionamentos

positivos grandes oportunidades na vida.

Eu penso que já é o inicio de um ótimo marketing pessoal e profissional aplicado aos relacionamentos, porque já passa a ser algo natural, de dentro de você para as pessoas.

Como você vê as pessoas e a vida?

A resposta vai definir a forma como as pessoas e a vida o enxergam.

As pessoas e a vida lhe retornarão o que você der para elas. Uma pessoa insegura e de caráter duvidoso, certamente não transmitirá segurança e isso a afastará das pessoas e boas oportunidades.

Você é feliz?

Ser feliz é a maior missão que temos nesta vida. A pessoa feliz irradia luz, felicidade, segurança, amor, prosperidade, outras demonstrações de bem-estar; atrai pessoas e amizades com a mesma energia para o seu relacionamento.

Ser feliz transmite brilho no olhar, alegria no sorriso, melhora a postura corporal, gera segurança ao falar, paz para pensar e planejar melhor cada decisão.

Ser feliz é um dos segredos que abrem portas para os bons relacionamentos, conquistar novas amizades, criar e fortalecer a cada dia mais uma boa imagem nos diversos contextos, como: familiar, social, profissional e outras áreas da vida...

Como estão as suas metas pessoais e profissionais?

Ser uma pessoa dotada de metas definidas para cada área da vida, ter um planejamento estratégico, comprometer-se com os sonhos, saber como realizar e valorizar as suas conquistas, fará muita diferença na autoestima e no respeito das pessoas por você.

De 0 a 10, qual nota você se dá nos campos:

Pessoal,
Profissional,
Financeiro e
Social

João Vidal

Quando você consegue avaliar com sinceridade cada área da vida, identificar seus erros e acertos, pontuando cada um com a sua devida importância, naturalmente terá mais foco e segurança em tudo que faz; o que dará um brilho próprio, refletindo especialmente diante das pessoas.

Você ama o que faz?

Este amor sempre nos manterá felizes, motivados e os outros nos observam de forma positiva. Fazer as tarefas da vida com amor poderá até despertar desconforto em algumas pessoas, mas nos leva também a conquistar muitos fãs, seguidores e outros que torcem por nós ou apoiam aquilo que fazemos.

Criatividade

Ser criativo(a), ter o poder de se reinventar é algo tão especial que nos livra da rotina, sempre nos encanta com novas descobertas. Podemos até fazer as mesmas coisas de formas diferentes e assim atrairemos a atenção das pessoas de forma positiva.

Conhecimentos

Sabemos que não é possível dominar todos os conhecimentos.
No mundo globalizado e informatizado, temos acesso aparentemente fácil à quase tudo, mas a diversidade e complexidade das artes, culturas, religiões, costumes e valores geram um excesso de informação que torna tamanha pretensão impossível.

Informações

Quanto mais, melhor. Isso sim!

Se não conseguimos deter todo conhecimento, a cada dia nos deparamos com situações novas e muitas vezes nos relacionamos com pessoas diferentes, então se faz necessário que sejamos no mínimo uma pessoa muito interessada em saber cada vez mais, que tenha o prazer de ser bem informada. É motivador e enriquecedor adquirir novas informações e conhecimentos.
Somos surpreendidos, eventualmente, em momentos nos quais

O marketing aplicado aos relacionamentos

teremos que falar sobre assuntos estranhos à nossa rotina diária. Portanto, investir alguns minutos diários nas pesquisas de novos assuntos nos faz crescer e soma positivamente na vida de muitas pessoas.

Tenha o hábito de pesquisar antes de qualquer encontro o que vai acontecer no ambiente do seu próximo compromisso.

Sempre que for possível, pense o que mais agrada e encanta aos seus ouvintes.

Interesse pelas outras pessoas

As pessoas nem sempre estão dispostas a nos ouvir. Elas também querem ser ouvidas. Há uma carência, um desejo de reconhecimento e sentimento de importância.

Umas querem falar de suas dores, outras de suas conquistas, algumas dos seus conhecimentos, relacionamentos e assim por diante.

Aí entra a grande importância da paciência, da sabedoria em despertar e motivar pessoas a falarem de si, do prazer em ouvir, conversar e transmitir a sensação de segurança para quem convivemos de forma direta ou indireta.

Companheirismo

Podemos citar dezenas, centenas e milhares de exemplos do que é companheirismo. Cada pessoa encontra ao longo da vida muitas oportunidades de demonstrar esta qualidade tão especial, que pode ficar marcada como diferencial na vida de muitos.

Neste mundo em que vivemos e respiramos tecnologia, onde grande parte da vida tem sido cada vez mais virtual, eu penso que disponibilizar um pouco de tempo e ter o prazer de sorrir mais, cumprimentar mais, interessar-se mais pelo bem-estar dos outros e ouvir as pessoas com mais atenção e amor, também é companheirismo e *marketing aplicado aos relacionamentos.*

Reflita sobre isso!

Ir além das expectativas

A maioria das pessoas gosta de fazer apenas o básico, o que é solicitado e outros mesmo quando lhes é solicitado, dificilmente o fazem com boa vontade e pensam que a vida é assim mesmo; empurrar e enrolar um dia de cada vez.

João Vidal

É bem melhor ir além e superar as expectativas, sendo gentis e mais interessados pelo bem-estar e segurança dos outros, despertar nas pessoas o prazer de serem nossas amigas.

Quando as pessoas têm este prazer, elas guardam com facilidade o nosso nome, imagem, valores, sentem-se interessadas pelo nosso bem-estar e torcem por nosso sucesso.

Isso é ótimo!

Valor das amizades

Quando temos o prazer de nos relacionar bem com as pessoas, de conquistar novos amigos e ampliar a rede de relacionamentos, precisamos compreender que estamos entrando na vida das pessoas e permitindo que elas façam parte, de forma direta e indireta, também das nossas vidas.

Partindo deste princípio, passamos a ter o comprometimento de zelar, cuidar muito bem deste grande e incomparável patrimônio, tão especial que não conseguimos mensurar em termos de valores monetários. São valores especiais que envolvem pensamentos, sentimentos, doação e investimento para a manutenção destas amizades.

Marcar presença

Quem não é visto não é lembrado, quem ama cuida; quem não dá assistência abre espaço para concorrência, todos nós sabemos destas verdades e é sábio estarmos presentes de diversas maneiras na vida das pessoas. É uma questão de conhecer o caminho mais curto e prático.

Depende muito da nossa capacidade compreender as particularidades das pessoas.

Há pessoas que gostam de falar ao telefone, outras de enviar e receber e-mails, compartilhar ideias nas redes sociais, de encontros pessoais para conversar, discutir assuntos diversos, expor suas opiniões e colher informações.

Precisamos estar bem informados, atualizados; ser versáteis, criativos e ter o prazer de falar com os mais diversos tipos de pessoas, através dos diversos meios de comunicação.

O marketing aplicado aos relacionamentos

Já criou a sua marca?

Qual é a sua marca, estilo e forma de ser lembrado(a) como pessoa e profissional?

O que e como você tem feito para criar, divulgar e marcar de forma positiva a sua imagem?

Lembre-se de que qualquer pessoa e profissional que deseja ser lembrado e respeitado por outras pessoas e empresas, precisa buscar a excelência em tudo o que faz o tempo todo.

Não permita que a sua vida, valorosa ao extremo, traduza para as pessoas a imagem de que você é apenas "mais uma" entre a multidão de concorrentes potencialmente fortes. Seja muito profissional e especial!

Um forte abraço e muito sucesso!

20

Quatro maneiras simples para revolucionar sua estratégia de marketing

O relacionamento com os clientes se torna cada vez mais difícil à medida que todas as empresas usam a mesma argumentação para diferenciar seus produtos, bem como aumentam seus investimentos em publicidade. Luiz Gaziri expõe os malefícios destas ações e quais são as novas tendências do marketing para que sua empresa passe a ser verdadeiramente admirada pelos clientes e tenha grande sucesso

Luiz Gaziri

Luiz Gaziri

Administrador de empresas graduado pela FAE Business School (Curitiba, Brasil), possui MBAs pela Baldwin-Wallace University (Cleveland, EUA) e também pela FAE Business School. Estudou Liderança na London Business School (Londres, Inglaterra), considerada uma das melhores escolas de negócios do mundo pelo Financial Times. Trabalhou como executivo sênior em empresas dos mais variados segmentos e portes no Brasil e nos EUA. Estudioso extremamente dedicado nas áreas de ciências sociais, vendas, marketing, motivação, economia comportamental e liderança, seu lado inquieto o faz questionar tudo o que é dado como certo no mundo dos negócios. Seu objetivo como escritor, palestrante e consultor é mostrar que estratégias organizacionais e comprovações científicas seguem caminhos opostos. É fundador da MovinMind, uma consultoria que revoluciona empresas através de comprovações científicas.

Contatos
www.luizgaziri.com
info@luizgaziri.com
Facebook: www.facebook.com/luizgaziricom
Twitter: www.twitter.com/luizgaziricom
(41) 3010-2700

Luiz Gaziri

Pela manhã, acordei com o despertar do meu iPhone, busquei na cabeceira os óculos Ray Ban e fui olhar os e-mails no iPad. Recebi mensagens da Best Buy, Gol, Americanas, Netflix, Netshoes, Accor, TAM e eBay. Puxei o edredom da Zêlo, calcei as Havaianas e fui ao banheiro, onde abri a torneira Deca e lavei as mãos com Dove, enxugando-as na tolha Buddemeyer. Vesti um roupão da Ralph Lauren e enquanto o leite Batavo fervia e a máquina Nespresso esquentava, vi no EverNote as tarefas do dia: levar o carro à Hyundai, fazer check-in na Azul, reservar o carro na Localiza e mudar a reserva no Hilton. Entre uma mordida no pão Wickbold e um gole no suco Del Valle, li uma matéria na Exame, onde vi anúncios da Breitling, Mercedes-Benz e Dudalina.

Ao ler este trecho, você foi impactado por nada menos do que 30 marcas, e este foi apenas o começo do meu dia. Segundo estudos da Texas A&M University e da Union of Concerned Scientists dos EUA, o número de marcas a que um adulto é exposto diariamente varia entre 850 e 3.000[1]. Hoje em dia, não conseguimos nem ir ao banheiro do shopping sem sermos interrompidos por anúncios em porta toalhas e espelhos.

Uma das consequências negativas desta explosão publicitária é a impossibilidade do cliente memorizar as milhares de marcas a que foi exposto. Outra é que a insistência dos anunciantes é tão grande que ao invés de chamar a atenção, a publicidade passou a irritar o cliente, fazendo com que este ignore os anúncios. Pense comigo: o que você faz quando o filme que está assistindo é interrompido por comerciais ou quando recebe um e-mail promocional?

Além destes graves problemas, existe outro pior: a descrença do público quanto à credibilidade dos anúncios. Quando uma escola de inglês utiliza um lutador de MMA para angariar novos alunos, você acredita que o lutador está ali por que gosta da escola ou por que está ganhando cachê? Você acredita que o lutador estuda inglês na escola? Você entende que a dica do lutador - que não fala inglês - é válida na escolha de uma escola? Quando vê o anúncio de uma loja de roupas que diz estar com uma promoção de até 70%, acredita que uma jaqueta de couro que custava R$600,00 vai mesmo custar R$180,00 ou pensa automaticamente que a loja dará este desconto apenas em itens como meias, que tem valor agregado baixo? Se você é como a maioria das pessoas, estou certo de que também não acredita mais em anúncios, está cansado deles e os ignora.

Outro fator que anda colocando a publicidade em baixa é a argumentação utilizada pelas empresas. Num estudo feito pelo Relações Públicas Adam Sherk, foram analisados os termos mais utiliza-

---

1. "Practical Advice from the Union of Concerned Scientists" by Michael Brower, PhD, and Warren Leon, PhD.

O marketing aplicado aos relacionamentos

dos pelas empresas para se comunicar com o público. Os mais vezes utilizados são: líder (205.900), inovador (43.200), melhor (43.000), único (30.400), incrível (28.600), solução (22.600) e maior (21.900)[2]. Note que pode existir apenas um líder por setor, mas 205.900 empresas se autointitulam como tal. Conhecemos poucas empresas verdadeiramente inovadoras, mas 43.200 companhias utilizam este termo para se definir. Algo está errado, não é mesmo? Em quem o cliente vai acreditar se todas as empresas dizem ser as melhores, mais inovadoras e líderes?

Não nos restam dúvidas de que as estratégias de marketing precisam de um renascimento.

Um novo marketing

Em todos os exemplos que mencionei até aqui, nota-se que as empresas estão mais preocupadas em *dizer* o quanto são espetaculares do que em realmente ser espetaculares.

Existem quatro tendências muito fortes no marketing atual: **1P, segmentação de mercado, experiência de compra e boca a boca.** Ao simplificar sua estratégia para focar apenas nestes fatores, resultados fantásticos irão acontecer.

1P

Foi-se a época em que o que fazia a diferença eram os 4P's do marketing: promoção, praça, preço e produto.

Ao falar de promoção ou divulgação, sabemos que todas as empresas podem fazer publicidade, portanto isto não é mais um diferencial. Praça, ou ponto de venda, não é vantagem competitiva num mercado onde as vendas online são responsáveis por R$ 22,5 bi e atingem quase 80 milhões de pessoas no Brasil[3]. Muito em breve, serviços de entrega de qualquer produto no mesmo dia estarão disponíveis em nosso país. Preço também não é diferencial, pois com o aumento da competitividade, dificilmente sua empresa será sempre a de melhor preço. Além disso, o preço nunca é considerado como o fator mais importante pelo cliente.

Por estes motivos, o marketing atual se resume a apenas **1P: produto.** Por terem produtos espetaculares, empresas como Amazon, Google e Apple investem nada ou muito pouco em publicidade. A melhor propaganda que existe para uma empresa é o seu próprio produto. Vale ressaltar que um produto somente é diferenciado quando quem diz isto é o cliente.

---

2. http://www.adamsherk.com/public-relations/most-overused-press-release-buzzwords/

3. http://www.e-commerce.org.br/stats.php

Em produtos, a grande sacada é o investimento em *design*. Vemos uma movimentação grande nesta área, principalmente em eletroeletrônicos (Apple e Dyson), automóveis (Hyundai) e decoração (Ikea).

Falar que seu produto é espetacular é muito fácil, fazer um produto espetacular é outra história.

Segmentação de mercado

Existe uma enorme insistência das empresas em lançar produtos para agradar todo mundo. Este tipo de empresa faz comida mexicana sem pimenta e acarajé sem dendê. Ao fazer isto, acreditam que conseguirão agradar a todos os públicos e, consequentemente, terão mais sucesso. Doce ilusão! Todo mercado tem seu público fiel, que vai ao restaurante mexicano por que gosta de pimenta, ou que ama comida baiana por causa do dendê. Ao tentar agradar todo mundo, as empresas acabam desagradando o cliente que realmente interessa: aquele que ama o que sua companhia faz e que será fiel à sua marca.

Para ter sucesso, um produto deve obrigatoriamente atingir primeiramente as pessoas inovadoras, logo em seguida o público geral e depois, os atrasados. A importância de atingir primeiramente os inovadores é que eles são os formadores de opinião que indicarão seu produto para o público geral. Os inovadores são aquelas pessoas que acampam na frente de lojas da Apple para comprar o último modelo do iPhone. O público geral só comprará seu produto **após** os inovadores o aprovarem. Depois, vêm os atrasados; aquelas pessoas que só compram música digital depois de não existir mais cd.

Empresas que entendem que seus produtos devem seguir um caminho obrigatório e que eles têm um público específico, obtêm mais sucesso. Que o digam Harley-Davidson, Victoria's Secret, Häagen-Dazs, Chipotle, MAC, Guinness e Diesel.

Lembre-se: quem quer vender para todo mundo não vende para ninguém!

Experiência de compra

Ao procurar um livro na Amazon.com, encontro-o facilmente e ainda recebo sugestões de livros similares. Caso eu esteja em dúvida, o site disponibiliza opiniões postadas por clientes para que elas me ajudem a tomar a melhor decisão. Para pagar, simplesmente clico em "Buy Now With 1-Click" e pronto; não preciso digitar novamente meus dados. Em segundos recebo um e-mail confirmando a compra e momentos depois recebo outro e-mail informando que o livro já está a caminho.

O marketing aplicado aos relacionamentos

A Amazon oferece um serviço tão diferenciado que a companhia não precisa investir em publicidade: sua maior propaganda é a experiência de compra que o site proporciona. Há mais de dez anos a companhia testou alguns anúncios de TV e segundo o seu CEO, Jeff Bezos, a empresa sentiu que sua demanda aumentaria mais significativamente se ela reinvestisse este dinheiro no próprio cliente. Assim, a Amazon deixou a TV de lado e passou a vender produtos com preços mais baixos e a oferecer frete grátis. Ao ser perguntado se a redução da publicidade é uma tendência e sobre o futuro da propaganda, Jeff Bezos disse:

"Sim, mais e mais dinheiro será aplicado para gerar ao cliente uma experiência incrível e menos dinheiro será destinado para divulgar a empresa. O boca a boca está se tornando mais poderoso. Se você oferecer um serviço incrível, as pessoas irão descobrir. Eu não estou afirmando que a publicidade irá sumir, mas o equilíbrio está mudando. Se hoje a fórmula do sucesso é destinar 70% da sua energia em divulgar o produto e 30% em fazer ele ser incrível, nos próximos 20 anos esta relação irá se inverter". [4]

A Amazon sabe que o único fator que verdadeiramente fideliza clientes é a **experiência de compra**. Quão prazeroso para o cliente é comprar o seu produto? É fácil comprar da sua empresa? Sua empresa ajuda o cliente a tomar a melhor decisão? Sua empresa educa o cliente sobre possíveis furadas?

Muito se fala sobre o que fideliza o cliente. Se eu perguntasse a você qual o percentual que uma **marca** somada a seus **produtos** e seu **preço** teriam na fidelização de um cliente, que valor me responderia? Muitas pessoas acreditam que **marca**, **produto** e **preço** somados têm uma importância superior a 90% no momento da compra, mas a verdade é que estes três fatores juntos somam apenas 47% de importância. Um estudo realizado pelo Conselho Executivo de Vendas dos EUA chegou a estes surpreendentes números: a marca é responsável por 19% da fidelização do cliente; o produto, por outros 19% e a relação custo benefício por apenas 9%. Os 53% restantes estão concentrados na **experiência de compra**[5]. É por isso que a Amazon é a empresa mais amada dos EUA e superou concorrentes como a Best Buy, Borders, Target e hoje ameaça até o Walmart[6].

A realidade das empresas brasileiras é bem diferente disto: oferecem condições ridículas de pagamento, exigem assinaturas em contratos com inúmeras cláusulas e deixam suas lojas com filas enormes por acreditarem na ilusão de que o brasileiro gosta de esperar. As empresas devem acordar para a realidade de que todas as pessoas valorizam muito o atendimento. Ao oferecer uma experiência fan-

---

4. http://www.wired.com/wired/archive/13.01/bezos.html
5. http://www.executiveboard.com/exbd-resources/content/challenger/pdf/Challenger-Selling.pdf
6. http://www.fastcompany.com/3014817/amazon-jeff-bezos

tástica de compra ao cliente, sua empresa ganha enorme vantagem competitiva.

Boca a boca

As pessoas adoram compartilhar informações. Passamos horas postando no Facebook sobre as compras que fizemos em determinada loja, escrevendo nossas opiniões em blogs e recomendando restaurantes para amigos. A cada hora, existem mais de 100 milhões de conversas sobre marcas.[7] O marketing boca a boca determina de 20 a 50% das nossas decisões de compra.[8]

O marketing boca a boca é mais efetivo do que a publicidade tradicional por dois motivos. Primeiramente por ser mais convincente, afinal, todas as empresas dizem que seus produtos são os melhores. Não existe empresa que diz numa propaganda que o seu produto é o terceiro melhor; apenas nossos amigos nos falarão com sinceridade se o produto é bom ou ruim. O segundo motivo é que o boca a boca é mais direcionado; não vamos indicar uma prancha de *surf* para a nossa avó e nem um vinho para o nosso amigo que só toma cerveja. A publicidade é vista como mais eficiente por muitas empresas por que as mídias são mais visíveis do que as conversas, mas não podemos esquecer que o boca a boca acontece em conversas informais. Sem perceber, falamos com o nosso primo sobre o filme que assistimos e comentamos com a nossa colega do trabalho sobre o aplicativo que baixamos. Se você começar a contar sobre quantos produtos fala diariamente, ficará surpreso.

Hoje em dia, as empresas sobrevalorizam a influência da Internet nas nossas vidas, mas uma pesquisa revelou que apenas 7% das indicações de produto ocorrem online.[9]

Apesar do boca a boca ser muito poderoso, nem todo produto tem sucesso neste tipo de divulgação pois precisa ter elementos que incentivem os comentários. Um dos exemplos de marketing boca a boca que mais gosto é o do restaurante Barclay Prime, da cidade de Filadélfia. O Barclay Prime é um restaurante de alto padrão que serve cortes nobres de carne preparados de forma única. Sem dinheiro para fazer propaganda, seus donos pensaram numa forma inusitada de divulgá-lo: servir um Philly Cheese Steak (um sanduíche famoso na cidade) por $100,00. O sanduíche, que pode ser encontrado em qualquer esquina da cidade por $5,00, tem receita simples: pão, carne e cebolas grelhadas, cobertas com queijo provolone. Obviamente,

---

7. Keller, Ed e Barak Libai (2009), "A Holistic Approach to the Measurement of WOM", presentation at ESOMAR Worldwide Media Measurement Conference, Stockholm (May 4-6).

8. Bughin, Jacques, Jonathan Doogan e Ole Jørgen Vevtik (2010), "A New Way to Measure Word-of-Mouth Marketing". McKinsey Quarterly.

9. http://www.entrepreneur.com/blog/220776

O marketing aplicado aos relacionamentos

o sanduíche do Barclay Prime era um pouco mais sofisticado: um pão de brioche com mostarda caseira, Kobe beef (uma das mais saborosas e caras carnes do mundo), cebolas caramelizadas, lascas de trufas negras e queijo Taleggio. Em cima de tudo isto, uma deliciosa cauda de lagosta. Para tornar a experiência ainda mais nobre, o sanduíche é servido com *champagne* Veuve Clicquot. Esta ação fez o Barclay Prime passar a ser comentado frequentemente, algumas pessoas descreviam que comer o sanduíche era como "comer ouro".

Proporcionar ao seu cliente uma experiência incrível (e às vezes inusitada) é a única forma de incentivar o boca a boca, que além de ser a maneira mais eficiente e confiável para divulgar um produto, é também a mais barata.

É fácil perceber que numa estratégia de marketing, tudo está ligado: se o foco da empresa não for no **produto** e ela não tiver o objetivo de atingir um **segmento do mercado**, este **produto** nunca será fantástico. Sem um produto fantástico não existe **experiência de compra** e nem **boca a boca**. Tente quantas combinações quiser, todas elas serão verdadeiras.

Referências

BROWSER, Michael et LEON, Warren. *Practical Advice from the Union of Concerned Scientists.*
<http://www.adamsherk.com/public-relations/most-overused-press-release-buzzwords/>
<http://www.e-commerce.org.br/stats.php>
<http://www.wired.com/wired/archive/13.01/bezos.html>
<http://www.executiveboard.com/exbd-resources/content/challenger/pdf/Challenger-Selling.pdf>
<http://www.fastcompany.com/3014817/amazon-jeff-bezos>
KELLER, Ed e Barak Libai (2009). *A Holistic Approach to the Measurement of WOM*, presentation at ESOMAR Worldwide Media Measurement Conference, Stockholm (May 4-6).
BUGHIN, Jacques, Jonathan Doogan e Ole Jørgen Vevtik (2010). *A New Way to Measure Word-of-Mouth Marketing.* McKinsey Quarterly.
<http://www.entrepreneur.com/blog/220776>

21

Marketing pessoal e profissional - 7 hábitos em minha vida

Não importa se você trabalha "por conta" ou faz parte de uma hierarquia, uma das coisas mais importantes é buscar constantemente a evolução e, muitas vezes, livrar-se de certas companhias

Luiz Gustavo Guimarães

Luiz Gustavo Guimarães

Graduado em Administração de Empresas, com MBA em marketing e vendas, professor universitário, *practitioner* em programação neurolinguística, humorista *stand up* e coautor do livro "Ser+ em comunicação" (Editora Ser Mais). Atua há mais de sete anos com treinamento e desenvolvimento humano, hoje com foco em "liderança" e "marketing pessoal e profissional". E há mais de quatro anos com apresentações de humor no gênero *stand up comedy*.

Contatos
www.luizgustavo.tv
marketing@luizgustavo.tv
(11) 99426-2493

Luiz Gustavo Guimarães

Olá, meu objetivo é compartilhar um pouco do que tenho notado no relacionamento humano quando se fala de mercado de trabalho ou ascensão profissional. Melhorar o seu marketing pessoal e profissional é perceber que suas ações interferem de maneira significativa nas pessoas à sua volta, e isso certamente influenciará sua carreira, positiva ou negativamente.

Nas palestras e treinamentos que faço, comento algumas situações em comum entre aqueles que mais se destacam, independentemente das tarefas, áreas, cargos ou funções que tenham. Dentro destas observações, também notei que nossos "mestres" nem sempre são as pessoas mais dotadas de inteligência. Por incrível que pareça, muitas vezes, surgem verdadeiras "toupeiras" em nossa vida, capazes de nos mostrar o que não fazer para atingir o sucesso, ou o que pode ser feito para não sair do lugar... Por isso, antes de cada etapa e explicação positiva deste artigo, você, meu querido leitor, terá uma frase ou um pequeno diálogo, que representa este raciocínio, no mínimo, diferenciado, para tentar despertar em você lembranças de tantos estranhos que passaram por sua vida, ou talvez, "sábios profissionais" incompreendidos pela sociedade.

Claro que tais situações podem ou não fazer sentido a você. Se não fizerem que, pelo menos, sirvam para uma reflexão. Mas se fizerem algum sentido, que você possa rever os seus comportamentos e "no seu tempo" colocar em prática e testar, tirando assim as suas próprias conclusões a respeito.

E para começar o tipo mais comum, o "acomodado"...

> *Não quero ser um exemplo, só vou fazer o meu trabalho...*
> *Meu querido, esta desculpa não vai colar. A não ser que seja um*
> *homem-bomba...*

1ª etapa: **+ GARRA** – Tenha vontade de fazer as coisas, seja motivado, tenha entusiasmo, paixão e alegria pelo que faz. Seja uma pessoa "de bem com a vida", com perseverança e ousadia, "vá pra cima". Problemas todas as pessoas têm, não desconte nas outras as suas frustrações. Se preocupe mais em fazer e em como fazer, do que em arrumar desculpinhas por não ter feito. Seja guerreiro, tenha força de vontade, disposição e fé!

O marketing aplicado aos relacionamentos

Outro que deve ser observado, o "mosca-morta"...

*Não disse que não gosto de você, só falei que
sem você, nosso grupo seria melhor...*

2ª dica: **+ UNIÃO** – Aprenda a utilizar mais o "nós" e menos o "eu". Sozinho não se constrói nada, a não ser que você se intitule "DEUS", pois só Ele teve a proeza de construir sozinho. Saiba trabalhar com outras pessoas e conviver em grupo. Embora os profissionais sejam normalmente contratados por seus conhecimentos técnicos, cada vez mais as demissões ocorrem por problemas de relacionamento.

Mas fique atento, pois "união" é muito mais do que "estar junto", é "escolher o time". Estou certo de que, quando você era criança e montava um time de futebol, vôlei ou basquete na aula de Educação Física ou na rua, brincando com amigos, seu objetivo era ganhar, então você escolhia os melhores e queria sempre estar entre eles para ganhar cada vez mais... E agora? Será que você faz isso? Será que no trabalho você procura estar entre os vencedores? Quando vai almoçar, você escolhe qual mesa? Aquela com seus colegas que reclamam de tudo e de todos e só pensam em derrota, ou aquela com pessoas animadas que cumprem com suas obrigações e pretendem 'crescer' sempre? Pense nisso...

O "sem-noção" aparece muito também...

*Você até pode ser um bobão, mas não dá pista,
deixe as pessoas descobrirem sozinhas...*

3ª forma: **+ SENSATEZ** – "Poxa, fulano não tem noção..." Quantas vezes você já ouviu ou falou isso? Imagino que várias vezes, não é mesmo? Muitas pessoas perdem a oportunidade de ficarem quietas e tornam o clima super desagradável quando vão falar do que não entendem ou manifestam suas opiniões sem base.

O contrário também prejudica. Se você ficar sempre quieto e não compartilhar o seu ponto de vista, ou seja, não contribuir nas reuniões, negociações ou até nas conversas mais informais entre colegas, também corre o risco de ser "julgado" de forma negativa, como aquele que "não tem opinião própria". Tenha bom senso para saber o que falar, quando e como falar. Busque sempre o equilíbrio e isso lhe proporcionará força e flexibilidade nas relações humanas.

Também é comum encontrarmos o "sem-espelho"...

Tá me chamando de incompetente? O.k., depois falamos do que temos em comum, agora vamos voltar ao trabalho?

4ª etapa: **+ TRATAMENTO** – "Educação" é o primeiro passo para lidar com pessoas. Falar "bom dia" é uma boa coisa, mas desejar que a pessoa tenha um bom dia é muito melhor. Outro fator crucial é o "respeito", isso gera mais confiança entre as pessoas, o ambiente fica mais leve, o clima tranquilo. Mesmo se não gostar do colega ao lado, tal diplomacia permite que os resultados positivos surjam mais rápido e, assim, todos ganham.

Outra dica para aprimorar o seu tratamento pessoal, um pouco mais difícil, tanto que muitos dizem que você precisa nascer com isso, é o carisma. Entretanto, eu creio que todos podem aprendê-lo, com muito treino, claro. Tenha "carisma" e encante a todos. Pessoas carismáticas normalmente têm um grande *networking* e, por isso, nunca são esquecidas. O carisma demonstra boa vontade, disposição em ajudar, preocupação com o próximo e muito mais. Agindo desta forma, certamente sua colheita será muito melhor do que seu plantio. Lembre-se de que as pessoas só irão tratá-lo melhor, quando o seu melhor for usado com elas.

Um tipo raro de se ver é a "aberração"...

Então depois da palestra o senhor decidiu mudar?! E a partir de agora será uma nova pessoa... Legal João, muito bom, mas chamá-lo de Priscila já é mais complicado... Tire essa peruca vai...

5ª fase: **+ ATITUDE** – Creio que aqui não há muito que falar, mas que tal refletirmos um pouco sobre isso? Faça, diga, ouça, corra, peça, se informe, questione, ligue, ouse, pare de colocar barreiras, tente, erre, acerte, crie, inove, mas pelo amor de Deus, desça do muro e tenha atitude na vida... Claro que certas decisões requerem novas informações e planejamentos, mas a cada dia, mais me convenço de que o sucesso não vem por acaso, não é uma questão de sorte, é resultado. Pessoas que hoje se destacam, escolheram isso e agiram.

Trabalhar, estudar, ter um passatempo, namorar, curtir a família e amigos, tudo isso é importante. Mas tão importante é ousar, colocar em

O marketing aplicado aos relacionamentos

prática aquela sua ideia, buscar aquele seu objetivo e não ter medo do que as pessoas vão dizer se você não conseguir. Pergunte para qualquer pessoa de sucesso qual a receita e verá que a resposta é sempre parecida: "não ter medo de falhar, treinar, ter atitude e seguir em frente".

Já vi inúmeras pesquisas de pessoas que se acomodam e depois se lamentam: porque não fizeram a viagem dos sonhos quando podiam; não falaram o quanto amavam enquanto era tempo; não aproveitaram a oportunidade por medo de se expor. Enfim, são vários os casos de pessoas que não agiram quando era preciso, então pense nisso e comece a decidir o seu destino ou permita que outras pessoas continuem decidindo por você! Mas não se esqueça de uma coisa: bom senso.

O "desavisado"...

Tanto faz, no final vão dizer que o erro é meu mesmo...
Poxa, não pense assim... O início e o meio
também não estão lá grande coisa...

6ª dica: **+ VALORES** – Quais são os seus? O quê você tem para compartilhar com os demais? Qual legado pretende deixar? Vamos agora pensar um pouco sobre isso, sobre os valores que cada ser humano tem, sobre sua "bagagem". Experiência de vida, costumes, hábitos e culturas que constantemente passamos pra uns e recebemos de outros...

Certas pessoas topam tudo por suas conquistas, ou pior, pelo *status* que essas conquistas podem lhe proporcionar, sem medir as consequências e o quanto isso pode interferir na sua imagem. De nada adianta você receber aquela promoção na empresa ou conquistar uma ótima carteira de clientes se, para isso, você puxou o tapete dos colegas, ou armou para alguém ser prejudicado e você ficar com as glórias. Infelizmente pessoas assim estão por aí, nas empresas, nas faculdades, entre os colegas de trabalho e a pergunta é: "Será que você é uma destas pessoas?". Eu espero sinceramente que não.

Não estou dizendo para ser perfeito, ninguém é, mas que ao menos seja ético. Quando errar, assuma. Quando duvidar, questione. Não saia por aí fazendo algo só porque alguém mandou ou porque assim é mais fácil. Veja se o que está fazendo é correto e se tem a ver

Luiz Gustavo Guimarães

com o que você acredita. Hoje os tempos são outros, a expressão: "Faça o que eu digo, não faça o que eu faço" já não funciona mais. Que credibilidade passa um médico com um maço de cigarros no bolso? Entende? Percebe como nossas atitudes e crenças geram desconfiança quando não falam a mesma língua?

Pois bem, para passarmos credibilidade e sermos vistos como profissionais e não como amadores, devemos atentar aos exemplos que deixamos. Fazer papel de santo no ambiente físico e depois, no virtual, chegar nas redes sociais e chutar o pau da barraca, não vai torná-lo um ser humano melhor. Ficar bravo com o chefe que o tratou mal, mesmo que você não tenha feito nada, chegar em casa à noite e tratar com ignorância e estupidez a mulher, o marido ou os filhos não o torna melhor do que o patrão. Procure deixar, de agora em diante, uma versão melhor de si mesmo e permita que as pessoas o queiram bem.

Por fim, uma jóia-rara o "estranho"...

Tá bom! Você disse que não se sente valorizado aqui na empresa... Até aí tudo bem. Só não consigo entender como essa placa de 'compro e vendo ouro' pode ajudar...

7ª etapa: **+ OBJETIVOS** – Estou certo de que você já ouviu falar deste tema muitas vezes, mas o que tem feito a respeito? Tem uma frase bem conhecida que é: "Se você não sabe pra onde vai, qualquer caminho serve". Definir objetivos é crucial para quem pretende alcançar o sucesso pessoal e profissional. Pense numa viagem, primeiro você define o destino, ou seja, seu objetivo, só depois decide como ou o que fazer para chegar lá, ou seja, suas metas.

Importante destacar que quanto mais específico for, melhor. Por exemplo, chegou o fim de semana e você pretende ver um filme com a(o) namorada(o). Apenas pensar em ir ao cinema é muito vago, normalmente você pensa no filme que quer assistir, no local do cinema, na data, no horário e por aí vai. São estas inúmeras informações que tornam o seu objetivo mais específico e mais próximo do êxito, pois se não pensar nestes detalhes a possibilidade de fracasso só aumenta. Já imaginou combinar com ela(e) o filme, o horário, o local e se esquecer da data? Você aparece no sábado e ela(e) no domingo. Tá errado!

O marketing aplicado aos relacionamentos

A mesma coisa pode ocorrer no trabalho, algumas pessoas pensam: "Ah, o meu objetivo é ganhar mais". Como assim ganhar mais? Ganhar quanto a mais? Se não pensar nisso, no mês que vem quando você passar de R$1.600,00 para R$1.602,00 já pode ficar feliz, o objetivo foi alcançado. Mas imagino que você não pensava em ganhar como aumento apenas R$2,00, não é mesmo?! Vamos reformular, você ganha R$1.600,00 por mês e pretende ser promovido à gerência, assim o seu salário passará a R$1.950,00, mas para isso acontecer, você precisa superar algumas metas, como ter um relacionamento interpessoal melhor, atingir um número X de vendas ou ter concluído o curso superior, etc. Tudo isso deve ser levado em conta para atingir seu ideal e, claro, persistir, persistir muito, pois como dizia Albert Einstein, o sucesso é resultado de 1% de inspiração e 99% de transpiração.

Agora sim, "nossos heróis" devidamente apresentados, e listadas e comentadas as sete etapas para se chegar ao êxito, desejo que seu marketing pessoal e profissional se aprimore a cada dia e que suas conquistas sejam constantes e duradouras... Obrigado pela atenção, grande abraço e sucesso!

22

O marketing de relacionamento como ferramenta geradora de vantagem competitiva para as empresas modernas

O comportamento humano por meio de colaboradores comprometidos faz com que as empresas se relacionem com o mercado graças à rapidez no atendimento, à entrega correta, respostas eficazes às necessidades e desafios dos clientes. Estas ações geram confiança no negócio e fazem com que o mesmo passe a ser visto como "a empresa ideal", tornando o relacionamento duradouro

Marco Castro

Marco Castro

Palestrante e consultor de negócios na área do Relacionamento Humano. Economista. Psicanalista. Pós-graduado em Engenharia Econômica e Gestão da Qualidade. Mestre em Gestão de Negócios (Marketing). Trabalha como Voluntário na OSCIP (Grupo Terapia do Riso) como Palhaço de Hospital.

Contatos
marcocastro@alcastro.com.br
Facebook: Marco Castro
Skype: marcaocastro33@hotmail.com
Linkedin: Marco Castro

Marco Castro

Vamos analisar a inserção da abordagem *marketing de relacionamento* na estratégia competitiva das empresas, no âmbito das estratégias implementadas a partir dele, dando-se ênfase à prestação de serviços como ferramenta-chave no atendimento personalizado das necessidades dos clientes.

Uma pequena porcentagem dos clientes atendidos pelas empresas é responsável pela maior parte dos lucros. A lucratividade não deve ser analisada a partir do produto, mas com base no cliente que se pretende atender. Neste sentido, sob a ótica do marketing personalizado, em vez de querer conquistar mais e mais clientes, a empresa deve colocar ênfase na retenção, selecionando aqueles que são realmente valiosos, oferecendo benefícios e tratamento diferenciado aos clientes que estabelecem um elo de negociação contínuo.

O maior desafio colocado pelo marketing de relacionamento é a conquista do cliente, motivando-o na direção de disponibilizar informações sobre suas reais necessidades, contribuindo decisivamente para a oferta de produtos personalizados. Assim, qualquer produto que tenha a informação como componente central é provavelmente mais fácil de ser personalizado. Se analisarmos, a cada dia temos um número maior de bancos, seguradoras, empresas de telecomunicações, cartões de crédito e até serviços de utilidade pública, incorporando ferramentas à sua estratégia de comunicação, utilizando todas as mídias modernas disponíveis.

Ainda que o produto em si não possa ser personalizado, a empresa pode personalizar a comunicação, em particular os clientes mais ocupados, aqueles para os quais o tempo é essencial.

O marketing de relacionamento abre enorme campo de oportunidades, principalmente no âmbito das empresas de pequeno porte, cuja principal característica é a interação frequente com clientes e fornecedores. As empresas de pequeno porte podem se beneficiar, cada vez mais, com o profundo conhecimento dos clientes.

A "participação de mercado" foi substituída pela "participação no cliente".

A utilização do marketing de relacionamento propicia a oportunidade de planejar a personalização de produtos e serviços. Exige que uma empresa aborde o cliente de alto potencial como uma pessoa única, atendendo suas necessidades e persuadindo-o a comprar cada vez mais produtos, enquanto durar o relacionamento.

Ao se relacionar com clientes, as empresas passam a ter menor probabilidade de serem afetadas por esforços de vendas e campa-

O marketing aplicado aos relacionamentos

nhas publicitárias da concorrência, ficam menos vulneráveis aos altos e baixos dos ciclos econômicos e terão menores despesas com vendas, publicidade, gerenciamento e marketing.

O marketing de relacionamento envolve a utilização de uma ampla gama de técnicas de marketing, em particular vendas e comunicação, e de cuidados com o cliente, visando:

a. Identificar os clientes de forma individualizada;
b. Criar um relacionamento duradouro entre a empresa e seus clientes;
c. Desenvolver a relação a partir da ênfase na geração de valor para o cliente, bem como da sustentação de lucratividade.

No caso das empresas que adotam a estratégia de "customização em massa" e no mercado de serviços personalizados, o marketing de relacionamento no ambiente organizacional sempre desempenhou um papel central.

Os clientes de uma empresa são o seu maior patrimônio. A formação e preservação deste bem é a tarefa central do marketing. Para que isso ocorra, é preciso aprofundar a compreensão das necessidades dos clientes. Neste sentido, estreitar o relacionamento é fundamental, possibilitando à empresa utilizar o conhecimento obtido para atender de forma mais competente que os concorrentes.

O nível de relacionamento esperado pelos clientes precisa ser descrito de forma precisa, a partir das considerações:

- Utilização da mídia, por meio da qual os contatos se desenvolverão;
- A frequência de contato com os clientes;
- Os assuntos relevantes a serem abordados;
- Os resultados de cada contato, isto é, os passos a serem dados tanto pelo cliente como pela organização, visando o estabelecimento da relação;
- O custo de cada contato, nos quesitos financeiro e tempo despendido.

Em um ambiente competitivo, clientes que mantêm relacionamento com determinados fornecedores, assim procedem devido ao "pacote" que lhes é ofertado – produto, serviço, preço, crédito e principalmente: o relacionamento.

Hoje, lidamos com a competição "em tempo real", que incentivou as empresas a utilizarem meios de comunicação capazes de permitir o conhecimento e o relacionamento com os clientes.

Empresas competitivas conseguem reunir um volume de informações consideráveis sobre os clientes, a partir do qual são criadas ofertas específicas, que se transformam em vantagem competitiva.

Elaborei uma pesquisa através da coleta de dados selecionados para a entrevista, aleatória, de 50 empresas do setor industrial, na cidade de Sorocaba, SP. A população considerada envolvia uma parte do Cadastro da FIESP de Sorocaba, com 1208 empresas pertencentes a diversos ramos de atividade.

A amostra selecionada foi composta por 26 empresas que atuam no mercado organizacional e 24 atuantes no mercado consumidor. As empresas estavam divididas em "estruturistas", fabricantes de esquadrias, revendas de telhas e bombas injetoras.

As entrevistas foram feitas visando identificar a prática do marketing de relacionamento e a sua utilização como fonte para fortalecer o atendimento ao cliente.

Análise dos dados

Os dados obtidos permitiram obter o seguinte quadro:

Em primeiro lugar, é amplo o conhecimento do marketing de relacionamento. Os 50 entrevistados responderam que têm conhecimento da abordagem.

O relacionamento com o cliente é considerado uma ferramenta essencial para a sobrevivência da empresa. Dentre os fatores que justificam a importância, destacam-se:

- "O relacionamento com o cliente tem de ser muito estreito": 12 empresas;
- É necessário "verificar constantemente as necessidades dos clientes": 8 empresas;
- É necessário estabelecer "parceria com o cliente": 6 empresas;
- há de se "analisar constantemente as condições de fornecimento": 5 empresas;
- "os funcionários devem ser constantemente treinados para atender aos clientes": 4 empresas;
- É importante que se tenha "comprometimento": 4 empresas

O marketing aplicado aos relacionamentos

Em segundo lugar, a forma de interação com o cliente mais utilizada foi o *contato pessoal*. Assim, todas as 50 empresas da amostra contatam os clientes diretamente através do proprietário, no entanto observa-se a presença de outros agentes:

- 32 empresas, aproximadamente 64% da amostra, além do proprietário, utilizam vendedores contratados;
- 8 empresas, 16% da amostra, recorrem também aos representantes comerciais.

De um lado, as características da estrutura organizacional, de outro, a ênfase na negociação *face to face*.

Em terceiro lugar, as principais formas de divulgação da empresa ocorrem:

- Por meio de revistas especializadas;
- Jornais;
- Catálogos;
- Feiras especializadas;
- Revistas da cidade;
- Site, requisito obrigatório;
- Rádio.

Com relação ao diferencial competitivo, as empresas assim se dividiram:

- 14 empresas oferecem qualidade de produtos, sendo 28% da amostra;
- 13 empresas oferecem prazo de entrega, 26% da amostra;
- 8 apresentam preços menores do que os da concorrência, 16% da amostra;
- 8 empresas oferecem serviços pós-vendas, 16% da amostra;
- 7 oferecem assistência técnica, 14% da amostra;
- 7 delas disponibilizam facilidade no pagamento, 14% da amostra;
- 6 consideram entrega no estabelecimento do cliente, 12% da amostra;
- 6 empresas oferecem atendimento ao cliente via site,

12% da amostra;

- 5 dedicam pessoal treinado no cliente do cliente, 1% da amostra;
- 5 empresas promovem montagem por conta, sem custo para o cliente, sendo 1% da amostra;
- 4 oferecem substituição imediata dos produtos não-conformes, portanto 0,8% da amostra;
- 4 empresas possibilitam treinamento para utilização dos produtos aos profissionais do cliente, 0,8% da amostra;
- 3 empresas oferecem o projeto aos clientes, sendo 0,6% da amostra.

Verifica-se que entre a maioria das pesquisadas, no caso de instalação, construção ou montagem, a empresa manda um representante, pessoalmente, até o cliente e participa da execução do trabalho. Segundo a sua visão: "o cliente passa a ter mais confiabilidade quando vê o fornecedor envolvido com o pedido". Por sua vez, a assistência técnica, na venda e principalmente no pós-vendas, é de crucial importância para o cliente voltar a comprar.

Considerações finais

Empresas comprometidas com o cliente estão buscando, na íntegra, conhecer todos os detalhes ligados ao dia a dia das empresas x clientes, participando também da vida dos empresários x clientes, conhecendo particularidades; como data de aniversário, lazer, gostos por roupa, casas, carros, etc.

Desta forma, é possível que a empresa passe a atingir uma fonte muito importante na conquista de mercados. Quando lembrado, de forma especial e particular, o cliente passa a olhar para a empresa fornecedora como uma aliada nas suas negociações.

Ajudar o cliente a vender tem sido a palavra de ordem nos diversos ramos de atividade. Quando o cliente está bem com a estrutura e satisfeito com o atendimento que lhe é oferecido, certamente o retorno de todos os investimentos será revertido em novos negócios.

O marketing de relacionamento possibilita para as empresas, conforme a pesquisa, se motivarem para a criação de atendimentos especiais e facilita ao cliente a utilização dos produtos. A empresa de pequeno porte, atualmente, tem dado suporte total neste sentido, fornecendo serviços de montagem, treinamento, atendimento

O marketing aplicado aos relacionamentos

personalizado, assistência técnica, qualidade, flexibilidade nos pagamentos, preços competitivos, etc.

A pesquisa foi focada em indústrias, prestadores de serviços e cliente final. Desta forma, fica aberta a oportunidade para o foco pesquisado, através das novas pesquisas de opinião do consumidor final sobre as competências apresentadas pelos empresários, visando constatar se realmente são aceitas pelo cliente como uma vantagem competitiva, através do marketing de relacionamento.

Referências

BRETZKE, Miriam, *Marketing de Relacionamento e Competição em Tempo Real*, São Paulo, Ed. Vozes, 2000.

CRAVENS. D. W. & PIERCY, N. E., *Relationship marketing and collaborative network in service organizations*, International, 1994.

GUMMERSON, E., *Implementation requires a relationship marketing paradigm*, USA, Heinneman, 1998.

ROGERS, Martha & PEPPERS, Don, *Relacionamento duradouro*, Artigo, HSM Management, Setembro-outubro 1997.

ROGERS, Martha, *Os clientes Valiosos*, Artigo, HSM Management, julho – agosto 1998.

ROMAN, Erman, *Integrated Direct Marketing*, USA, McGraw Hill, 1998.

STONE, Merlin, WOODCOCK, Neil & LISKE, Luis, *Marketing de Relacionamento*, Rio de Janeiro, Ed. Littera Mundi, 1997.

ZEMKE, Ron & SCHAAF, Dick, *A nova estratégia do marketing: atendimento ao cliente*, São Paulo, Ed. Harbra, 1991.

23

Você consegue gerir seus objetivos?
Faça duas perguntas básicas:
Como você se enxerga?
O que você quer para sua vida?
E descubra

O problema de muitas pessoas é se lamentar demais
e se sentirem pequenas diante das dificuldades,
porém o que fará a diferença para o sucesso
profissional será a maneira que você olha para seus
obstáculos e se dispõe a enfrentá-los

Marcos Bento

Marcos Bento

Professor. Palestrante sobre os temas: você é especial; é preciso sonhar sempre. Ministra treinamentos com foco nos relacionamentos intrapessoal e interpessoal e no profissional proativo. Cronista. Coautor nos livros "Ritmo vital" e "Coletânea nacional de poesias de Colatina".

Contatos
marcu.bento@yahoo.com.br
Twiter: @marcubento
Facebook: Palestrante Marcos Bento
(28) 99975-8839

Marcos Bento

A forma como nos enxergamos define o que seremos daqui a cinco ou dez anos. Quando um indivíduo se vê capaz e pronto para lutar por seus objetivos, ele se coloca à disposição para transpor qualquer barreira. Assim não percorre apenas metade do caminho, mas está preparado para percorrê-lo completamente. Temos exemplos de muitas pessoas que nasceram com poucos recursos e em situações adversas. Tinham tudo para perpetuar um legado de escassez e de privações, porém hoje estão realizadas e divulgando que é possível alcançar os objetivos.

Outras tinham tudo para alcançar seus objetivos, mas suas vidas naufragaram. Umas por terem enxergado somente o que queriam ver, outras por terem colocado seus objetivos em último plano.

Costumo dizer que existem dois tipos de pessoas: as corajosas e as fracas. As corajosas são aquelas que param quando algo sai errado, estudam e reiniciam sua caminhada. São corajosas porque admitir o erro é um ato de coragem. Elas conseguem recomeçar seu trajeto quantas vezes forem necessárias.

Por outro lado, temos as fracas que desistem na primeira tentativa, ou que, quando começam algo, não terminam. Estão sempre procurando alguém para levar a culpa: o estado, os pais, o sistema... Não importa a quem a responsabilidade pelo seu insucesso será imputada, desde que não recaia sobre si mesma.

As pessoas fortes sonham e têm o sonho como parte de um planejamento para a vitória. As fracas apenas sonham e têm o sonho como parte de seu lamento por toda a vida.

"Admitir que errou é um ato de coragem."

Após definir como você se enxerga, é importante ter um bom relacionamento com as pessoas que o cercam. Não seja introvertido. Vejo casos de profissionais que entram calados em determinadas reuniões e saem mudos. Quando você fala, e na hora certa, as pessoas passam a respeitá-lo e a contar mais com você. Digo por experiência própria: quem não emite opinião, jamais suportará uma crítica. Esteja sempre pronto a aprender e a compartilhar o seu pensamento. A pergunta "como você se enxerga?" também passa pela concepção de humildade. Ser humilde não é abrir mão de suas convicções, mas é contribuir para que elas sejam mais firmes e eficazes.

Ainda falando sobre a humildade, é importante ter parceiros e não trampolins. Nunca faça de escada as pessoas que o cercam. Compartilhe conhecimento. Se você seguir sempre sozinho, quando

O marketing aplicado aos relacionamentos

chegar ao pódio não terá ninguém para comemorar com você.

Conheço pessoas que alcançaram o sucesso, mas dariam tudo para reiniciar e caminhar com alguém.

"Compartilhe conhecimento"

Você afirma "as coisas são difíceis". Realmente não é fácil alcançar o sucesso e realizar os sonhos, mas vale salientar que não é impossível. Lembre-se: Sempre tem alguém realizando o que você julga ser incapaz de executar. Pense "como você se enxerga?" e defina que tipo de pessoa é. Aprenda a se autogerir.

"Quem não emite opinião, jamais suportará uma crítica."

Após responder a estas primeiras questões, você deve pensar "o que quer para a sua vida?". É preciso definir um objetivo, algo em longo prazo. Metas mal traçadas freiam totalmente a sua perspectiva de um futuro promissor.

Muitas pessoas já se definiram como corajosas, mas estão há vinte, trinta ou quarenta anos tentando descobrir "o que querem para a vida delas".

Após uma das palestras que ministrei em um Centro de Eventos, um senhor de aproximadamente 65 anos me chamou para conversar. Disse concordar com tudo que falei e que o seu sonho era ter seguido a carreira militar. Salientou até que teria conseguido se na época não tivesse medo de tentar.

Aqui também detectamos algo que contribui para a não definição "do que se quer para a vida": o medo de tentar. Grande parte das pessoas até conseguem ter algo bom em suas mentes, mas o primeiro pensamento que as acomete é: "Será que vai dar certo?". Quando você começa um projeto no plano pessoal ou profissional há duas alternativas: dar certo ou dar errado. Uma delas marcará o fim do processo e sempre torcemos para que seja a primeira, a segunda é a razão do nosso medo. Neste momento, remetemos ao primeiro questionamento: "Como você se enxerga?". Se algo der errado, reinicie, porque não foi bem planejado; e tenha certeza de que sentir medo é natural ao ser humano, é um mecanismo de defesa que nos protege e garante a perpetuação de nossa espécie. Todavia o medo não pode privá-lo de tentar. Ele foi o principal responsável pelo lamento do senhor citado acima. O medo é tão destrutivo na escalada para o sucesso que faz as pessoas admitirem a derrota antes mesmo de terem lutado.

Marcos Bento

Outro fator que pode impedi-lo de definir "o que você quer para sua vida?" é a escolha errada das pessoas que participarão de sua história. Eu conheço poucas situações em que alguém escolheu as pessoas erradas e ainda conseguiu um final feliz, alcançando os objetivos. Em 99% das histórias, o protagonista perdeu o foco e parou no meio do caminho. Portanto, saiba escolher as pessoas certas, pois elas também o ajudarão a definir sua vida e farão parte da sua caminhada para o sucesso.

"Saiba escolher as pessoas certas."

"O que você quer para sua vida?" está igualmente atrelado a "para quem você conta seus sonhos?". Diariamente assistimos o fracasso de dezenas de pessoas que erraram ao escolher a quem confiar seus objetivos. Pessoas positivas o impulsionarão e o ajudarão a definir a primeira pergunta, pessoas negativas apenas contribuirão para o seu lamento daqui a alguns anos.

A pergunta "o que você quer para sua vida?" também envolve a qualificação profissional. É importante estar preparado. Fazer cursos não faz mal a ninguém. Lembre-se de que quando a oportunidade vier, você deve estar preparado, porque raramente ela baterá duas vezes na mesma porta.

Muitas pessoas não sabem, mas somos como um copo. Devemos nos esvaziar constantemente para estarmos abertos a novas experiência. É importante assistir palestras e participar de cursos com o desejo de aprender, caso contrário você sairá mais confuso do que quando chegou, ou pior, terá perdido seu tempo. Aprenda sempre: esvazie seu copo e reaprenda.

Algumas dicas ao participar de cursos e palestras sobre "o que você quer para sua vida?":

- Veja como uma oportunidade de aprender, isso contribuirá para sua qualificação e crescimento;
- É difícil gravar tudo em uma palestra ou curso, mas tente se focar no tema principal. Ele mudará seu conceito em alguns aspectos da vida;
- Se for possível, leve um bloco de papel e uma caneta para anotar o que julgar importante. Isso o ajudará no seu desenvolvimento profissional;
- Celulares e outros equipamentos devem estar desligados e se não for possível coloque-os no vibrador. Se o seu celular

O marketing aplicado aos relacionamentos

tocar em meio a uma palestra, além de desrespeito, prejudica as outras pessoas e aborta seu momento de aprendizagem;

- Problemas pessoais devem ficar apenas no plano pessoal. Pense em uma jovem que brigou com o namorado e no meio da palestra desaba a chorar e a soluçar. Ficará um pouco complicado para o palestrante ou para o conferencista continuar sua apresentação. Desligue-se, vá com intuito apenas de adquirir conhecimento e você conseguirá.

Então, não seja acomodado. O comodismo enferruja sua mente, fere seus pensamentos e descompassa sua respiração. Acomodar é trair a si próprio. Não seja falho com você, aprenda sempre. Pense nisso!

Outra coisa que pode frustrar sua caminhada é ver dificuldade em tudo. Seja positivo: "não sei, mas estou disposto a aprender". As pessoas querem contar com você, não seja limitado. É fácil ver em locais de trabalho profissionais que reclamam o tempo todo que determinado assunto não é competência do seu setor, mas que se esquecem de que o assunto faz parte da empresa em que ele trabalha. Seja ilimitado, assim suas capacidades serão bem mais utilizadas.

"Acomodar é trair a si próprio."

Por fim, o último ponto importante a destacar e que conheceremos no que resulta, mais à frente, é a impaciência. As coisas não acontecem da noite para o dia. É preciso persistir, ter paciência; tenho certa experiência no assunto e posso afirmar que a ansiedade conduz ao cansaço e, posteriormente, ao fracasso.

A trajetória do sucesso até o pódio será árdua. Quanto mais perto você estiver de alcançar seus objetivos, mais o desgaste será visível. Por isso, o resultado da impaciência é a ansiedade. Ela tem o poder de neutralizar suas metas, conduzindo-o ao desânimo.

Lembre-se: em nossas vidas, sempre estaremos competindo, não guerreando. Competir é saudável. Guerrear fere princípios que você deve carregar por toda a sua trajetória.

Descobrindo "como você se enxerga?" e "o que você quer para sua vida?" sua história terá começo e meio. O fim dependerá do seu grau de perseverança. Costumo dizer que somos responsáveis pelas coisas boas e ruins que acontecem em nosso percurso, tudo está em nossas mãos!

E agora? Após conhecer as duas perguntas básicas, você consegue gerir seus objetivos?

Ninguém é mais inteligente e capaz do que você mesmo.

24

Diversidade no atendimento
O cliente pede mudanças

Seguir regras e padrões, copiar o que o vizinho está fazendo, repetir as frases de impacto que estão na moda. Essas atitudes são mesmo as mais eficazes para seu negócio?

Maria de Lourdes Maran Deliberali

Maria de Lourdes Maran Deliberali

Master coach e executive coach pelo Behavioral Coaching Institute, *positive* e *hapinness coach* pela Sociedade Brasileira de Coaching com MBA pela Fappes. Graduada em Marketing pela Faculdade FACISA, com especialização na FGV Brasília – DF. Analista de perfil, Diretora-fundadora da Academia Marketing Coaching, por meio da qual assessora pessoas desenvolvendo programas personalizados para treinamentos individuais e de equipes, planejamento estratégico de negócios e planos de carreira.

Contatos
www.academiamarketingcoaching.com.br
mariadelourdes@academiamarketingcoaching.com.br
(61) 8270-2029

Maria de Lourdes Maran Deliberali

A agressividade utilizada no comércio de *commodities* adentrou os consultórios dos dentistas e médicos, os balcões de farmácias e as lojas mais elegantes dos shoppings. Por vezes os clientes se sentem como se tivessem entrado no local errado.

- Posso ajudá-lo?
- Nossa! Isso ficou lindo em você!!
- Faça esse procedimento, porque você merece!

São as abordagens e as frases de efeito da moda, que se o cliente passar por cem pontos de atendimento, com certeza, ouvirá por cem vezes, as mesmas sem a menor prudência por parte dos mais variados profissionais que não se importam com o que é o correto para aquele cliente e para aquele contexto.

As perguntas já estão prontas e padronizadas, as frases já estão feitas e "testadas".

Mas, seria esse o jeito mais certo de encantar e reter o seu cliente? Até que ponto isso potencializa ou alavanca seus negócios, em particular? Não seria mais interessante estabelecer um *rapport* adequado à individualidade de cada um?

Observando os diferentes públicos, pude constatar certo desconforto com essas práticas, principalmente quando tais empresas e profissionais trabalham com serviços voltados para a saúde e quando as lojas, no caso de roupas e calçados, estão instaladas em locais mais suntuosos e cuja clientela tem um nível de cultura e conhecimento que permitem identificar certas práticas que fazem parte das estratégias de venda para "empurrar" algo.

É desastroso quando um cliente entra em uma empresa, aparentemente elegante, e se depara com um preço de R$ 2.499,90 e outros similares. Esse tipo de comunicação agride os olhos e se traduz em emoções negativas que despertam no cliente baixa credibilidade em relação ao vendedor, ao lojista e até certo receio pelo uso de algumas políticas. Alguns clientes relataram que não entram mais em lojas quando observam as tabelinhas de preços que agridem o consumidor na característica mais específica do ser humano, a sua inteligência. Outros se manifestaram quanto à abordagem das farmácias do leve três e pague um. A dúvida foi "Será que estão preocupados em me vender algo bom para minha saúde ou estão preocupados

O marketing aplicado aos relacionamentos

em encher seus próprios bolsos?". E, finalmente, quanto aos profissionais liberais, clientes relataram que não voltaram mais para fazer tais procedimentos e pior: não voltaram nunca mais!

Um possível cliente desabafou:

"Não tive mais confiança para adquirir qualquer produto nessa loja e não tenho tempo para perder em me desvencilhar da avalanche de manobras para que eu compre. Gosto de ir ao shopping, é meu lazer, mas fico extremamente estressado com a forma de atendimento, é como se estivessem me passando um atestado de burrice. Ultimamente prefiro comprar pela internet."

A comunicação de preço e a abordagem ao cliente fazem parte da construção de um relacionamento onde estão envolvidos emoções e sentimentos. Ao relacionar-se com o cliente, o empreendedor precisa ter competências e habilidades para lidar com a subjetividade das pessoas, tanto dos funcionários como dos clientes, e é aí onde está o segredo de cativar, é conseguir uma congruência de tal forma que coloque todos no mesmo patamar horizontal onde o ganha-ganha acaba sendo uma consequência e mais do que uma estratégia.

Ninguém quer se relacionar com pessoas que estão tentando enganá-lo. O cliente não voltará a uma loja que tenta persuadi-lo a comprar algo indesejado, a menos que não tenha outra opção ou não tenha nenhuma noção sobre isso.

Com a falta de habilidades no atendimento, na comunicação e nas políticas adotadas, as empresas estão, continuamente, prospectando e isso requer investimento extra de recursos: humano, material e financeiro. Quantias que poderiam ser direcionadas a outras atividades como, por exemplo, a especialização dos funcionários. É preciso ser mais criativo na hora de atrair e reter clientes, ser inventivo mesmo, agregar competências e habilidades para perceber o cliente na sua individualidade. Isso, claramente, dá um pouco mais de trabalho. Nem sempre os funcionários estão dispostos a investir seu tempo em obter novos conhecimentos, é tarefa da empresa incentivar e mostrar as vantagens nos resultados, para que a visualização dos processos de dedicação ao aprendizado não seja tão dolorosa para aqueles que não têm tanta curiosidade e disposição para aprender. Os treinamentos devem inspirar as pessoas a algo maior do que desenvolver uma tarefa, precisam na verdade ocupar-se dos valores

Maria de Lourdes Maran Deliberali

essenciais do ser humano, para que sejam inspiradores e desejados.

O cliente quer se sentir valorizado, não com frases decoradas, mas com atendimento cordial, com atitude e comportamento de respeito, mesmo porque cada pessoa é única em sua identidade e a melhor estratégia é perceber quais são suas reais necessidades e seus desejos. Fazendo-o feliz, ele voltará e trará consigo amigos e parentes que repetirão suas experiências de compra e divulgarão seu nome e sua marca.

Adequar a comunicação ao público-alvo, valorizar e treinar os funcionários para que sejam mais criativos e respeitosos e consigam perceber melhor o estilo do cliente, ganhando expertise, são atitudes empreendedoras, que encantam em uma situação de compra de produtos ou serviços, se transformam em resultados financeiros positivos para a empresa e fortalecem os relacionamentos.

Então,

- Você tem observado como está o atendimento em sua empresa?
- O que você poderia mudar para obter melhores resultados no contexto atual dos seus negócios?
- Qual é a urgência em melhorar sua comunicação com o cliente?

25

Relacionamentos & sucesso
Ter sucesso não é o mesmo que ser sucesso!

A arte de se relacionar está contida na arte de apreciar boas e pequenas coisas, assim como envolver-se com pessoas de diferentes estilos e, mais do que isto, ajustar-se a estes modelos. Assim que se constrói uma *network* de sucesso. Afinal, o que é ter sucesso? Todo e qualquer sucesso na vida do indivíduo está atrelado a outro indivíduo que o apoiou, financiou, direcionou e afins

Marli Arruda

Marli Arruda

Psicóloga, CRP 06/ 50782-5 atua na área de gestão de pessoas há 17 anos desenvolvendo diversos trabalhos em treinamentos comportamentais, assessora empresas de diversos segmentos em implantação de projetos estratégicos de relacionamento e psicologia do consumidor. *Coaching, Mentoring e Holomentoring* pelo instituto Holos com metodologia ISOR certificação pela ICF. Ministra palestras, cursos e *workshops* focados em teoria comportamental com visão estratégica de negócio. Membro do grupo BNI (Business Network International). Escreveu artigos para algumas revistas de cunho corporativo. Profissional convidada da rádio Everest FM 87.5 abordando assuntos da Psicologia em âmbito pessoal e profissional.

Contatos
www.marliarruda.com
marli@marliarruda.com
Assessoria Empresarial em Gestão de Pessoas
Facebook: Marli Arruda - Psicologia&Coaching
Twitter: marli_arruda
(11) 98203-1053
(11) 99542-1053
(11) 2351-5340

Marli Arruda

"As pessoas são admitidas pelos seus conhecimentos técnicos e demitidas pelos seus comportamentos." (Peter Drucker)

Prezados leitores, com esta temática quero em meu capítulo abordar o sucesso dos relacionamentos, o que faz as pessoas conseguirem ter bom equilíbrio em suas relações? seja pessoal como profissional? Seu comportamento direciona sua vida ao sabor ou dissabor de ser o que é.

Ninguém pode atingir o topo na carreira se não for ajudado por alguém, chegar é fácil o difícil mesmo é manter-se. E quem consegue, com certeza é uma pessoa de bons relacionamentos, sabe analisar a situação, colocar-se no momento oportuno, sair de uma situação embaraçosa, sabe conquistar através de atitudes. Você, leitor, pode estar se perguntando: - E quem não tem essas habilidades, não sabe se relacionar e mesmo assim **tem** sucesso na vida e na carreira? Posso afirmar que esta pessoa tem sim grandes realizações, traduzindo em sucesso, mas não **é** um sucesso, porque às pessoas que se relacionam com este tipo de personalidade, sempre têm algum interesse material por trás. Ou, seja, ser sucesso requer comprometimento nos relacionamentos e não apenas interesses imediatos.

Em 2011, a revista Você S/A edição anual "As melhores empresas para se trabalhar" publicou um artigo sobre o que as empresas valorizam em um profissional na hora de contratá-lo. Conhecedoras da teoria de Peter Drucker, agilizam seus processos seletivos ponderando: conhecimento técnico + comportamento desejado.

Minha experiência profissional mostra - diariamente - o quanto os profissionais estão carentes de orientações em relação ao comportamento que agregam à companhia. Vejo pessoas estressadas, irritadas com má distribuição do tempo em suas atividades, pessoas que não priorizam qualidade de vida, porque precisam sentir-se úteis o tempo todo, se sobrecarregando. Esses comportamentos acarretam falta de práticas importantes, como o autoconhecimento. Por meio de uma análise criteriosa sobre desempenho profissional e pessoal, podemos rever e até mudar atitudes que nos prejudicam e não percebemos.

Você já viu algum curso ensinar: "Como ser tolerante, como ficar mais sincero, desenvolver a solidariedade, melhorar sua paciência e aprender em três dias a arte de ser humilde?" E aí afora, com certeza não, e nem verá, porque ele simplesmente não existe. Essas características aprendemos com a família, na escola, com as relações vivenciadas, com nossos erros e acertos e estão em nos-

O marketing aplicado aos relacionamentos

sos valores. Nós nos tornamos pessoas diferenciadas e conscientes da necessidade de um contínuo aprendizado, assim, adquirimos estabilidade no mercado de trabalho. Ao fazermos estas reflexões, conseguimos perceber o que faz **ser** sucesso e mesmo no anonimato, é ser feliz com cada realização, é compreender e ver o outro como seu semelhante e que inexoravelmente não podemos ignorar a presença das pessoas em nossas conquistas. **Ter** sucesso é efêmero porque logo é destruído pela falta de complacência, de espírito de conquista, apenas desafios e estes são superficiais porque abrangem nosso ego envaidecido e não o âmago da nossa alma. Sendo assim, torna-se fugaz, e cada vez mais queremos **ter sucesso** e não almejamos **ser sucesso**.

Tenho uma máxima que divulgo como *slogan* de trabalho; A VIDA É DA COR QUE A GENTE PINTA! O sucesso profissional e pessoal depende de como cada um decora seu *habitat*, ou seja, o que sua essência o pede, porque se fizermos somente o que a vida nos cobra, a conta vem alta e o esforço para pagá-la é proporcional, enquanto sua essência o pede o necessário para você ser feliz sem cobrá-lo nada por isso, apenas o deixando **ser SUCESSO**.

E quando mencionamos pessoas que **são sucesso**, (verbo ser) queremos conhecer sua história, suas verdades, seus planos de vida, como lidam com o fracasso, como lidam com as indiferenças. O que estão fazendo para aperfeiçoar sua gratidão, sua integração com o universo, sua relação com o perdão e sua vontade de realização. O marketing de relacionamento agrega outras vertentes, tais como: lidar com o novo, com dualidades, com polaridades, e acima de tudo, lidar com a própria vaidade. E para isto, não tem curso que solucione, não tem doutorado que outorga seu ingresso na vida do SUCESSO.

Um olhar para dentro, uma profunda reflexão das suas atitudes, da sua visão de mundo, do que realmente o faz feliz. O filósofo Nietzsche escreveu em uma de suas obras uma frase que nos remete a pensar profundamente, ele dizia: "Torna-te aquilo que és". Traduzindo para nossa lida contemporânea, seja feliz com que você é não queria maquiar sua essência, porém, faz-se necessário ponderar, ser quem é harmonizando-se com o outro para **ser sucesso permanentemente**.

Escreva sua história, marque sua existência, traduza sua alma, eleve seu potencial, alcance sua meta, não seja sombra do seu destino e sim luz própria que ilumina sua passagem neste momento chamado presente.

Marli Arruda

A fórmula

S air da zona de conforto

U sar todo seu potencial

C onhecer-te a ti mesmo

E star presente de corpo e alma no momento

S entir-se feliz com sua essência

S er perseverante no que almeja

O timismo ser o seu ponto de equilíbrio

É comum pessoas as reclamarem de suas vidas e não fazerem o menor esforço para sair da zona de conforto, sempre acham que o problema está no outro e não pensam em rever sua própria conduta.

Poucos têm conhecimento do verdadeiro e infinito potencial que possuem para conquistar seus sonhos, é necessário entrar, vasculhar, achar e usar suas habilidades.

Conhecer-te a ti mesmo é trabalhoso, descobrir falhas é dolorido, requer esforço, dedicação, podemos comparar à uma reforma em uma casa, você aguenta porque só pensa no resultado.

O momento pede calma, disciplina resignação, cautela ou ousadia, estar presente para decidir a melhor conduta faz toda diferença na sua vida.

Sentir-se feliz com sua essência é marcar sua presença na sua vida e das pessoas que o cercam, como diz o poeta Renato Russo: Mentir para si mesmo é sempre a pior mentira. Aceite-se com seus defeitos e qualidades e verá que a vida ficará mais colorida!

Perseverar é adjetivo de viver com objetivos definidos, mesmo nos momentos difíceis, a perseverança será seu alicerce para enfrentar as adversidades, sem perseverança a esperança fica mais longe e para desistir de seus sonhos é um passo.

Otimismo é descomplicar a vida, é sorrir para o infortúnio, é acreditar no novo, mesmo sem saber se ele virá e como virá. É conseguir ver cores onde todo mundo é daltônico.

O sucesso não tem fórmula, cada um inventa a sua, o bom é redescobrir o seu sucesso!!!!!!! E ter ótimos relacionamentos através de ser sucesso!!!!

26

Marketing de relacionamento

Que esta leitura seja produtiva gerando valor
suficiente para que você possa fazer os ajustes
necessários, favorecendo a conexão em seus
relacionamentos e, principalmente, sua evolução
como ser humano

Michelle Bizarria

Michelle Bizarria

Personal coach, practitioner em PNL, *master coach* em finanças, facilitadora e empreendedora. Possui formação acadêmica em Gestão de Pessoas. Atua oferecendo suporte e recursos necessários para a mudança comportamental e transformação pessoal. Idealizadora do Programa de Desenvolvimento Xtreme, no qual atua com *coaching* em grupo para aceleração de resultados e conquistas de objetivos, utilizando as ferramentas do *coaching* e programação neurolinguística.

Contato
www.desenvolvimentoxtreme.com.br

Michelle Bizarria

Deixo os agradecimentos ao meu pai, pelos ensinamentos sobre a importância de plantar a semente do bem. À amiga, Ana Paula, por me mostrar o que é amizade. À minha filha, com quem aprendo todos os dias sobre conexão. À professora Anelise Shirler, referência quando atuo. Gratidão também à minha tia Socorro, pelo amor incondicional e à tia Francisca pelo acolhimento, incentivo e apoio. Ao amigo Sidnei, a mais pura expressão do item um ao dez. A você leitor(a), que deseja estabelecer conexões saudáveis, profundas e significativas com seus relacionamentos, impactando positivamente a vida de outras pessoas.

Você provavelmente já deve ter notado no ambiente social, familiar e profissional, pessoas que se destacam pela forma de se relacionar. São solicitadas, aguardadas e mencionadas quando ausentes. Enquanto outras, pouco requisitadas ou completamente despercebidas. E o fiasco relacional: aquelas que são propositalmente ignoradas. O que acontece para que ocorra tamanha diferença na forma de tratamento: o que faz uma pessoa se destacar em seus relacionamentos? Qual é o segredo?

O segredo está nos comportamentos!

Atitudes que permitem desenvolver um marketing de relacionamento consistente. Algo tão complexo e ao mesmo tempo de uma simplicidade muito grande.

É complexo, já que relacionamentos não acontecem, são construídos e condicionados através de suas atitudes. Requer disponibilidade para se relacionar, demanda tempo, atenção, paciência, força de vontade, disposição para concessões, flexibilidade para mudanças e atitudes constantes para sua manutenção. A simplicidade ocorre quando estamos abertos, receptivos e realmente interessados nos outros.

Você já percebeu como mudamos, quando queremos atrair a atenção de alguém? Ou quando precisamos convencer o entrevistador de que temos as competências necessárias para ocupar o cargo?

Incrível, em questão de segundos, nos "tornamos melhores", persuasivos, sedutores, seguros, simpáticos, prudentes na escolha das palavras, cuidadosos com a aparência, pacientes e compreensivos.

E o que acontece quando conseguimos? Deixamos, aos poucos, de praticar os comportamentos que geraram encanto, voltando ao piloto automático. É como se tivéssemos um conversor, que somente na hora da conquista do objetivo permitisse oferecer aos outros o nosso melhor.

Após os momentos de euforia que toda conquista proporciona, invertermos a polaridade, dizendo: "agora vou apresentar meus de-

O marketing aplicado aos relacionamentos

feitos, vamos ver quanto tempo ele(a) aguenta!". É neste momento que muitos relacionamentos começam a perder sua magia inicial, levando a mágoas, acusações, frustrações, demissões, processos jurídicos e rupturas traumáticas. As perguntas que todos se fazem são sempre as mesmas: o que mudou? O que aconteceu com todo aquele desejo inicial de fazer valer à pena?

O que ocorre é o abandono de todos os recursos que utilizamos inicialmente para realçar nossas qualidades, uma vez que o objetivo inicial foi conquistado. Voltamos para ao velho padrão habitual, como se mais nada precisasse ser feito. Eis a grande armadilha!

A constância daqueles comportamentos é o principal fator para gerar relacionamentos saudáveis e com maiores chances de sucesso; sejam eles pessoais ou profissionais. Evidente que é importante causar uma excelente primeira impressão. Isso abre portas e facilita aproximações. Porém, se não tiver consistência, as pessoas se sentirão enganadas. O que quero dizer é que os comportamentos praticados para atrair, também devem ser utilizados para manter, até que se transformem em comportamento padrão.

Recentemente ouvi de um gerente: "sabe aquele candidato simpático, educado e comunicativo de quem lhe falei em nossa última conversa? Depois de contratado, tornou-se um grande empecilho no desenvolvimento da equipe, sacrificando o bem-estar e até mesmo a produtividade. O ambiente se tornou tão tenso que o número de faltas e desligamentos no setor cresceu de forma desproporcional. Já conversamos com o Fulano, enviamos para treinamento; sem resultados! Ele tem competências técnicas invejáveis, mas não sabe lidar com pessoas, desestabilizando o ambiente. Não posso sacrificar a minha equipe. Em virtude disso, a empresa já está com processo seletivo aberto".

Este é o fiasco relacional que citei no primeiro parágrafo. Devido ao seu comportamento neste ambiente, o profissional tornou-se *persona non grata*". Isso é marketing de relacionamento? Sim, às avessas! E tenho certeza que assim como eu, você também não o deseja. A imagem desta pessoa por muito tempo estará impregnada com as emoções que provocou nos colegas de trabalho, por meio dos seus comportamentos. Com certeza não será uma boa lembrança, nem terá boas referências. Como este mundo é pequeno e não sabemos o dia de amanhã, quem sabe na próxima entrevista ele não encontre um conhecido de seus colegas de trabalho, sentado a sua frente? Ou então, perca oportunidades de trabalho, simplesmente pelas referências que

Michelle Bizarria

construiu nesta empresa.

Como diz uma expressão comercial, o melhor marketing é o boca a boca. Um cliente bem atendido irá divulgar seu produto para dez pessoas, um cliente maltratado fará questão de falar sobre o assunto para um número infinito. O mesmo acontecerá com o profissional do exemplo. Percebe a importância do assunto? Não estou pedindo que você abrace o estereótipo de "bonzinho ou boazinha", saia por aí distribuindo beijos e abraços, se esta atitude não é lhe é natural, não é isso! Até porque este perfil esconde uma grande dose de insegurança, baixa estima e carência. Apenas tenha em mente que somos humanos e a evolução é uma constante. Seja você e cuide para que sua presença possa agregar e contribuir com a evolução dos outros. E se não puder fazer, mantenha a boca fechada, expressões neutras ou retire-se do ambiente. Se achar essas respostas muito radicais, crie alternativas elegantes e confortáveis para ambos.

Mas você deve estar se perguntando: quais comportamentos adotar?

Se você observar um pouco mais as pessoas ao redor, com certeza encontrará muitos comportamentos que auxiliam na construção dos relacionamentos.

Veja bem: eu disse comportamentos e não dom!

O que estou querendo dizer é que podem ser desenvolvidos, aprimorados, até mesmo replicados por meio da prática constante e persistente, até que sejam internalizados, transformados em hábitos. É preciso determinação, propósito, entrega e principalmente; sincero interesse pelo outro.

Você pode começar utilizando as informações abaixo para fazer as mudanças que deseja. Seja de forma massiva ou escolhendo as duas que mais lhe despertam o interesse. O importante é que você pratique, condicionando o novo padrão até que se torne consistente. É como aprender a dirigir. Superadas as dificuldades iniciais do aprendizado, os movimentos, antes pensados, são absorvidos pelo subconsciente, tornando-se automáticos. Traduzindo: quanto mais praticar, mais rápido será o condicionamento.

Quero compartilhar os principais comportamentos, listados após observar amigos, alunos, familiares que possuem habilidades relacionais bem desenvolvidas. Quem sabe possa ajudá-lo a encontrar as respostas...

1. A primeira e fundamental característica encontrada nestas pessoas foi o sincero interesse pelos outros. São acolhedoras e receptivas, o que proporciona maior abertura da outra par-

O marketing aplicado aos relacionamentos

te e facilita a prática dos próximos comportamentos;

2. *Respeitam o modelo de mundo alheio.* Cada pessoa tem a sua forma de ver e interagir com o mundo. Olham para o outro com empatia, procurando enxergar o mundo como ele(a) o percebe;

3. Procuram utilizar as diferenças para aprender. São receptivas aos aprendizados e flexíveis em suas crenças;

4. Elas têm presença! A habilidade de manter a mente livre de preocupações ou qualquer pensamento que possa interferir, desviando sua atenção do agora. Conectam-se de forma profunda e significante. São excelentes ouvintes e observadoras. Fazem perguntas poderosas, conduzindo os interlocutores ao encontro de suas respostas;

5. Respeitam o momento e sabem que cada um tem seu tempo. Por isso, evitam cobranças desnecessárias;

6. São apoiadoras. Comemoram as vitórias das pessoas próximas como se fossem suas.

7. Procuram conhecer as necessidades dos outros e assim, sabem interagir melhor com seu universo;

8. Abstraem-se de todo e qualquer julgamento que venha dificultar a comunicação. *Sabem que todo comportamento, seja ele qual for, sempre tem na origem uma intenção positiva;*

9. Geram valor para as pessoas com quem se relacionam, criando experiências relevantes. Suas palavras e ações têm o propósito de contribuição. Por isso, estão sempre presentes, ainda que distantes fisicamente;

10. Forte orientação interna. Agem de acordo com suas crenças, valores e princípios. Fazem o que acreditam como certo, sem se condicionar pelas circunstâncias ou comportamentos alheios. Esta ação constante lhes confere autenticidade, congruência, assertividade e controle emocional;

11. São pessoas alegres, bem humoradas, positivas. Sua presença deixa o ambiente mais leve e animado;

12. E por fim, acreditam na evolução do ser humano e que todos merecem oportunidades, inclusive, elas mesmas. Pense agora em quantas pessoas você conhece que possuem todas ou pelo menos algumas destas habilidades ou ainda, quais você considera como relevantes para o desenvolvimento de uma relação e que não foram descritas aqui.

Pegue uma caneta e papel e liste os comportamentos que tor-

Michelle Bizarria

nam essas pessoas exímias em seus relacionamentos? Quantos deles você possui? Quais seriam interessantes praticar? Quais que, se adotadas a partir deste momento, fariam uma grande diferença em sua vida familiar, social, profissional, financeira, espiritual? Escolha a área mais importante para começar. Somos seres sistêmicos, mesmo que escolha apenas uma, com certeza, as outras serão impactadas.

Agora, reflita sobre os motivos para fazer estas mudanças, respondendo as seguintes perguntas: qual é o meu propósito? Quais são os meus ganhos?

Quais são as perdas que podem ocorrer, caso eu decida continuar com o padrão habitual?

Tenha consciência de que os resultados obtidos em sua vida e a qualidade dos relacionamentos advêm das suas escolhas e comportamentos. Você decide que tipo de vida quer levar; então é melhor que seja de forma consciente.

Agora que seus motivos estão definidos, fortes o suficiente para se tornarem alavancas poderosas, uma blindagem está estabelecida, para o proteger quando a vontade de desistir o assediar. Podemos, então, seguir para as próximas etapas.

Vamos verificar a ecologia destas mudanças através da técnica de visualização. Você fecha os olhos, imaginando-se no futuro, na situação que gera desconforto atualmente, devido a sua forma de se relacionar.

Imagine-se, então, adotando o(s) comportamento(s) desejado(s). Observe o que exatamente muda. Anote tudo que sentir, ver e ouvir. Em seguida, responda:

Sinto-me confortável perante os resultados? Quais são os sentimentos que tenho para comigo, após as mudanças?

As respostas serão o termômetro para saber se você está no caminho certo. Se surgir algum desconforto, volte e verifique os motivos.

Depois, condicione o novo padrão, treinando mentalmente. Muitas vezes a mudança não ocorre devido à inexistência de uma trilha neurológica. Por isso, é mais fácil retornar aos velhos comportamentos. Para romper com a resposta involuntária, vamos "fazer um *download*" do comportamento que desejamos. Em seguida, instalamos o novo programa.

Para isso, utilizaremos uma estratégia muito valiosa, já que o cérebro não distingue o real da fantasia. Todos os dias, ao ir dormir e se levantar, feche os olhos e imagine-se utilizando os novos comportamentos de forma que favoreça a melhora do seu relacionamento. Coloque intensidade emocional, sinta, veja e ouça. Faça isso até que

O marketing aplicado aos relacionamentos

se torne algo comum em sua mente, o que acontecerá no momento em que você utilizá-los na prática, de forma "involuntária".

Para encerrar, quero compartilhar uma história. Há alguns anos, no intervalo de um cursinho, presenciei uma cena que guardo até hoje. Estava absorta em meus pensamentos, quando de repente vi algo que chamou a atenção:

Uma moradora de rua que caminhava com uma criança em seus braços, aos beijos e afagos, com tanto carinho e ternura que aquilo me tocou profundamente. Senti um nó na garganta. Percebi que não são as condições, nem circunstâncias que determinam nossas condutas ou ditam regras do afeto e sim, a programação externa que recebemos.

O conceito de marketing de relacionamento é sobre que tipo de emoções você desperta nas pessoas, através das suas atitudes, sobretudo as mais próximas. E as perguntas finais são: como você quer ser lembrado(a)? Quais os tipos de emoções você prefere despertar nas pessoas? Quais são os comportamentos que vai adotar nos seus relacionamentos, a partir deste momento, para que as ações contribuam com sua evolução como ser humano e possam reverberar na vida de outras pessoas?

Desejo que o processo de *coaching* facilite e abrevie o merecido Sucesso em sua caminhada! Receba o meu abraço!

27

Marketing pessoal

Conquiste o sucesso que você merece

Renata Burgo

Renata Burgo

Formada em Psicologia e pós-graduada em Administração de Empresas com ênfase em RH, pela FAAP, com mais de 15 anos de experiência em todos os subsistemas de Recursos Humanos, ocupando posição de destaque em organizações multinacionais de grande porte. Possui sólida vivência na área de desenvolvimento humano, é *life coach, professional coach, executive coach, bussiness coach, time coaching & leader as a coach, practitioner em PNL*, formada pela Sociedade Brasileira de *Coaching*, licenciada pelo *BCI -Behavioral Coaching Institute* e reconhecida pelo *ICC - International Coaching Council*, possui Certificação *Alpha Coaching*. Palestrante, escritora, colunista de revista, comentarista e empreendedora, dirige a **Potens**, consultoria voltada para o desenvolvimento pessoal e profissional, prestando serviços de recursos humanos e *executive coaching* para as empresas. Coautora dos livros: *Coahing a Solução e O segredo do sucesso pessoal*, Editora Ser Mais. Comentarista da Rádio Ella FM. Colunista de Revistas de âmbito regional e nacional.

Contatos
www.potens.com.br
fanpage: www.facebook.com/potensdesenvolvimento
renata.burgo@potens.com.br
(11) 99395-9677

Renata Burgo

Sucesso tem significado diferente para pessoas diferentes. Independente do que ele significa para você, a maioria dos seres humanos buscam ser bem-sucedidos, em todos os âmbitos da vida; no entanto, é uma pequena parcela que desfruta dessa conquista.

A maior necessidade humana é se sentir importante, segundo Dale Carnegie, em seu *bestseller Como Fazer Amigos e Influenciar Pessoas*; porém, não são raras as vezes em que nos deparamos com pessoas se lamentando por não serem reconhecidas, seja pelos empregadores, clientes, amigos e/ou familiares. São pessoas que, frequentemente, se colocam na posição de vítima e terceirizam a responsabilidade das suas vidas, justificando suas frustrações.

A importância do marketing pessoal

Você já deve ter presenciado pessoas talentosas, que se diferenciam na execução primorosa de suas propostas, e acabam subestimadas, desvalorizadas e esquecidas por negligenciarem seu marketing pessoal.

O fato é que, independente da história ou das 'injustiças' colecionadas ao longo da vida, para ser bem-sucedido, é imprescindível assumir o papel de protagonista da própria história, mudando suas atitudes e postura, com o intuito de aflorar um caminho repleto de plenitude e felicidade.

Para se destacar, ser reconhecido e virar referência no meio em que atua, é preciso além da competência, construir uma marca positiva. Afinal, um gênio sem visibilidade é um gênio desconhecido. E, por isso, o marketing pessoal vem ganhando estudiosos e uma grande importância no mundo contemporâneo, já que não adianta só ser, é necessário parecer ser.

O equívoco

As oportunidades para a projeção de uma imagem positiva, que possibilitam exteriorizar as qualidades são diversas e quase que corriqueiras, contudo, não são feitas. Possivelmente por dois motivos: a dúvida das competências, ou a interpretação imprecisa sobre o tema, julgando que tal atitude é presunçosa e prepotente.

De maneira equivocada, o marketing pessoal é, geralmente, associado ao egocentrismo, à ostentação, vaidade e autopromoção; até porque, é frequente presenciar pessoas exagerando em suas qualidades falando de si, em momentos errados e para pessoas erradas. No entanto, o marketing pessoal não é relatar suas habilidades, mas, demonstrar suas habilidades, no momento e para a pessoa certa. Marketing pessoal é fomentar o interesse do outro, para que ele faça a sua 'propaganda', sem você precisar se vender.

O marketing aplicado aos relacionamentos

Mas afinal, o que é marketing pessoal?

Marketing pessoal é uma estratégia baseada nos conceitos do marketing para construir, divulgar e fortalecer uma imagem positiva, possibilitando que suas reais habilidades sejam notadas e virem referência, refletindo em resultados positivos e duradouros. É, também, potencializar suas atitudes, se posicionar com um diferencial competitivo e buscar ocasiões em que possa demonstrar o que tem de melhor, transformando seus talentos em oportunidades.

Para a consolidação da sua imagem, suas ações devem ser congruentes com suas competências, transmitir de fato quem é você. Criar e mostrar uma imagem fantasiosa de si mesmo, não o levará ao sucesso, pois, sem conteúdo, você não se sustentará por muito tempo.

Comece agora mesmo

É evidente que algumas pessoas são mais espontâneas, comunicativas e conseguem se mostrar de modo eficiente, mas, em geral, fazer marketing pessoal não é algo nato e sim um processo de planejamento, desenvolvimento e mudanças de comportamento, em benefício do sucesso pessoal e profissional.

Para se construir um persuasivo marketing pessoal é imprescindível se dedicar na elaboração de um planejamento, definindo com clareza os objetivos, onde e quando pretende chegar. Estabelecer metas específicas e mensuráveis, contribui para ativar sua mente positiva, liberando ideias, orientando e focando energia para o que realmente importa.

Outra razão muito importante para você investir na elaboração de um planejamento estratégico é mostrada pela pesquisa apresentada por Mark McCormack, em seu livro, *O que não ensinam em Harvard*. A seguinte pergunta foi feita aos formandos do programa de MBA de Harvard, em 1979:

- Você estabelece metas claras, por escrito, para o seu futuro e planos para concretizá-los?

Essa pesquisa revelou resultados surpreendentes, para você se convencer, de que planejar e colocar as metas no papel é fundamental para alcançar o sucesso.

Observe os resultados:

Entre os formandos, **3%** tinham escrito planos e metas; **13%** tinham metas, mas, não por escrito e **84%** não tinham qualquer meta específica.

Dez anos depois, os pesquisadores voltaram a entrevistar as mesmas pessoas e constataram que:

Renata Burgo

13% que tinham metas não escritas estavam ganhando, em média, o dobro dos **84%** de estudantes que não tinham meta alguma.

E, o mais impressionante é que os mesmos, **3%** dos formados que tinham metas claras e por escrito ao deixar Harvard, estavam ganhando, em média dez vezes mais que os outros **97%** juntos.

Essa interessante pesquisa revela que não basta querer ser bem-sucedido, é necessário planejar, estabelecer metas e agir para contemplar resultados surpreendentes.

Diferencie-se, junte-se aos 3% que chegaram ao topo e comece agora mesmo o seu planejamento estratégico, colocando no papel seus objetivos. Faça uma lista e mencione o que você precisa desenvolver em marketing pessoal para atingi-los. Pense grande e escreva seus objetivos com base na ferramenta SMART:

> **S (Específico):** suas metas devem ser claras e específicas: o que exatamente você quer?
> **M (Mensurável):** devem ter uma medida. Como você saberá que alcançou?
> **A (Atingível):** verifique se é possível alcançá-las, no tempo e espaço: são realizáveis?
> **R (Relevante):** descubra o sentido que está atrás dessa meta: por que é importante?
> **T (Tempo):** coloque prazo para a realização. Quando você quer concretizá-lo?

A motivação e a persistência são fundamentais para atingir qualquer objetivo e você as consegue assim que descobrir quais são os valores e propósitos contidos nele. Para isso, é importante responder as seguintes perguntas: o que sua realização lhe trará? Qual o sentimento que isso irá lhe proporcionar?

Deixe seu objetivo mais realista e imagine-se, de forma intensa, realizando-o. Crie essa imagem no seu cérebro, quanto mais intensa e detalhada, melhor: coloque cores, brilho, sons e tire uma foto mental que represente essa conquista; toda vez que o desânimo bater, resgate essa imagem, ela lhe trará forças para continuar.

"Conheça a ti, e conhecerás o universo".

Sócrates (470-399 a.c)

Uma imagem pessoal positiva é construída de dentro para fora; após o planejamento é fundamental investir no autoconhecimento, para tomar consciência das suas fortalezas e limitações.

Saber quem você é, quais são suas potencialidades, seus diferen-

O marketing aplicado aos relacionamentos

ciais e suas restrições fará com que seu marketing pessoal se torne muito mais confiável e consistente.

Todos nós, independente da estruturação cognitiva e história de vida, temos pontos fortes, que nos diferenciam dos demais e fraquezas que nos limitam. Apesar de a maioria não acreditar, nossas fortalezas são infinitamente maiores que as fraquezas.

A questão é que, na busca incessante pelo sucesso, a tendência é focar no que não traz resultados, as deficiências e esquecer as qualidades. São as fortalezas que o levarão ao triunfo. O desenvolvimento faz parte do processo humano, a aquisição de novas competências e habilidades ajudam na evolução da espécie, então tenha consciência das suas fragilidades, mas, não desperdice energia pensando nelas.

Seja estratégico, direcione seus esforços para identificar e potencializar o que você tem de melhor. E, aqui, está o segredo das pessoas bem-sucedidas, elas focam nas suas fortalezas e fazem com que esses pontos trabalhem ao seu favor, elas, também, identificam seus pontos fracos para amenizar os possíveis riscos. Já dizia Sun Tzu, estrategista chinês, em 500 a.c: "concentre-se nos pontos fortes, reconheça as fraquezas, agarre as oportunidades e proteja-se contra as ameaças".

A estratégia

Uma ferramenta de análise estratégica, bastante conhecida no mundo corporativo, inclusive na área de marketing, é a **Análise SWOT**, que pode ser perfeitamente adaptada ao seu planejamento individual, auxiliando-o na identificação das fortalezas, fraquezas e criar oportunidades. A sigla *SWOT* vem do Inglês e significa *Strenght* (Forças), *Weakness* (Fraquezas), *Opportunities* (Oportunidades), e *Threats* (Ameaças).

Apesar de simples, essa ferramenta se bem elaborada trará autoconhecimento e uma visão estratégica consolidada, para a tomada de ações a favor do seu marketing pessoal. Pratique com o quadro abaixo, é fácil, mas precisa da sua dedicação e sinceridade:

Swot Pessoal		
	Favorável	*Desfavorável*
Interno	Quais são seus pontos fortes, principais forças, qualidades, virtudes, talentos? Qual o seu diferencial na área que atua?	O que você pode melhorar? Quais são suas principais fraquezas, dificuldades que o limitam?
Externo	Quais oportunidades você pode criar para aproveitar suas forças e desenvolver um bom marketing pessoal?	Que ameaças podem surgir, de acordo com as suas fraquezas, que poderão impedir você de realizar um bom marketing?
	Minimizar	*Potencializar*

Lembre-se, todos temos pontos fortes e se você identificou poucos deles é sinal de que está desperdiçando energia onde não trará resultados. Para facilitar na identificação dos seus pontos fortes você, também, pode relembrar suas conquistas e quais habilidades foram necessárias para alcançá-las.

Após preencher esse quadro, concentre-se em potencializar suas fortalezas em prol do seu sucesso, crie novas oportunidades para apresentar seu potencial e amenize suas fraquezas, reduzindo os riscos de não conquistá-lo.

"Não existe produto maduro sem oportunidade, mas, gerente sem imaginação" - Philip Kotler. Isso quer dizer, não existe pessoas sem oportunidades, mas, com falta de visão.

Visibilidade

Seja qual for a sua área de atuação, para criar visibilidade, você deve conhecer o ambiente em que quer se destacar. Identifique e analise quais são as características valorizadas nesse cenário. Quem são as referências nessa área? O que elas fizeram para chegar onde estão hoje?

Modele as pessoas que são sucesso para você, o que elas fazem que as destacam nesse mercado. A modelagem é uma poderosa ferramenta da PNL (Programação Neurolinguística), que visa aprender os segredos da excelência comportamental. Descubra e reaplique as ações do seu modelo de sucesso, sem perder a sua identidade e essência.

Marketing de relacionamento

Investir em seu *networking* é investir no seu sucesso. Uma rede de relacionamentos consolidada traz visibilidade, gera oportunidade e mais conhecimento.

Dedique-se a ampliar sua rede em diferentes áreas de atuação. É através das pessoas que você será conhecido, então, construa um versátil *networking*. Para isso, circule, conheça pessoas diferentes, frequente cursos e lugares interessantes.

Para se ter uma boa rede de relacionamentos, é importante que você exercite o hábito de manter contato com essas pessoas; isso quer dizer, não é somente aumentar a quantidade de amigos nas redes sociais, contudo, reativar antigos contatos, manter os atuais, conhecer novas pessoas e trocar informações.

Lembre-se, o *networking* mais eficiente é aquele que você se doa para a rede e não tira proveito dela, por isso, seja prestativo, compartilhe conhecimento, transmita acessibilidade, aumente a cumplicidade e invista em moedas de trocas futuras.

O marketing aplicado aos relacionamentos

Envolva para depois conduzir

Uma boa comunicação é fundamental para a consolidação da sua marca e dessa rede social. Fique atento ao seu discurso, não fale muito das suas qualidades, isso pode transmitir prepotência e, geralmente, as pessoas não gostam de ouvir. Expressar-se com simpatia e generosidade o ajudará a conquistar mais admiradores.

Seja inteligente, considere que o ser humano é naturalmente egoísta e foque no que realmente interessa para o outro; concentre-se em demonstrar, com humildade, os benefícios que o interlocutor terá em colocar você em evidência. O desafio aqui é encontrar em suas fortalezas e naquilo que você faz alguma coisa que possa ajudar a outra pessoa.

O rapport

Uma técnica muito conhecida na PNL, que ajuda na construção de uma rede saudável e fértil é o *rapport*, palavra originária do francês que significa 'relação'. Quando estabelecemos em um contato o *rapport*, construímos uma relação de confiança, harmonia e aceitação mútua.

O processo de criação desta técnica é composto por duas etapas: o compasso e o liderar. A primeira se refere à empatia: é ouvir atentamente e se preocupar genuinamente com os problemas, respeitar opiniões contrárias, criando uma sintonia na comunicação, fazendo com que o ouvinte se sinta valorizado e comprometido.

A segunda etapa é a de liderar: depois que você ganhou confiança é o momento de conduzir e influenciar os relacionamentos. Mas, lembre-se, estabeleça ganhos bilaterais como alvo. Cultive sempre a ética e a honestidade; a vida testa você e a lei da atração é implacável, por isso, preserve o maior patrimônio que você possui: a sua integridade.

A construção do marketing pessoal é constante e os resultados podem demorar um pouco para aparecer e, se você, realmente quer ter sucesso, pense e aja como os grandes, desenvolvendo sua paciência e persistência. Agora, só depende de você!

Simplifique sua vida.

Referências

CARNEGIE de Dale. *Como fazer amigos e influenciar pessoas*, São Paulo: Companhia Editora Nacional, 1936.

KOTLER, Philip. *Administração de marketing: análise, planejamento, implementação e controle*. São Paulo: Saraiva, 2004.

MCCORMACK H. Mark. *O que eles não ensinam a você em Harvard*, Editora Campus 1989.

SUN-TZU. *A arte da guerra: texto integral*. São Paulo: Martin Claret, 2001.

28

Só existe uma fórmula para o sucesso: o trabalho

Neste mundo tão volátil em que vivemos, não podemos permitir o luxo de descansar sobre as conquistas. Muito menos há tempo para fazer uma pausa e olhar para o passado. Os dois maiores bens da humanidade precisam ser valorizados ao extremo: tempo e dinheiro. A atualidade e as condições de vida mudam com tanta rapidez que devemos manter nossa mira focada no futuro. O trabalho nos guiará para um futuro cada vez melhor

Rodrigo Ribeiro

Rodrigo Ribeiro

Um líder nato, com mais de dez anos de gestão e liderança em uma das principais marcas do setor calçadista brasileiro. Mais de 15 anos como vendedor, sua grande paixão. Técnico em administração de empresas, tem diariamente ajudado sua empresa a manter-se entre as melhores do setor que atua.

Contatos
www.rodrigoribeiro.adm.br
contato@rodrigoribeiro.adm.br

Rodrigo Ribeiro

Não há meta que resista a uma surra de trabalho diferenciado

Ontem quando fui dormir, o mundo estava de um jeito, e ao acordar, já estava de outro. Tudo está mudando. E não apenas isso, mas mudando num ritmo acelerado. Você tem um desafio aqui e então uma resposta equivalente a ele. Isso resulta em sucesso. Mas aí você tem um novo desafio acolá e os velhos padrões de sucesso, processos e práticas não funcionam mais. O que deu certo não serve mais. É necessário um novo tipo interessante de resposta.

Qual é o tipo de desafio de hoje e sempre ?

A turbulência...

É um ambiente de constante agitação e mudança. Portanto, não há respostas que não mudem. Há muitos anos, diziam que as pessoas nasciam predestinadas, sem muitas opções de escolha ou decisão. Afirmo que cada pessoa constrói seu próprio destino e a própria vida. As escolhas mudam tudo. Com um forte desejo no coração para efetuar as mudanças e realizar os sonhos, tudo é possível. Para isso, precisam estar dispostas a uma única realidade:

Não há meta que resista a uma surra de trabalho.

Não existe outra resposta para a realização profissional e pessoal. O trabalho é o único meio legal para realizarmos todos os nossos sonhos. Porém, existe um fator que mudou o mundo, chamado globalização. A internet deixou o mundo pequeno. Como podemos nos manter vivos profissionalmente neste mundo tão competitivo, que muda a cada minuto, a cada segundo, a cada novo clique?

Há pouco tempo, nossas vidas estavam por um fio, hoje nossas vidas já estão sem fios, *wireless!*

Então, aquela velha pergunta ecoa em nossas mentes: como iremos ser bem-sucedidos na vida profissional e na vida pessoal, com tamanha competitividade?

Não existe outro caminho! Teremos de acordar cedo todos os dias, dormir tarde e durante a jornada, nos tornar, a cada dia, melhores, bem informados e competitivos.

Não há meta que resista a uma surra de trabalho <u>diferenciado</u>

Notem que agora incluí a palavra "diferenciado", porque tudo neste texto parece simples, como uma receita lógica, mas a grande

O marketing aplicado aos relacionamentos

questão a ser respondida é: quais são os *"diferenciais"* em relação a todos os outros que competem contigo? Acordar cedo, dormir tarde, todo mundo já sabe, o que as pessoas não sabem é ser *"diferentes"* o bastante, a ponto de ser *"melhores"*.

Não há meta que resista a uma surra de trabalho diferenciado com "Chave".

Para tornarem-se bem-sucedidos em suas vidas, novos profissionais precisam ter a "Chave": um conjunto de qualidades que irão conduzi-los ao sucesso buscado incessantemente.

CHAVE – Conhecimento, Habilidade, Atitude, Valores e Entusiasmo.

Esta palavra é mágica, acreditem! Os profissionais que desenvolvem, em alto nível, cada qualidade citada acima, conquistam um diferencial que nenhum outro talento poderá superar.

Conhecimento: quem sabe ler e escrever detém as mais difíceis das artes!

Esta frase foi superada, agora precisamos ser mais que polivalentes... Temos de ser "policompetentes", "policompetitivos", especialistas no que fazemos e conhecedores de todo o necessário para ser diferentes, mais valorizados, para aí sim sairmos na frente.

O conhecimento se adquire lendo, estudando, pesquisando, buscando, tendo sede pela novidade e suas descobertas. Pessoas assim vão longe, muito longe, chegam a lugares onde poucos têm o privilégio.

Preencham a mente de vocês, cada vez mais, com novos conhecimentos, pois o mundo está mudando a todo instante, inclusive agora, neste exato momento, já mudou de novo!

Habilidade: esta qualidade é desenvolvida, aquela historinha de que a pessoa nasceu com um dom não vale para os profissionais modernos. Estes precisam desenvolver suas habilidades com atos repetitivos que buscam melhoria constante. O desenvolvimento da habilidade exige disciplina, força, vontade de vencer, e principalmente muito, mas muito treino mesmo!

Para melhorar alguma área de sua vida, primeiro busque conhecimento sobre o assunto, depois comece a treinar, e aperfeiçoe cada vez mais o treino. A habilidade virá como consequência de seu esforço e persistência.

Rodrigo Ribeiro

Atitude: esta é uma das qualidades mais importantes da Chave. O mundo está precisando de pessoas com atitude e a liderança das grandes empresas do mundo conta com pessoas de atitudes diferenciadas. Infelizmente, algumas pessoas precisam de um empurrão para ver se pegam no tranco e não irão muito longe. Se você deseja ser bem-sucedido(a), chame a responsabilidade para si. Tenha atitude! Quando surgirem situações que ninguém gosta, será sua hora, para que diga: deixe comigo, eu resolvo! Estes são profissionais diferenciados, que trabalham diariamente com um propósito muito maior que apenas conquistas pessoais. Eles se esforçam para que o universo conspire a favor, pois possuem a capacidade de mudar as coisas, de dizer sim quando a maioria diz não. Atitude é uma qualidade tão forte que faz uma pessoa comum se tornar grande referência para todos ao redor. Em tudo que fizer na vida, sempre dê o primeiro passo, não fique esperando alguém empurrar, pule na frente e assuma o controle de suas ações. Quando se possui conhecimento, habilidade e atitude, você se torna profissional de destaque em tudo que realizar. Ao trabalho: comece a desenvolver estas qualidades e vá rumo ao topo, aonde apenas grandes pessoas chegam.

Valores: na mesma velocidade em que o mundo está mudando, as pessoas têm perdido seus valores. Um conselho para você neste livro é: nunca aja contra seus valores! A maior parte das pessoas busca diariamente crescer na vida pessoal e profissional, mas não podemos fazer isso acima de qualquer coisa, atropelando nossos valores. O que você semear será a colheita. Dê tempo ao tempo! A paciência é melhor do que a desonestidade, a verdade sempre irá superar a mentira. Cresça e jamais perca seus valores, afinal são eles que irão sustentá-lo nos momentos de turbulência. No solo arenoso, uma casa será facilmente destruída, mas quando construímos nossa casa, ou a vida profissional e pessoal sobre uma rocha forte, sempre estaremos mais preparados para as adversidades que o mundo colocar em nossos caminhos.

Entusiasmo: talvez você esteja pensado: onde o autor vai ao desenvolver as qualidades da Chave? Esta resposta está dentro de você. A palavra entusiasmo vem do grego "Deus dentro de você". Não estou falando de religião, mas daquela força interna que existe dentro de cada um e nos move todos os dias em busca da felicidade, dos

O marketing aplicado aos relacionamentos

nossos sonhos, da excelência profissional e das conquistas pessoais. Entre as qualidades desenvolvidas pela Chave, o entusiasmo é a resposta para a busca de todas as outras, ou seja, é "tudo"!

Talvez você não tenha conhecimento, habilidade, atitude, mas se tiver entusiasmo em alto nível, terá feitos incríveis, que jamais acreditou ser possíveis. O entusiasmo conduz a ação, a atitude, e desta maneira, já estaríamos utilizando duas das principais qualidades da Chave: Entusiasmo e Atitude, sem passar por cima de seus Valores. Conhecimento e Habilidade serão desenvolvidos a partir de atitudes com muito entusiasmo. Esta é a força que nos move, faz homens e mulheres superarem até mesmo o limite humano, os leva a conquistas e recordes supostamente impossíveis. Esta força existe dentro de cada um de nós. A diferença está na intensidade. Em alguns, o entusiasmo está apenas aceso, mas é uma pequena brasa que não consegue criar aquela explosão de energia que precisamos todos os dias. Em outros, nos **verdadeiros** campeões, entusiasmo é uma grande chama que explode em forma de energia positiva, gerando uma força avassaladora e capaz de gerar inimagináveis conquistas.

Quem tem um porquê enfrenta qualquer como

Agora é hora de fazer uma reflexão para saber em que momento de sua vida está. Os ingredientes são simples, a receita é prática, mas os exercícios diários são para poucos. Acredito que você seja uma pessoa especial, por ter a atitude de buscar o conhecimento através da leitura deste livro. Agora você precisa entender e decidir aonde quer chegar. Definir em sua vida realmente quem você almeja ser, para aonde pretende ir, e tomar uma grande decisão, que poucas pessoas tomam: está na hora da mudança. E antes de iniciar, você precisa responder a uma pergunta:

Por que você quer mudar?

Quando encontrar a resposta verdadeira, aquela que está no íntimo de seu coração e mente, você terá de definir um segundo passo:

Defina um porquê.

"Quem tem um porquê enfrenta qualquer como ".

A partir daí começa a mudança em sua vida. É preciso planejar, criar um sistema que o permita desenvolver as cinco qualidades da

Chave e possuir a disciplina necessária para que a cada dia de sua vida se torne uma pessoa melhor, profissional de melhor capacitação e valorização; e acima de tudo, que se torne uma pessoa feliz. Não adianta ser grande profissional, uma pessoa que se destaca, ter um grande salário, se o mais importante da vida foi perdido ao longo do tempo: sua felicidade!

O mundo está cheio de pessoas rindo por fora, mas tristes por dentro. Quando começar o desenvolvimento da Chave em sua vida, manterá a base de seus valores muito forte, para que ameaças externas não destruam o que vida lhe dá sem cobrar muito. Por exemplo: família, amigos, Deus. A Chave irá abrir as portas para sua felicidade profissional e pessoal, mas nunca se esqueça de decidir quais portas terá de abrir, e em algumas vezes, teremos de tomar decisões ou usar a nossa Chave para abrir caminhos bem distantes das coisas mais simples da vida, porém de maiores valores.

O fracasso jamais me surpreenderá se a decisão de vencer for suficientemente forte!

Agora que já descobrimos os passos necessários para desenvolver as qualidades da Chave, e definimos porque precisamos fazer mudanças em nossas vidas, está na hora de falarmos sobre o ponto mais importante para formar verdadeiros campeões: **<u>Disciplina!</u>**

Esta palavra irá conduzi-lo ao sucesso. Disciplina é tudo!

Uma pessoa disciplinada se destaca em todos os âmbitos da vida profissional e pessoal. Se você não desenvolver uma conduta disciplinar suficientemente forte, não adianta dar os primeiros passos para a mudança, pois acredite, irá desistir no meio do caminho.

A disciplina que vai fazer de você uma pessoa "diferenciada". Se você precisa ter conhecimento, um bom caminho é a leitura, mas terá de impor disciplina para deixar de lado a internet e ler um bom livro. Se precisar de mais habilidade em seu inglês, é com ela que abandonará a televisão para estudar muito o idioma. Se precisar de mais atitude para decidir algo em sua vida, terá de abrir mão dos prazeres e acumular disciplina para os passos necessários. Se tiver de escolher entre o certo e o errado para manter os seus valores, a disciplina o conduzirá até a primeira opção. Enfim, ela é a chama propagadora de nosso forte e vivo entusiasmo. Seja disciplinado(a), e o fracasso jamais irá surpreendê-lo. Sua decisão de vencer sempre será mais forte que todos outros motivos para desistir. Podemos

O marketing aplicado aos relacionamentos

afirmar que a disciplina é aquela luz que irá fazer você rodar a Chave para o lado certo mesmo na escuridão. É a ponte que liga os sonhos com as realizações.

O maior de todos os sentimentos

Tudo o que foi escrito até o momento precisa de um ingrediente mágico que vai fazer com que realize todos os seus sonhos: o amor. Em nossa vida, só vamos conseguir crescer se fizermos tudo com muito amor. Precisamos amar o que fazemos, nos apaixonar todos os dias pelas coisas que realizamos. O amor é como uma planta, se não regarmos, morre com o tempo. Não adianta conquistar um grande emprego ou se tornar um grande profissional sem amar o que faz, pois o tempo será cruel com você e aos poucos verá que consegue resultados, mas não consegue ser feliz. Se você amar o que faz, sempre vai dar o melhor de si em busca da excelência e os resultados serão uma consequência da seguinte equação: **Chave + Disciplina + Amor = Sucesso.**

"Não importa o que você seja, quem você seja, ou que deseja na vida. A ousadia em ser diferente reflete em seu entusiasmo, na sua personalidade, no seu caráter, naquilo que você realmente é. E é assim que as pessoas lembrarão de você um dia".

Ayrton Senna da Silva.

Como iremos ser bem-sucedidos na vida profissional e na vida pessoal com tanta competitividade?

Não há meta que resista a uma surra de trabalho diferenciado com "Chave".

Não posso afirmar que seja simples crescer na vida pessoal e profissional, mas posso garantir: com trabalho diferenciado, conhecimento, habilidade, atitude, mantendo os seus valores, e principalmente acendendo dentro de si a força divina do Entusiasmo, você vai com certeza chegar ao topo, aonde apenas os melhores chegam e vibram todos os dias com suas grandes conquistas.

Deus nos dá asas, faça seu voo!

29

Endomarketing e desenvolvimento humano: (re)encantar colaboradores para encantar clientes

Na atualidade, empresas, governos e ONGs devem redirecionar o foco para o cliente interno e promover a gestão deste relacionamento através do endomarketing. Este texto apresenta considerações que vão ajudar líderes, de todos os segmentos e posições diversas, a (re)encantar colaboradores para encantar clientes, observando-se uma perspectiva integrada de qualificação, motivação e desenvolvimento humano, com base na EtnoGestão

Rodrigo Santos

Rodrigo Santos

Consultor e palestrante dos mais requisitados do país, em governança, gente e gestão, atuou e atua em organizações e governos de países como China, Portugal, Timor-Leste, Angola e Austrália. Doutorando em Política e Gestão da Educação (UFBA). Mestre em Desenvolvimento Humano e Responsabilidade Social (FVC). Especialista em Política e Estratégia (ESG). MBA em Gestão Organizacional (FVC); Psicopedagogo (UFRJ). Pós-graduado em Administração e Desenvolvimento de RH (FVC). Contabilista e Oficial do Exército Brasileiro. É professor universitário e pesquisador, com experiência em universidades, do Brasil e do exterior, além de presidente do Instituto de Gestão, Educação, Política e Estratégia (INGEPE), organização especializada em desenvolvimento humano e organizacional. Autor do sucesso editorial "Como perder uma eleição", pela editora Vento Leste, e coautor da obra "Educação, Desenvolvimento Humano e Responsabilidade Social", pela editora *Fast Design*.

Contatos
www.rodrigosantos.com
atendimento@rodrigosantos.com
Facebook: www.facebook/prof.rodrigosantos
(71) 9121-3888

Rodrigo Santos

O novo marketing para empresas, governos e ONGs

Parece claro que apostar no fortalecimento da imagem e na garantia de "compra" dos valores e conceitos de uma organização, pelos seus colaboradores, é o primeiro e mais importante investimento em marketing que deve ser despendido. Também fica patente que o chamado endomarketing, amparado pelos conceitos macro de CRM (*Customer Relationship Management*), voltados para estes "clientes internos" é o caminho para lograr êxito neste campo. Mas, cabe responder:

De que maneira este diferencial pode se fazer sentir em empresas, governos e ONGs?

Como potencializar o marketing de relacionamento e o endomarketing, para liderar em uma era incerta e competitiva?

As empresas privadas há muito já despertaram para a necessidade de se diferenciarem em seus mercados, não bastando a ideia, reducionista e passageira, de ser "melhor" com base no "velho marketing". É necessário sim, "ser único" no mercado, mesmo não estando sozinho nele, pela adoção de mecanismos que lhes diferencie completamente, afastando qualquer tipo de comparativo com esta ou aquela organização. Não adianta gastar milhões em campanhas "para fora" da organização, sem "olhar para dentro" e investir para que seus colaboradores/clientes internos, comprem conceitualmente, as ideias, os produtos e os serviços que irão ajudar a vender.

> **O endomarketing faz a diferença na gestão empresarial!**

Em se tratando de governos e organizações públicas, esta discussão é tanto nova quanto fundamental para os que se propõem triunfar com a "nova política". Sabe aquela sensação de ser atendido por duas pessoas na mesma repartição e se sentir em lugares completamente diferentes?

Pois bem. Diante dos mesmos recursos - ou falta deles - e no mesmo ambiente, servidores públicos com posturas, motivação e treinamento diferentes, prestam um serviço muito superior. Agora imaginem a diferença para um gestor, se todos os servidores, concursados ou indicados, sentem-se prestigiados, bem qualificados, orgulhosos na prestação de um melhor serviço e na difusão da boa imagem da gestão para o usuário, para todos os seus familiares, amigos, etc.?

O marketing aplicado aos relacionamentos

O endomarketing faz a diferença na gestão pública!

Já para as organizações do terceiro setor (ONGs, associações, partidos, fundações, etc.), o incremento no relacionamento com os colaboradores, através do endomarketing, reveste-se de uma importância crucial, por tratar-se de um cenário onde a necessidade de profissionalização e competitividade, presentes em todos os setores da economia, deve coabitar com a disposição e firmeza de propósitos, para realização de trabalhos que, voluntários ou remunerados, carecem de um pendor de servir muito acentuado. É preciso que o colaborador "compre" os valores e propósitos que os fará sair da sua "zona de conforto" e se lançar, voluntariamente, para "fazer bem o bem comum".

O endomarketing faz a diferença na gestão social!

Para promover, na prática, esta revolução no relacionamento com o mercado, as ações de endomarketing de empresas, governos e ONGs, devem ter como centro o desenvolvimento humano, com foco na potencialização dos seus recursos (saberes, emoções, competências, etc.), através de programas integrados, pensados de forma customizada, conforme os cenários, identidade e estratégias de cada organização. Isto passa, necessariamente, pela qualificação integral e continuada dos sujeitos, bem como pela mediação e monitoramento das ações na práxis[1], para que os mesmos consigam alinhar ambições pessoais aos projetos organizacionais.

Ajuste o foco para o endomarketing

No atual cenário da economia mundial é inegável e, até mesmo, uma discussão superada, a importância do marketing, seus conceitos e ferramentas, como fonte de sobrevivência e prosperidade das organizações neste terceiro milênio.

Também é ponto pacífico o grande foco que as mais dinâmicas empresas do mercado vêm dando, nas formas de melhor prover e, até mesmo, antever as necessidades do seu cliente, seja ele o comprador, aquele que adquire diretamente um produto ou serviço, ou o consumidor, como, por exemplo, as crianças que consomem os serviços adquiridos pelos pais ou os animaizinhos que desfrutam das benesses

---

1 Práxis significa "prática refletida e reflexão praticada". Sobre a premência de relacionar teoria e prática, o educador brasileiro Paulo Freire exortou que: "Discurso sem ação é verbalismo. Ação sem reflexão é praticismo".

proporcionadas pelos seus donos.

É legítimo o foco do marketing no relacionamento com os clientes externos. Se bem empregados, os vultosos recursos aplicados em publicidade, propaganda e venda direta, através de um programa integrado de CRM, tendem a retornar rapidamente, garantindo sustentabilidade e evolução das organizações.

Porém, justamente pelo fato de ser esta uma constatação óbvia, praticar todos os bons pressupostos do marketing, voltados para os clientes externos, não garantirá nada além da mera sobrevivência doravante. Os que não fazem, ou já quebraram ou estarão fora do mercado em muito pouco tempo, já os que agem conforme os bons manuais de CRM, estão praticando o mínimo obrigatório, mas longe do mínimo necessário. Para além do trivial, as organizações precisam migrar da simples evolução para uma verdadeira revolução em busca da liderança e da vanguarda.

O desafio para liderar nesta sociedade da aprendizagem, garantir inovação continuada e competitividade, a um nível que torne a organização absolutamente única em um mercado, tanto competitivo quanto uniformizado, passa por garantir o básico, alardeado por vários bons autores contemporâneos, mas principalmente por "ajustar a lente" da gestão, voltando-a para os colaboradores da organização. É a partir da satisfação plena dos clientes internos, que se pode ir além das receitas contemporâneas que, no máximo, têm nivelado sua empresa com outras tantas e fazer realmente a diferença que a levará ao topo.

O "quinto P" do marketing

Os estudiosos do marketing, ao redor do mundo, sempre destacaram quatro pilares básicos[2], como componentes do *marketing mix* e foco das suas ações dentro da lógica convencional. São eles: promoção; produto; preço e praça.

A "promoção" refere-se, basicamente, a todo o esforço de comunicação integrada para promover um conceito, de produto ou serviço, colocando-o numa determinada posição de mercado diante de um público que se quer atingir. O "produto" sintetiza os esforços de produção e formatação de toda a cadeia de valor, traduzida em algum bem ou serviço à disposição do cliente. Já o "preço" é o componente relacionado à relação, custo de concepção, ante o valor percebido pelo

---

2 O composto mercadológico foi formulado primeiramente por Jerome McCarthy, em seu livro Basic Marketing (1960). Na obra, o autor trata do conjunto de pontos de interesse para os quais as organizações devem estar atentas se desejam perseguir seus objetivos de marketing.

O marketing aplicado aos relacionamentos

cliente comprador, sendo diferencial importante em qualquer nicho de mercado. Enquanto isso, a "praça" está relacionada ao espaço, concreto ou simbólico, onde se dará a negociação e aquisição do produto ou serviço, pelo cliente da organização.

Tudo isso fora fundamental para garantir algum nível de sucesso de indivíduos e organizações até aqui, mas definitivamente não será suficiente para que novas pessoas construam novas organizações para novos clientes em um novo mundo. Todos os sinais vêm apontando para aquilo que se passou a chamar do "quinto P" do marketing, que diz respeito às "pessoas", como elemento fundamental, "dos dois lados do balcão", em empresas, governos e organizações do terceiro setor. Por serem, a um só tempo, produtores, multiplicadores, reflexo e, também, consumidores da organização, os colaboradores são o mais importante, senão o único vetor da revolução do novo marketing.

O endomarketing é, pois, a chave para atingir corações e mentes dos colaboradores de uma organização e edificar este "quinto pilar". Como o próprio nome sugere, "endo" vem de interno, endógeno, de dentro para fora, consistindo na aplicação de todas as ferramentas de vanguarda do marketing tradicional, com foco no relacionamento com as pessoas que concebem o produto ou serviço, têm o contato direto com os consumidores e, em última instância, também o são, juntamente com suas famílias e amigos. Portanto, não dá para dissociar a qualidade de produtos ou serviços da qualidade de vida, autoestima e visão sobre a empresa, das pessoas que conceberam os mesmos.

Em suma

No atual cenário, "voltar-se para dentro", com foco nos relacionamentos, a partir do *endomarketing*, tornou-se urgente, com a adoção dos fundamentos e práticas de uma *EtnoGestão*[3], em todos os processos de diagnóstico, planejamento, execução e avaliação, com foco permanente no desenvolvimento humano e organizacional, alinhados. Enfim, as verdadeiras revoluções só o serão a partir do centro, de dentro para fora.

A transformação é uma porta que se abre por dentro!

---

3 O Conceito de EtnoGestão já é tratado em artigos, ensaios e apresentações, proferidas em congressos científicos em todo o mundo, como desdobramento da minha tese de doutoramento. É base para uma metodologia de intervenção nas organizações, a partir das pessoas, considerando suas particularidades, cultura e dinâmica. Neste contexto, política e gestão são tratadas numa perspectiva complexa, transdisciplinar e multirreferencial, resignificando a perspectiva de avaliação, planejamento e desenvolvimento, humano e organizacional.

30

Como transformar as dificuldades em oportunidades?

É natural que na vida tenhamos momentos de conquistas e perdas, porém na maioria das vezes não aceitamos as adversidades que acabam nos tirando do pódio. Para os desafios, o segredo é fechar os olhos, respirar fundo e desenvolver a capacidade de lidar com as inseguranças

Salomão Rodrigues de Lira Jr.

Salomão Rodrigues de Lira Jr.

Bacharel em Turismo, músico (baterista) e palestrante. Foi apresentador do programa pela WEB Arte e Carreira, participou de vários programas de televisão com pauta em acessibilidade e cultura. Presidente da Plural Brasil (Associação de Atenção às Pessoas com Deficiência e Mobilidade Reduzida).

Contatos
Facebook: www.facebook.com/SalomaoJr.
contato@spalt.com.br

Salomão Rodrigues de Lira Jr.

Certo dia pela manhã, recebi um telefonema de um grande amigo dizendo que seu filho estava para nascer. Durante a conversa, percebi que o mesmo estava com uma enorme expectativa e ansiedade, pois sua voz ecoava como música traduzindo-se com as batidas do seu coração. Parecia que era o primeiro filho! Realmente, por um filho o coração bate forte e não importa se é o primeiro ou o segundo, acredito que o fator dessa alegria é que independentemente da ordem, ali está a expressão da pureza, esperança e idealizações e estes são alguns elementos que desejo compartilhar com você.

Bom, durante a conversa houve um momento em que o João disse:

– Cara, teve um corte na empresa e adivinha quem saiu?
– Quem?
– O Francisco!

Bom, como eu já tinha trabalhado naquela organização, lógico que o conhecia e não tinha gostado daquela notícia, pois o Francisco era uma pessoa de caráter e exercia grande influência em seu grupo para motivar as pessoas e promovia um ambiente saudável no trabalho.

Essa é uma realidade da qual não podemos fugir, PERDAS!!! Vivemos numa era em que não podemos perder, pois num sistema predatório aprendemos que as perdas são para os fracassados, incompetentes, e logo essas afirmações se tornam pertinentes na vida de milhões de pessoas.

Quando pensei no Francisco, de imediato fiquei triste, mas logo percebi que aquele era o momento de sua virada profissional. Parece loucura dizer que alguém com família para sustentar, perde o emprego e justamente neste momento, ELE CONQUISTA!

A vida é feita de escolhas, posso perder e dizer que o mundo acabou ou olhar para a nossa capacidade, e dizer que chegou o recomeço de uma vida de triunfo.

Infelizmente, muitas vezes o medo quer nos dominar e assim bloqueia toda nossa capacidade de criar, inovar e ousar. Creio que no recomeço precisamos de uma força grande, que vem da alma e do espírito, pois começar do zero é simplesmente para aqueles que estão decididos a vencer.

Oxalá que nos momentos de perdas sempre houvesse pessoas para nos dar incentivos, mas essa não é a realidade! O ser humano tem seu lado criativo, no entanto se condiciona ao medo, tem pensa-

O marketing aplicado aos relacionamentos

mentos negativos e se esquece de suas habilidades naturais, estas que podem levá-lo a um novo estilo de vida.

Gostaria de destacar três aspectos que o farão um grande vencedor! Liderança, atitude e persistência!

Liderança: hoje muito se comenta sobre a importância da liderança em todas as áreas da vida, seja no trabalho, igreja, relacionamento conjugal e em todos relacionamentos nos quais você se permita interagir com outras pessoas. Entretanto, diante de muitos comentários e testemunhos sobre liderança, é importante salientar que antes de agir e determinar a nossa jornada precisamos nos liderar e isso não é tão fácil.

Liderar as nossas angústias, inseguranças, desilusões, condição física ou socioeconômica nos permite transpor barreiras que condicionam todo o nosso potencial.

Lembro-me que em algumas das experiências de minha vida como deficiente físico (cadeirante) havia o problema da locomoção. Muitas vezes para ir à igreja, faculdade e até mesmo passear, precisava de carona e nem sempre as pessoas estavam dispostas. Confesso que em alguns momentos aquela realidade queria me consumir com tristeza ou desânimo, mas logo me voltava a pensar que aquela situação era passageira e na vida nada é eterno. Nossos limites estão muito além do que pensamos. Isso é liderar! Liderar é a arte de não permitir o naufrágio independentemente da nossa condição, administrar os pensamentos para que seja brotado em nosso coração o sentimento de esperança por dias melhores, é transformar nossas dificuldades em oportunidades, estar atento aos pensamentos, e não perder o romance da vida que é a capacidade de sonhar e acreditar.

Atitude: todas as pessoas que marcaram a história por algum motivo foram identificadas pela atitude que tomaram, seja na ciência, esporte, *business*, causa social e em outros aspectos. A atitude é uma ação que brota pelo sentimento de inconformidade com determinada situação. Muitas vezes não há planejamentos para ter atitude, pois essa ação é desenvolvida quando decidimos que aquilo tem que ser mudado! Costumo dizer que se nós perdermos a capacidade de agir, perderemos a vida!

Acredito que várias gerações já ouviram falar em Martin Luther King, era pastor protestante e ativista político, e tornou-se um

Salomão Rodrigues de Lira Jr.

dos mais importantes lideres do movimento dos direitos civis dos negros nos Estados Unidos. Criador de uma das frases mais conhecidas no planeta. ¨O que me preocupa não é o grito dos maus. É o silêncio dos bons."

O que seria das pessoas negras naquele país se não houvesse lideres que, mesmo num sistema hostil, se inconformaram e agiram em prol da liberdade de muitos. King marcou a história porque teve ATITUDE.

"Fazer historia não é apenas vaidade, mas envolve a marca da existência de alguém que, mesmo não sendo celebridade, poderá ser reconhecido pelo que faz e desse reconhecimento não devemos abrir mão, porque tudo o que temos na vida são os reflexos das nossas atitudes."

Persistência: escrevi dois itens que foram sobre a importância da liderança e a atitude. Digamos que persistência é o espírito da liderança com a filosofia da atitude. Na vida, o difícil não é entrar na guerra, mas insistir na batalha para alcançar a vitória.

Sempre gostei de música e quando criança era fascinado pelo instrumento (bateria), essa sempre foi minha paixão! Meu avô materno era músico e, naturalmente, eu era influenciado por sua arte.

Ciente de minhas limitações físicas, busquei alternativas para que pudesse ser músico (baterista). Mesmo com a influência de meu avô, fui confrontado com as barreiras existentes e aquelas que são impostas pelas pessoas.

O mais difícil não foi encontrar um professor que acreditasse no meu potencial, mas PERSISTIR no aprendizado. Uma coisa é querer e a outra é PERSISTIR NO PROCESSO. A persistência é a força que nos leva ao topo! E foi nessa força que hoje posso tocar com alguns amigos e fazer as pessoas balançarem o esqueleto.

Na verdade, precisamos nos encontrar para desenvolver o nosso potencial, pois tudo que escolhemos é o fator determinante para a nossa felicidade! As perdas nos fortalecem, redescobrimos, renascemos e aprendemos que somos capazes de ir além! Faça do seu presente o trampolim para o amanhã, pois lutar é transformar seus sonhos em realidade!

31

Uma abordagem do profissional de secretariado executivo na área de relações governamentais

Há aproximadamente duas décadas acreditava-se que a profissão de secretariado executivo seria extinta, considerando as mudanças e transformações que influenciaram as organizações. Porém, longe da extinção, surge um profissional multifuncional que, constantemente, vem se adaptando aos diversos cenários e áreas de atuação

Simara Rodrigues

Simara Rodrigues

Secretária executiva, docente no curso de graduação em Secretariado Executivo da União Pioneira de Integração Social - UPIS, blogueira, consultora empresarial com experiência em desenvolvimento de cursos, palestras e programas de treinamento. Aluna especial do curso de Mestrado em Educação, certificada no curso "Cenário e Atuação em Relações Institucionais" pelas Instituições PUC SP / IAG PUC / UFMG, pós-graduada com título de MBA em Gerência de Projetos, pela Escola de Administração e Negócios (ESAD) e graduada em Secretariado Executivo Pela União Pioneira de Integração Social – UPIS. Atua há 15 anos na assessoria de executivos de primeiro escalão em grandes empresas públicas e privadas.

Contatos
www.simararodrigues.blogspot.com.br
simara.assessoriaexecutiva@gmail.com
twitter.com/simararodrigues
br.linkedin.com/in/simararodrigues

Simara Rodrigues

Considerando o cenário mercadológico atual, marcado por reengenharia, fusões, aquisições, *downsizing* e *job rotation*, as empresas têm percebido a importância do valor humano, transformando-o em recursos estratégicos, capazes de dinamizar as atividades e garantir maior competitividade no mercado de trabalho. É neste cenário que o profissional de secretariado está inserido e vem colocando em prática suas habilidades. Para CHIAVENATO "as pessoas constituem o capital intelectual da organização e, portanto são tratadas como parceiras do negócio e não mais como simples empregados contratados" (1999, p.7).

O profissional de secretariado

Certamente, quem optou pela profissão de secretariado já se deparou com a seguinte pergunta: "É necessária a formação para ser secretária(o)?".

Infelizmente, alguns ainda acreditam que as atividades destes profissionais são meramente operacionais, simplistas e banais.

Portanto, é papel do educador e dos profissionais atuantes elucidar as atribuições e o perfil do profissional de secretariado. Segundo diretrizes curriculares do curso de Secretariado Executivo:

> "O bacharel em Secretariado Executivo deve apresentar sólida formação geral e humanística, com capacidade de análise, interpretação e articulação de conceitos e realidades inerentes à administração pública e privada, ser apto para o domínio em outros ramos do saber, desenvolvendo postura reflexiva e crítica que fomente a capacidade de gerir e administrar processos e pessoas, com observância dos níveis graduais de tomada de decisão, bem como capaz para atuar nos níveis de comportamento microorganizacional, mesoorganizacional e macroorganizacional."

A profissão está regulamentada pela Lei 7.377, de 30 de setembro de 1985, complementada pela Lei 9.261, de 10 de janeiro de 1996, e considera como secretário executivo: "O profissional diplomado no Brasil por curso superior de Secretariado, reconhecido na forma de Lei, ou diplomado no exterior por curso de Secretariado, cujo diploma seja revalidado no Brasil, na forma de Lei" (Brasil, 1985).

O marketing aplicado aos relacionamentos

Em face ao exposto, acompanhando as mudanças e transformações que influenciam as organizações, profissionais de secretariado perceberam a necessidade de adquirir cada vez mais conhecimento e ampliação de suas competências, exigindo-se um novo perfil: formação acadêmica específica na área de secretariado, especializações, preparo para auxiliar na tomada de decisões, conhecimento de outras línguas, informática, administração, liderança, planejamento, comunicação, marketing e endomarketing, finanças, psicologia, técnicas secretariais e assessoria direta aos executivos, deixando de lado o estereótipo de *secretário servente*.

Pressupõe-se que uma carreira é construída com esforço, dedicação, habilidades técnicas e pessoais, capital humano, capacidade de reconhecer os momentos para estar no lugar certo na hora certa e, também, da relação que estabelecemos com o(s) outro(s). Logo, é fundamental saber que ninguém faz nada sozinho. O papel das relações em nossas vidas pode ser evidenciado ainda na infância quando somos motivados a estabelecer relações interpessoais, aspecto que aflora na fase adulta. Ao ingressar no mercado de trabalho, percebemos o valor das alianças, cooperação, reciprocidade e troca, que quando aplicadas de forma ética, nos garantem vantagem competitiva.

A área de relações governamentais e o perfil destes profissionais

As grandes corporações da iniciativa privada fomentam a área de relações governamentais. Esta é responsável pela articulação e diálogo com os principais atores que formulam as políticas públicas, elaboram leis e regulam o mercado, o que nos permite considerá-la estratégica para a empresa.

Seu papel é representar e defender os interesses da companhia perante o governo, nas esferas federal, estadual e municipal. Seu objetivo é construir e desenvolver, de forma transparente e dentro dos preceitos éticos, o relacionamento com as principais instâncias decisórias, além de gerar suporte de relacionamento às demais áreas da empresa, visando assegurar os interesses, as estratégias e ampliar os negócios da organização. Ademais, compete a esta área zelar pela imagem da empresa perante a sociedade e formadores de opinião. Corroborando com Gilberto Galan, (2012) este setor "faz com que a empresa seja reconhecida como um interlocutor confiável e respeitável, que possa ser ouvida e tenha força para influenciar as decisões".

Simara Rodrigues

O diálogo entre a área de relações governamentais e os grupos de interesse é realizado por meio de reuniões, audiências públicas, formalização de documentos para obtenção de autorizações e licenças, apresentação de pleitos e discussões de temas relevantes para empresa e sociedade.

Entre as habilidades observadas no perfil dos executivos que atuam na área de relações governamentais, destacam-se: conhecimento profundo do negócio da companhia e de sua estratégia, boa comunicação, capacidade de negociação, boa cultura geral, planejamento, monitoramento, articulação, sociabilidade e *networking*.

Diante deste perfil e visando a eficácia da área de relações governamentais, é necessário ainda que as diversas áreas da companhia atuem em parceria, colaborando, cooperando e fornecendo as informações necessárias para subsidiar e contribuir com a efetiva atuação da área. Nesse contexto, o profissional de secretariado pode atuar como mediador e facilitador na comunicação com os agentes internos e externos.

Atuação dos profissionais de secretariado na área de relações governamentais

Para o profissional de secretariado que atua na área de relações governamentais, o desafio é influenciar e corroborar com resultados e metas. Por isso, compreende-se que uma das habilidades relevantes é a capacidade de criar empatia com pessoas e grupos. O carisma neste cenário será uma habilidade observada, comentada e valorizada, o que não invalida ou minimiza a importância das demais atribuições inerentes a este indivíduo.

Vale ressaltar que a construção sólida de uma rede de relacionamentos leva tempo e requer habilidade de persistência, prática, simpatia, educação, boa vontade, conhecimento, reciprocidade, influência e postura ética. A falta de atenção adequada a estes aspectos pode ser desastrosa para o profissional de secretariado e para a empresa, impactando negativamente na relação com os *stakeholders*.

Oportunamente, o profissional de secretariado que deseja atuar na área de relações governamentais deve perceber e entender a necessidade da construção de alianças efetivas e o impacto de sua influência, o que demanda comprometimento e interação.

Nesse sentido, é importante compreender que as relações não funcionam de modo isolado, uma vez que dependem da cooperação

O marketing aplicado aos relacionamentos

e parceria dos *stakeholders*.

Sendo assim, é necessário que este profissional construa uma imagem positiva (neste caso não se refere à aparência) e atue no aprimoramento da inteligência emocional. Segundo Weisinger, a inteligência emocional "é simplesmente o uso inteligente das emoções – isto é, fazer intencionalmente com que suas emoções trabalhem a seu favor, usando-as como uma ajuda para ditar seu comportamento e seu raciocínio de maneira a aperfeiçoar seus resultados" (1997, p. 14).

Um estudo de caso

Para melhor entendimento do papel destinado ao profissional de secretariado executivo na área de relações governamentais, podemos exemplificar uma determinada situação com quatro cenários distintos. O resultado satisfatório dependerá da relação estabelecida entre o profissional de secretariado e seu interlocutor.

O secretário X, que trabalha na diretoria de relações de governamentais da empresa ABC, solicita uma reunião com o interlocutor Y da empresa XYZ. Considerando a importância do assunto, o diretor da ABC solicita ao secretário brevidade no agendamento, enfatizando o impacto do tema para os resultados da empresa.

Cenário 1 – O interlocutor não conhece o secretário X

Nesta situação, é provável que a relação entre o secretário e seu interlocutor seja burocrática, indiferente, morosa e distante. Para otimizar futuros contatos, considerando a área de atuação exemplificada, a relação deverá ser pautada por cortesia, simpatia, educação e cordialidade. A utilização de palavras "mágicas" como: bom dia, obrigado e por favor serão ponto de partida. Trabalhar na construção desse relacionamento exigirá do secretário X credibilidade na fala, boa postura, atenção ao timbre de voz, assim como perceber o perigo dos excessos e das intimidades – meu anjo, minha querida, fofa estão fora de cogitação. Por isso, saber diferenciar atenção de bajulação é fundamental.

Cenário 2 - O interlocutor conhece o secretário X

Nesta situação, é provável que a relação seja direcionada pela brevidade e conduzida de forma neutra pela padronização dos processos. O desafio do secretário será estreitar a relação com seu interlocutor, desenvolvendo boa comunicação, simpatia e interesse genuíno. A presença física, quando possível, será um diferencial, assim como a colaboração e a reciprocidade. Nota-se que neste processo as pessoas valorizam a gentileza, por isso, um cartão de aniversário ou natal nunca será demais.

Cenário 3 - O interlocutor conhece e gosta do secretário X

Este certamente é o melhor dos cenários, uma vez que a relação é de zelo, afetividade, agilidade, atenção às solicitações, assertividade e eficácia. Neste cenário, o desafio do secretário será a manutenção do relacionamento, assim como o fortalecimento das alianças, sempre pautado pela integridade e ética profissional. É possível ainda corroborar com Santille (2007) quando afirma que "os indivíduos são capazes de manter registros mentais de interações passadas para orientá-los em interações futuras".

Cenário 4 - O interlocutor conhece e não gosta do secretário X

Considerando que uma das habilidades para atuar na área de relações governamentais é o carisma e a boa imagem, este cenário será o menos favorável, uma vez que a relação certamente será pautada pela dificuldade na comunicação, desatenção, desinteresse e impaciência por parte do interlocutor. Sendo assim, o desafio do profissional de secretariado é reconstruir a relação. Uma habilidade a ser trabalhada e desenvolvida será a inteligência emocional.

Conclusão

O êxito do profissional de secretariado, que atua na área de relações governamentais, dependerá, além de sua formação acadêmica, que visa aprimorar e capacitar algumas habilidades, do empenho para construir relações autênticas – sem bajulações – assim como atuar na manutenção e ampliação de seus relacionamentos.

Referências
CARVALHO, Antonio Pires; GRISSON, Diller. *Manual de secretariado executivo.* São Paulo: Difusão Cultural do Livro Ltda, 2002.
CHIAVENATO, Idalberto. *Gestão de Pessoas – O novo papel dos recursos humanos nas organizações.* Rio de Janeiro: Elservier, 1999.

O marketing aplicado aos relacionamentos

CNE/CES – n.º 3/2005, de 23 de junho de 2005. Institui as Diretrizes Curriculares Nacionais para o curso de graduação em Secretariado Executivo e dá outras providências.

Galan, Gilberto. *Relações Governamentais e lobby. Aprendendo a fazer.* São Paulo: Aberje, 2012 (coleção grandes nomes).

Santille, Alexandre. *Efeitos do nível hierárquico e gênero no uso de táticas de influência interpessoal nas organizações.* São Paulo, 2007. Tese (Doutorado em Psicologia) - Instituto de Psicologia da Universidade de São Paulo, 2007.

Weisinger, Hendrie. *Inteligência Emocional no Trabalho.* Traduzido por Eliana Sabino. Rio de Janeiro: Campus, 1997. Tradução de: Emotional Intelligence at Work.

32

Mudança efetiva

Como manter um perfil atraente no mundo competitivo? Preparar-se para as mudanças e abandonar as crenças limitantes pode levá-lo ao alcance de resultados excelentes. Identifique suas habilidades, liberte-se das crenças limitantes e esteja preparado(a) para o mercado

Suzi Sumimoto & Wilson Nascimento

Suzi Sumimoto & Wilson Nascimento

Suzi Sumimoto Nascimento

Personal coach, practitioner em PNL, pós-graduanda em Recursos Humanos, graduada em Marketing, mais de 25 anos de experiência em Gestão de pessoas e diretora e sócia do Mercado Vitória.

Contatos
www.mercadosvitoria.com.br
suzisumimoto@terra.com.br

Prof. Wilson Farias Nascimento

Doutorando em "Business Administration Ph.D." e mestre em *"Arts in Coaching"* pela Florida Christian University, MBA em *Coaching*, especialista em gestão de negócios e empreendedorismo. Pós-graduado em Marketing e Propaganda, administrador de empresas. *Master coach, trainer* em programação neurolinguística. Docente na Faculdade Unida de Suzano e na FIAM. Sócio diretor do Instituto Evolutivo. Professor convidado da Florida Cristian University, treinado por Anthony Robbins.

Contatos
www.institutoevolutivo.com.br
wilson@institutoevolutivo.com.br
Skype: Wilsonfnascimento

Suzi Sumimoto & Wilson Nascimento

No cenário atual, como você encara os processos de mudança? Ouvimos a todo o momento que o processo de mudança do mundo contemporâneo é algo imprescindível, tudo muda o tempo todo e por mais que você resista, ela acontece. O grande desafio consiste em compreender o quanto estamos preparados.

Será que os problemas estão na falta de foco ou são motivados pela velocidade das mudanças, que estão dividindo cada vez mais nossa energia? É perceptível que nossa energia é destinada para onde direcionamos o foco.

Segundo Goleman, (2012) o foco diante do ruído constante indica atenção seletiva, a capacidade neural de mirar em apenas um alvo, enquanto ignora o mar atordoante de estímulos. A necessidade de manter foco tanto nas atividades rotineiras quanto nos objetivos pessoais torna-se primordial numa sociedade em que as mudanças são constantes, exigindo adaptação rápida e eficaz.

Há pouco tempo, as pessoas passavam a vida inteira atuando em no máximo duas empresas, afinal, deixar seu emprego era sinônimo de fracasso e incapacidade. Esta estabilidade era até mesmo motivo de orgulho para a família. Quem não se recorda de algum membro da família contando a história do parente que iniciou sua carreira como *office-boy* em uma multinacional, chegando a um cargo na direção?

Conforme salienta Oliveira (2010) a classificação das gerações identificam as pessoas através dos seguintes grupos: *baby boomers*, geração x e geração y. Esta classificação nos ajuda a compreender as diferenças no modo de pensar e agir das pessoas.

A situação descrita sobre aquela pessoa que se mantêm por muitos anos numa organização, é característica autêntica dos *baby boomers*, a geração pós-guerra, cuja lealdade e disciplina justificam os longos períodos em empresas. Logo após, surgiu a geração X, que vivenciou, considera-se, diversos momentos importantes no Brasil. Podemos citar o movimento Diretas já, responsável pelo fim da ditadura. Esta geração possui como característica forte a resistência para a mudança, resistência ao novo, o que reforça a permanência nas empresas.

Em seguida temos a geração Y, que há pouco tempo entrou no mercado de trabalho, filhos da geração X, que chega junto com a velocidade da tecnologia, ou seja, uma geração que presencia o momento de grandes mudanças tecnológicas. Embora com pouca paciência, é aberta para mudanças. Inquieta em permanecer na mesma função por vários anos, entra nas empresas já querendo saber quando será sua primeira promoção.

Porém, os processos de mudança estão presentes na vida e carreira de todos, independente da geração ou perfil comportamental. As organizações cobram que seus colaboradores estejam alinhados com tais mudanças, para acompanhar o mercado e apresentar resultados competitivos.

O marketing aplicado aos relacionamentos

As mudanças que as empresas esperam de seus colaboradores estão normalmente associadas a:

- Motivação;
- Assertividade;
- Relacionamento interpessoal;
- Comunicação, entre outros.

Talvez o que faça a pessoa "congelar" diante de mudanças é o seu conjunto de crenças limitantes, capaz de envolvê-las por medos que sequer podem ser confirmados como reais ou se irão, de fato, acontecer. Observe o acrônimo abaixo:

F – Falsas
E – Evidências
A – Aparentemente
R – Reais

A palavra inglesa FEAR significa medo. O acrônimo ilustra o medo que paralisa a pessoa impedindo-a de arriscar-se e até mesmo viver. Estas falsas evidências que aparentemente são reais, podem envolver e tornar a pessoa incapaz de realizar mudanças.

Podemos considerar esta atitude uma crença potencializadora ou limitante?

Após alguns anos atuando como *coach* nas empresas e acompanhando o desenvolvimento de *Team Coaching* e *Career Coaching*, observamos a grande quantidade de profissionais que estão descarrilhados, estressados, fazendo o possível todos os dias para que o dia acabe. Alguns estão começando suas carreiras, concluindo as graduações, mas sem a certeza de que terão uma carreira promissora.

Cortella (2010) afirma que nós brasileiros temos o vício, muito perigoso, de nos contentar muitas vezes com o possível, em vez de procurar o melhor.

Será que a busca para se tornar alguém melhor gasta mais energia? Será que não estamos preparados para buscar uma posição de destaque no mercado? Quando você se olha no espelho, quem está lá, uma pessoa que faz o possível para sobreviver? Ou alguém que após esta leitura vai despertar suas crenças mais fortalecedoras, a ponto de encontrar seu EU mais poderoso, um ser que por alguma razão insiste em deixar adormecido?

Pare por alguns instantes agora e pense: quais são as suas principais habilidades? De 0 a 10, dê uma nota para cada uma das habilidades que você listou. Por exemplo: você acredita ser excelente comunicador e dá uma nota 9, perfeito... Faça assim com todas as habilidades que você acredita ter. Caso tenha dificuldade em encontrá-las, pergunte para as pessoas mais próximas e em seguida aplique a nota correspondente.

Agora, olhe atentamente para os seus resultados e pense em um objetivo na vida que você deseja muito e verifique se realmente essas habilidades podem contribuir com a aceleração dele.

Um grande diferencial no mercado que pode tornar sua carreira mais competitiva e assertiva consiste em identificar seu perfil, ou seja, destacar qual o seu tipo de personalidade, bem como as características fortes que possui e talvez não venham sendo utilizadas da melhor forma. Conhecer estas características irá auxiliá-lo a transitar pelos processos de mudança sem sofrimento, compreendendo seus pontos a desenvolver e as reações durante este período.

Existem diversas ferramentas para análise de perfil. Citaremos aqui duas delas, as análises DISC e SOAR. O principal aspecto destas ferramentas é analisar as quatro categorias de personalidade, que são: DOMINÂNCIA, EXTROVERSÃO, PACIÊNCIA E ANALÍTICA, perfis considerados na análise da ferramenta de diagnóstico SOAR.

Na análise DISC, os perfis apresentados são; DOMINÂNCIA, IN-FLUÊNCIA, ESTABILIDADE e CONFORMIDADE e têm como objetivo levantar os pontos fortes e pontos a serem desenvolvidos por cada membro, utilizando um método de questionário onde não existem respostas certas ou erradas, e sim uma combinação de fatores que contribuem para a identificação das melhores habilidades de cada membro do time, contribuindo assim com a melhoria da comunicação, autoestima e trabalho em equipe, entre outros aspectos.

Por isso, é tão importante conhecermos nossas forças internas; para que em momentos de baixa de produção, saibamos exatamente onde e como intervir. Apresentaremos aqui um resumo das características que a ferramenta SOAR fornece:

O perfil do temperamento dominante

Também conhecido como colérico, refere-se a uma pessoa que se dedica a resultados. O dominante tem várias características de identificação, muitas delas listadas a seguir:

- Entedia-se facilmente;
- Gosta de mudanças e desafios;
- Baseia suas avaliações pessoais sobre as realizações;
- Odeia indecisão e prefere respostas diretas;
- Gosta de correr riscos;
- Possui altos níveis de autoestima;
- Tende a ser rápido(a) e impaciente;
- Demanda expectativas muitas altas de si e dos outros;
- Odeia indecisão e prefere respostas diretas;
- Tem pensamento rápido, ativo e prático;

O marketing aplicado aos relacionamentos

- Apresenta "sangue quente";
- Possui força de vontade;
- Toma decisões para si e para os outros facilmente.

Mirage (2013) afirma que um dominante, por possuir altos níveis de energia e paixão, tende a querer motivar os outros, mas se sente frustrado, muitas vezes, por não conseguir a excelência desejada.

Perfil do temperamento extrovertido

Possui elevada necessidade de socializar e se sentir incluído(a). Outros traços de identificação:

- Alterna entre ter controle e ser dependente;
- É impulsivo(a) e toma decisões rapidamente;
- Vive a vida com paixão e otimismo;
- Possui uma alegria infantil com as coisas ao redor;
- Demonstra um senso natural de curiosidade;
- Conduz tudo com otimismo e energia positiva;
- Sempre amigável com os outros;
- Gosta de contato físico, como apertos de mão e abraços com amigos;
- Vive o presente;
- Ama com paixão;
- Esquece rapidamente;
- Tende a indisciplinas e desorganização;
- Inclina-se a dizer "sim" quando, na verdade, a reposta é "não";
- Pode facilmente perder a motivação;
- Vai tentar encontrar uma desculpa e sentir pena de si;
- Muda de ideia com facilidade;
- Interessado(a) em novidades e inovações.

Conforme MIRAGE (2013) os extrovertidos se comunicam de uma forma muito dinâmica e vibrante. Estas personalidades estão sempre atentas e se apresentam como vencedoras. Gostam de falar sobre as suas recompensas e realizações.

Perfil do temperamento paciente

O temperamento paciente é um amante da paz, da harmonia e estabilidade. Não gosta de mudanças de plano na última hora e tem uma forte aversão a qualquer tipo de conflito. Outros traços de identificação incluem:

- Metódico;
- A vida caótica pode levá-lo à depressão;
- Geralmente preocupa-se com o bem-estar do grupo;

- Tende a acompanhar o grupo: se os outros estão bem, ele está bem;
- É calmo e muitas vezes não demonstra emoções;
- Tende a ser tímido. Prefere ouvir e observar, ao invés de interagir em ambientes sociais;
- Se expressa com cautela;
- Inclina-se para opiniões, mas é pessimista sobre os fatos;
- Ótimo ouvinte e observador, com tendências analíticas, habilidades administrativas e diplomáticas;
- Não toma decisões até que tenha certeza e segurança sobre algo;
- Às vezes, pode apresentar preguiça ou indecisão;
- Tem um lado humorístico;
- Atrai pessoas pela simplicidade e disponibilidade;
- Tende a procrastinar;
- Indecisão fortemente afeta seus resultados;
- Leva mais tempo para pensar e analisar um projeto do que tomar medidas para alcançá-lo;
- Geralmente não busca posições de liderança. No entanto, quando eleito para o cargo, demonstra ser grande líder.

Mirage (2013) enfatiza que o temperamento paciente não gosta de qualquer tipo de sacrifício próprio e evita envolver-se emocionalmente. No entanto, esse temperamento tem forte apreço pela família e amigos mais próximos.

Perfil de um temperamento analítico

O temperamento analítico é sistemático nas relações e tende a ser perfeccionista. Sempre procura excelência e alta qualidade, pois tende a ter expectativas muito elevadas de si e dos outros. Outras características de identificação incluem:

- Decisões baseadas na lógica;
- Não expressa opinião, a menos que haja certeza absoluta;
- Aprecia precisão e verdade;
- Concentra-se nos detalhes e fatos;
- Faz planos eficientes para resolver problemas, o que é, então, reforçado pela persistência, disciplina e organização;
- Reconhecido por sua lealdade, integridade e diligência;
- Gosta de ter métodos validados e discutidos passo a passo;
- É sensível e criativo;
- É perfeccionista;
- Sempre busca uma segunda chance para provar que os resultados poderiam ser melhores;
- Ao discutir projetos, tende a ser realista-pessimista, a fim de antecipar eventuais problemas ou desafios;

O marketing aplicado aos relacionamentos

- Possui um pequeno grupo de amigos íntimos;
- Muito fiel e leal aos amigos que possui;
- Vai estar presente quando necessário;
- Podemos sempre contar com ele;
- Tende à instabilidade emocional;
- Facilmente se machuca;
- Muda rapidamente de humor;
- Pode ficar tão envolvido(a) no trabalho, que as pessoas ao redor se sentirão ignoradas ou esquecidas.

De acordo com Mirage (2013), a perda de um relacionamento pode ser devastadora para um analítico e pode conduzi-lo a depressão profunda. Suas necessidades íntimas devem ser totalmente compreendidas, aceitas e apreciadas.

A breve descrição dos perfis apresentados pela ferramenta SOAR pode levá-lo a compreender que cada indivíduo percebe o universo de maneiras diferentes e, por isso, encara as mudanças como tal. Compreender como você e sua equipe irão enfrentar a mudança é fundamental para a condução do time e a conquista de resultados da organização.

Como seria se você, a partir desta leitura, iniciasse um novo caminho, uma nova jornada, na busca dos mais intensos desejos e talvez a partir deste momento, assumindo controle total das habilidades na busca do seu EU melhorado, que por alguma razão estava adormecido?

Segundo HILL (2011) "Nenhum homem terá uma chance para desfrutar um triunfo permanente se não começar por olhar-se num espelho para descobrir a causa real de todos os seus erros".

Seja no mundo corporativo ou no âmbito pessoal, que esta sua versão atualizada, com roupas e caminhos novos, olhe todos os dias para o espelho e observe os aprendizados, comemorando cada nova conquista, contribuindo para que a energia do campo ao seu redor mude; sem medo ou desculpas para as mudanças necessárias que alimentam a sabedoria através de novas experiências.

Referências

CORTELLA, M. S. *Qual é a tua obra? Inquietações propositivas sobre gestão, liderança e ética*. 11 ed. Rio de Janeiro: 2010.

GOLEMAN, D. *O cérebro e a inteligência emocional: novas perspectivas*. Rio de Janeiro: Objetiva, 2012.

HILL, Napoleon. *A lei do triunfo: curso prático em 16 lições: ensinando pela primeira vez na história do mundo, a verdadeira filosofia sobre a qual repousa todo o triunfo pessoal*. Rio de Janeiro: José Olympio: 2011.

MIRAGE, Adriana. *Embarque Já! O mundo te espera: 11 segredos de uma mente global para potencializar sua vida pessoal e profissional*. Florida: Innomark, 2013.

OLIVEIRA, S. *Geração Y. O nascimento de uma nova versão de líderes*. 3 ed. São Paulo: Integrare, 2010.

33

Marketing pessoal e sustentabilidade

Sustentabilidade é nos manter existindo, prosperando e principalmente suprindo as necessidades da geração presente de forma a garantir que todos ou quase todos os recursos sejam preservados para as gerações futuras. Principalmente, é a capacidade do ser humano interagir com o mundo, tendo como resultado principal um legado maior e melhor a ser aproveitado pelas próximas gerações

Tais Zatz

Tais Zatz

Consultora e palestrante formada em Administração de Empresas e pós-graduada em marketing, com mais de 18 anos de experiência como empresária em vários segmentos e 15 anos como executiva na área financeira. CEO e *master coach* - 1st Floor Décor Concept Experience. *Advanced Coaching Master* - Center for Advanced Coaching. *Life, professional, executive, bussiness e master coach* formada pela Sociedade Brasileira de Coaching e MBA - Master Business Administration *Coaching* pela Faculdade Paulista de Pesquisa e Ensino Superior, licenciada pelo BCI - Behavioral Coaching Institute e reconhecida pelo ICC - International Coaching Council, possui Certificação Alpha Coach, Worth Ethic Corporation, EUA.

Contatos
www.taiszatz.com.br
www.1stfoor.com.br
taiszatz@taiszatz.com.br
(11) 5041-5226
(11) 99923-6450

Tais Zatz

A partir do final dos anos 90, o mundo ficou assombrado com a notícia de que nosso planeta não duraria muito tempo. As atitudes selvagens dos ditos *homo sapiens* estavam destruindo o mundo em escala progressiva. A poluição decorrente da produção desenfreada de energia para o conforto do estilo de vida estava sufocando nossa sobrevivência. Brevemente, iríamos ficar sem água e sem ar de qualidade, em um ambiente com cinco a dez graus de temperatura acima da média. Assassinos do meio ambiente foram apontados, passeatas e protestos ganharam força, princípios de vida foram ampliados e valores de relacionamento aprimorados. Matérias-primas, produtos e serviços foram praticamente extintos do mercado. Hoje, voltamos a utilizar produtos que já não utilizávamos há décadas. Os inocentes *sprays* foram condenados e proibidos como gases perigosos para uma vida sustentável. Telhas que antes protegiam da chuva e que eram o primeiro estágio para os sem-teto, foram acusadas de doenças terríveis e sofrimentos inadmissíveis para seres humanos envolvidos em sua fabricação e consumo. E, ano a ano, a palavra sustentabilidade começou a fazer parte do vocabulário das organizações e pessoas.

Mas, o que é de fato sustentabilidade?

O termo "sustentável" significa apto ou passível de sustentação e provém do latim sustentare – sustentar, conservar, cuidar. Mas, será que é apenas cuidar do meio ambiente, se filiar ao Greenpeace, se tornar vegetariano, vender o carro para comprar uma bicicleta, usar desodorantes *roll-on*, não jogar papel no chão, reciclar o lixo e fazer coleta de água da chuva? Eu classifico a sustentabilidade como a capacidade do ser humano interagir com o mundo, tendo como resultado principal um legado melhor a ser aproveitado pelas próximas gerações.

Em primeiro lugar, é preciso respeitar o ser humano, para que este possa respeitar a natureza e, do ponto de vista do ser humano, ele próprio é a parte mais importante do meio ambiente.

Disto decorre a necessidade de começarmos pela sustentabilidade social, pois sem ela não existe nenhuma das outras, através de relacionamentos sustentáveis com pessoas, energias, ambientes e culturas. É o ser humano sustentável socialmente que utiliza a energia de forma consciente, que preserva o ambiente e tolera culturas diferentes. Olhe para as pessoas a sua volta. Se elas passeiam com seus lindos cãezinhos e recolhem suas fezes sistematicamente, mas não toleram uma opinião

O marketing aplicado aos relacionamentos

diferente da sua, são criminosos ambientais. Estão negando a sustentação mais importante deste planeta que é o respeito pelo semelhante. Que palavra maravilhosa esta: *semelhante*. Não somos todos iguais, somos apenas semelhantes, pois temos diferenças na maneira de interpretar as situações. Que coisa mais extraordinária. Imagine um mundo todo igual. Não seria sustentável. Diante de um chimpanzé, um golfinho ou um gato, somos também semelhantes. As diferenças biológicas do DNA são mínimas. Eis aí a nossa grande diferença; a capacidade de tolerar as diferenças e valorizar as semelhanças.

A sustentabilidade no ambiente de trabalho

Nos ambientes de trabalho, parece que a situação não é menos crítica. Se no meio ambiente a depredação é pela busca inconsequente da energia propulsora de máquinas que garantam o padrão de vida social das grandes, médias e pequenas potências, no ambiente de trabalho, é a busca pelo resultado que move as máquinas trituradoras da qualidade de vida e equilíbrio emocional de multidões. Neste caso, a consequência da devassidão não será o aquecimento, mas o resfriamento empresarial. São legiões de soldados do resultado que marcham em fileiras automatizadas pelo excesso de tarefas a serem cumpridas com o menor prazo possível, mas nem sempre com a melhor qualidade necessária.

Da mesma forma que no meio ambiente, nas empresas existem as grandes potências, aquelas que mais poluem o ambiente organizacional por meio de compostos perigosíssimos como a pressão descabida, a urgência desnecessária, as metas impossíveis, as crises superdimensionadas, o comprometimento doentio, assédios moral e intelectual. As médias potências ou potências em desenvolvimento digladiam entre si pela busca de oportunidades não muito claras de acesso, melhorias atreladas a variáveis que exigem fanatismo para a conquista e pequenos oásis de comemorações de resultados dignas do Coliseu de Roma, em seus tempos áureos. Assim como em nosso planeta, a população que compreende as médias potências organizacionais é muito maior em relação às grandes, porém com recursos muito menores. Tudo graças a uma nova toxina que está sendo despejada em toneladas nos rios organizacionais: obter mais resultado com menos recurso ou a extinção. Os efeitos colaterais provocados por esta substância tornam o capital humano mais competitivo e agressivo. Os poucos espaços internos são considerados como únicos e disputados com gravatas, *tailleurs* e muita politicagem. Armadilhas são montadas, territórios são protegidos e as perdas são muitas.

A primeira espécie que entra em processo de extinção são os talentos genuínos. É uma espécie muito sensível, que necessita uma boa oferta de recurso e se reproduz com trabalhos desafiadores, oportunidades claras de crescimento e reconhecimento profissional. Gosta de disputar território pela capacidade do desempenho e só respeita líderes que possam realmente contribuir com seu desenvolvimento. A segunda espécie que desaparece são os criativos. Esta espécie vive em planícies repletas de informações e gosta de transitar por territórios de outras espécies para promover mudanças em situações já acomodadas pelas rotinas diárias. Precisam de baixo nível de hostilidade no ambiente, pois são presas fáceis para predadores competitivos. Sem estas duas importantes espécies, o ambiente organizacional se torna insustentável. Pouco a pouco, o foco para o mercado é perdido, graças à necessidade de sobrevivência interna. Como consequência direta, as reservas de resultados começam a diminuir e todo o sistema sofre. As grandes potências então invadem territórios das médias para sanar os problemas e restabelecer a ordem, substituindo espécies que sofreram a mutação denominada *falta de perfil* por outras, vindas de ambientes desconhecidos, que trazem suas subespécies de confiança e o ciclo organizacional recomeça.

Ficou fácil notar o quanto a sustentabilidade no ambiente de trabalho é essencial para a sobrevivência das potências. Colocá-la em prática significa respeitar a gestão sustentável para reter talentos. Sem a sustentabilidade empresarial, não haverá a sustentabilidade humana nas organizações.

O que o marketing tem com tudo isto?

De uma forma geral e simplista pode-se afirmar, de acordo com Kotler (2000), que marketing é um processo social por meio do qual as pessoas e grupos de pessoas obtêm aquilo de que necessitam e desejam por meio da criação, oferta e troca de produtos e serviços.

Marketing é uma via de duas mãos entre o mercado e as organizações, em que estas buscam no mercado informações sobre seus desejos e necessidades, recebendo como retorno, nesta primeira fase, as informações. Como passo seguinte, as organizações passam a oferecer ao mercado os produtos e serviços de acordo com os desejos e necessidades dos clientes, tendo como retorno recursos financeiros e clientes satisfeitos.

O marketing aplicado aos relacionamentos

O marketing pessoal é a mesma coisa que sua publicidade e venda (*marketing yourself*) a um mercado, empregador ou cliente como qualquer outro produto. É a combinação da criatividade, disciplina e experiência aliada a um planejamento estratégico identificado e dimensionado a objetivos.

O marketing pessoal é a utilização das ferramentas do marketing tradicional, que trata das relações de empresas e seus segmentos alvo, para aperfeiçoar a relação das chamadas marcas pessoais com seus segmentos de interesse.

Cada vez mais se exige que a administração da empresa pense criticamente sobre seus objetivos, estratégias e táticas. Rápidas mudanças podem facilmente tornar obsoletos os princípios vencedores de ontem na condução dos negócios.

Uma das principais contribuições do marketing moderno é ajudar as empresas a perceber a importância de mudar o foco de sua organização do produto para o mercado e os clientes.

Gestão estratégica para construção da marca pessoal

Como avaliar a imagem percebida da marca pessoal? O marketing pessoal evoluiu e hoje é chamado de *personal branding*, ou *marca pessoal*. Esta mudança também foi influenciada por Kotler. Ele afirmou que as marcas se relacionam com seus clientes de maneira mais próxima do que seus produtos ou serviços. Isso porque se fizerem parte de uma marca, o cliente já identifica promessas, valores e serviços que estarão obrigatoriamente presentes nestas ofertas. Imagine o quanto seria sustentável um profissional que carrega junto de si uma marca pessoal, através da qual seja fácil identificar promessas, valores e comportamentos característicos de suas soluções. Quanto este profissional valeria em um mercado no qual a grande maioria oferece apenas uma promessa, a de sobreviver? Certamente o profissional com uma marca pessoal estruturada, consegue competir pelas melhores oportunidades e sustentar esta posição por muito mais tempo do que seus concorrentes.

Que atitudes podem fazer toda diferença para melhorar a reputação?

Por ser uma aplicação relativamente nova, existem muitas confusões ou interpretações errôneas sobre o que é *personal branding*. Não é gestão da aparência, na tentativa de criar um modelo que esteja alinhado com a moda. Isso pelo simples fato de que a imagem ideal vai depender muito daquilo que se quer ser. Fica de lado aqui a interpretação de uma personagem para se tornar algo que deixa transparecer a essência de cada pessoa. Foi isso que levou Arthur Bender, um dos maiores especialistas em estratégias de marcas do Brasil, a dizer que o marketing pessoal fica na imagem e o *personal branding* passa pela identidade e o autoconhecimento. Ora, você não poderia esperar a existência de uma ferramenta capaz de vender a imagem de uma pessoa que "não é aquilo na essência" e que isso daria certo por muito tempo. O problema não é conseguir enganar aos outros, mas não conseguir encarar o espelho, ou seja, enganar-se.

Equivocam-se aqueles que acreditam que o *personal branding* transforma as pessoas em produtos para serem observados em prateleiras imaginárias e comprados a preço de ouro. Esta ferramenta conscientiza que você já é um produto, com ou sem marca. As empresas ou mercados não precisam de você, mas sim das soluções que as suas competências oferecem. Este é seu produto e se tiver uma estratégia de marca, melhor será compreendido e pagarão por ele um preço justo.

Personal branding também não é autoajuda daquelas que dizem ser possível conquistar tudo o que você quiser na hora em que desejar. É claro que ter pensamento positivo é muito importante, porém é necessário um gerenciamento daquilo que deve ser a coisa mais importante da sua vida: a sua reputação, ou o que chamamos de marca pessoal, e o quanto ela pode gerar de confiança ou sustentabilidade no relacionamento com seus mercados-alvo. Imagine que você seja representado(a) por um adjetivo. Que adjetivo é esse? Esse adjetivo é capaz de alavancar ou destruir sua reputação? A partir destas respostas, começa o *personal branding*.

Marcas pessoais gerenciadas se tornam sistematicamente sustentáveis no mercado de trabalho. A continuidade como ser humano útil que colabora com o desenvolvimento de uma organização e da sociedade transforma o indivíduo em cidadão. Esta sensação contagia positivamente as pessoas com quem convive no trabalho, e as organizações se tornam mais produtivas e humanas. O mesmo ocorre na família, gerando um ciclo virtuoso que irá influenciar como uma benção de boas vindas às gerações que estão por vir. O mais importante é manter sua marca pessoal e a carreira bem governada, sob seu controle. Este é o seu patrimônio mais importante.

Se ampliarmos nossa visão com todo o contexto apresentado, po-

O marketing aplicado aos relacionamentos

demos questionar como está a gestão da empresa "seja você mesmo"!

Quais são as ações que você mantém no dia a dia para tornar esta gestão sustentável? É necessário que nós seres humanos cuidemos da "exploração adequada" dos nossos recursos naturais; o que não nos permite explorar nem sermos explorados por todo contexto que nos rodeia, tampouco nos permite poluir, nem sermos poluídos por nosso ambiente de trabalho.

Manter a imagem pessoal atrelada à qualidade dos serviços – em um mundo no qual as mídias sociais são nossas maiores aliadas – requer que tenhamos uma imagem real. Você e seus valores representam seu produto ou serviço – e não será diferente daquilo que alimentar nas mídias sociais. Ou seja, sua essência estará vinculada ao seu produto.

Aonde você quer chegar? Como você percorrerá o seu caminho?

É o que determinará sua sustentabilidade!

Referências

DARWIN, Charles. *A Expressão das emoções no homem e nos animais*: Companhia de Bolso, (tradução do original de 1872).

NEWMAN D., John M.D. and HARRIS C., James M.D.: The Scientific Contributions of Paul D. MacLean, *The Journal of Nervous and Mental Disease*, 2009.

KOTLER, Philip, *Marketing 3.0, As forças que estão definindo o novo marketing centrado no ser humano*: Editora Campus, 2011.

BENDER, Arthur, *Personal Branding, Construindo sua marca pessoal:* Integrare Editora, 2009.

KOTLER, Philip. *Marketing para o século XXI: como criar, conquistar e dominar mercados.* São Paulo: Futura, 1999.

34

Técnicas e dicas para ter sucesso em vendas

Todos os dias somos desafiados a continuar vendendo. Temos o desafio de conquistar novos clientes e manter os atuais. Com base no meu dia a dia e com estudos sobre o tema, defini algumas técnicas para ter sucesso. Espero que a leitura deste artigo e a utilização das técnicas nele contidas ajudem a alcançar o seu sucesso em vendas

Vinicius Caldini

Vinicius Caldini

Professor de pós-graduação na Anhanguera em várias unidades na grande São Paulo. Vendedor atuante, tendo no *portfolio* produtos e softwares de empresas internacionais para o mercado nacional. Trabalhou em empresas nacionais e multinacionais na área de vendas. Vinte e três anos ministrando cursos e como palestrante. Vinte e um anos de experiência em vendas. Consultor desde 2000 em marketing digital e vendas pela Internet.

Contatos
vinicius.caldini@hotmail.com
Facebook: www.facebook.com/ProfViniciusCaldini/

Vinicius Caldini

A venda é um ato muito complexo, mas podemos amenizar o esforço usando algumas técnicas. Cada técnica tem um objetivo e o momento certo de utilizá-la e servem para construir e manter um relacionamento com o cliente, contribuindo para o aumento do desempenho e para atingir resultados sustentáveis. É importante também administrar o cliente para servir de vantagem competitiva em relação aos concorrentes. Hoje sabemos como a disputa está acirrada.

Segundo Kotler (1998, p. 46) "Conquistar novos clientes custa entre cinco a sete vezes mais do que manter os já existentes". Sendo assim, nas empresas, o esforço para retenção do cliente é muito importante e pode ser visto como um investimento, garantindo o aumento de vendas futuras e a diminuição de despesas para prospectar novos clientes em função das necessidades e metas da empresa vendedora.

Para manter os clientes, devemos passar confiança, credibilidade, segurança e sempre mostrar os benefícios que o cliente terá, se manter o relacionamento com a empresa e seu vendedor.

Como conseguir a confiança de seu cliente?

Seu cliente precisa sempre comprar, seja de você ou de outro no mercado. E ele sempre comprará quando tiver confiança no produto ou no vendedor. Mas isso não é tão simples, somente com um processo de venda muito claro, ele se sentirá confortável para comprar. Não deverá se arrepender, por causa do produto, pela baixa qualidade do serviço ou pela falha do vendedor em acompanhar a pós-venda e atuar constantemente.

Kotler afirma que o marketing é fundamental na venda e que "o objetivo do marketing é tornar supérfluo o esforço de vender" (2000, p. 33). Entretanto, o marketing não consegue fazer muito com relação ao relacionamento pessoal entre vendedor e comprador. Este relacionamento pode definir o futuro dos negócios.

O setor ou área comercial da empresa não pode ser isolado, deve ficar integrada à empresa, tanto para levar informações aos clientes, como para trazer informações que podem melhorar a qualidade dos produtos e serviços.

Hoje, a ferramenta de CRM (*Customer Relationship Management*), por exemplo, tem que ser muito bem utilizada. As informações contidas no sistema devem ser utilizadas de maneira que a empresa consiga tomar decisões importantes para fortalecer o vínculo com seus clientes. A informação é o ativo mais valioso das empresas. Então os

O marketing aplicado aos relacionamentos

departamentos de produção, qualidade, marketing e vendas têm que beneficiar o processo com informações, de forma a melhorar os produtos, os serviços e o atendimento.

Entendendo o comprador

Para entendermos de relacionamento com o cliente, temos que entender o processo de compra que muitas vezes mostra-se burocrático e segue etapas definidas pela empresa, ou por um processo de qualidade. Muitas vezes, a responsabilidade da compra não pertence a só um setor ou a uma pessoa. Ele pode ser influenciado tanto pelo vendedor como pelo departamento de marketing.

Atributos ou ações de um bom vendedor

É fundamental que o vendedor tenha que se preparar para construir o relacionamento com o cliente. A seguir algumas dicas para construir este relacionamento, se preparando de forma adequada.

É fundamental que o vendedor se prepare para construir um relacionamento com o cliente. Vamos a elas:

Comunicação

O vendedor precisa saber controlar as informações que possui e direcionar o processo de comunicação com o cliente, expondo tudo o que pretende de forma agradável. Faça uma introdução inicial sobre a empresa, os produtos ou serviços e, depois, algumas perguntas direcionadas, como por exemplo: você conhece este tipo de produto?

O cliente sempre espera que você fale primeiro. Como ele tem necessidades que precisam ser solucionadas, quando você fizer perguntas direcionadas, o cliente poderá dizer quais são elas. Neste momento é importante usar sua habilidade de entender o problema e mostrar as soluções, fazendo-o acreditar que não enfrentará mais o problema após comprar tais soluções.

Organização

Na reunião anote tudo que for falado, sem exceção. Algumas informações, mesmo que a princípio banais, podem importar no futuro. Registre as datas que falou com cliente, seja por telefone, em uma visita ou quando passou um e-mail. É importante registrar também todas as informações que o cliente pediu. Por exemplo, informações do produto que não são de seu conhecimento ou a data em que o cliente espera seu retorno. Não se esqueça de solucionar e obedecer os pedidos. Sua organização pode deixar uma boa impressão e pode ser fundamental na escolha da compra.

Etapas no processo e vendas

Estas etapas podem ser fundamentais para que você obtenha sucesso no resultado final, ou seja, conclua a venda.

Conheça seus produtos e serviços

Estude a análise SWOT do produto ou serviço que irá vender, normalmente feita nas empresas. Caso não tenha, faça você mesmo. Em posse desse conhecimento, você estará preparado na hora da reunião e poderá demonstrar os melhores atributos de seus produtos e serviços, com relação à concorrência e se defender de perguntas que tendem a rebaixar seu produto.

Conheça os clientes

Nesta etapa, precisamos ter o máximo de informações da empresa e a pessoa que vai atendê-lo. Existem ferramentas que podem ser utilizadas, como as redes sociais empresariais e seu *networking*. Acesse o site do cliente em busca de produtos, serviços, clientes, fornecedores, missão, visão e quaisquer outras informações que achar pertinentes.

Busque conhecidos que já venderam ou que conhecem o comprador, essas pessoas podem passar informações que não estarão escritas em nenhum lugar.

Planeje a reunião com o cliente

É necessário ter em mente que não podemos fazer o cliente perder tempo, portanto, seja objetivo. Mostre os benefícios de seus produtos e como eles podem suprir a necessidade que o cliente tem no momento.

Conte sempre com o suporte da empresa para fornecer materiais que façam o cliente entender o produto e/ou serviço, de forma que não restem dúvidas na hora de concretizar a compra. Isto é, em geral, responsabilidade do departamento de marketing, mas caso sua empresa não o possua, procure se informar ao máximo antes da reunião e preparе um material de apresentação em *slides* no computador, por exemplo.

O marketing aplicado aos relacionamentos

Saiba apresentar seus produtos e serviços ao cliente

Na apresentação de seu produto ou serviço, tenha em mente que é você quem domina a informação. O cliente na maioria das vezes não conhece seu produto tanto quanto você. Caso tenha cumprido as etapas anteriores, você está preparado. Então deve conduzir a reunião e apresentar os benefícios de seus produtos:

Benefícios financeiros: redução de custo ou retorno do investimento.

Benefícios de qualidade: o que pode agregar valor aos produtos de seus clientes.

Benefícios competitivos: como o cliente se destacará utilizando seu produto ou serviços em relação aos concorrentes, exclusividade.

Outros benefícios (menos tangíveis): aparência do produto, por exemplo, embalagem, etc.

Quando o cliente não conhece seu produto, a melhor forma de conduzir a apresentação é de maneira didática. Para aqueles que conhecem produtos similares, é importante destacar os benefícios na aquisição do seu produto e serviço e os benefícios em relação à concorrência.

A tecnologia, como o computador, pode ajudar a demonstrar o produto, mas pode atrapalhar em uma conversa dinâmica, tornando a reunião monótona. Se a conversa não for descontraída, será difícil estreitar o relacionamento com o cliente.

Deixe os detalhes técnicos para pessoas técnicas, o vendedor em geral não deverá fazer este trabalho, mas sim cuidar do relacionamento com o cliente, muito importante para manter o vínculo dele com a empresa.

Ouça o cliente e identifique oportunidades de negócio

Como dito anteriormente, o cliente sempre tem uma necessidade e pode ter certeza de que ele sofre pressão para resolvê-la, então use isso a seu favor. Em determinado momento, pergunte de uma forma sutil as necessidades dele, assim você poderá encontrar novas oportunidades que antes não estavam claras.

Outra questão fundamental na reunião é descobrir qual o poder de decisão ou de influência esta pessoa tem na compra. Isto é importante para o processo de venda, talvez tenha que contatar outras pessoas para envolvê-las no processo. Caso a pessoa na reunião não seja a que definirá a compra, não finalize a reunião buscando outras pessoas. Cative ele para que se torne um disseminador de seu produto.

Poderá tornar o processo na próxima reunião, com quem decide, muito mais fácil e dinâmico, não exigindo tanto esforço novamente.

Defina a solução para o cliente

Segundo Rackman (2009), "à medida que a venda aumenta em complexidade, a adequação entre o problema e a solução geralmente se torna menos direta". Então sempre teremos que nos esforçar mais em determinado tipo de venda.

A venda com diversos produtos e serviços tende a fazer com que o benefício a seu cliente seja difícil de ser esclarecido. Portanto, vai depender da habilidade do vendedor e do suporte que ele tem, facilitar a exposição destes produtos e/ou serviços.

Defina a estratégia de apresentação e negociação

Na reunião, organize as informações de forma linear, para o cliente não ficar perdido e entender o que você quer demonstrar.

Sempre utilize mensagens afirmativas sobre o produto e/ou serviço e apresente casos de sucesso, isso demonstrará credibilidade.

Caso seja a primeira reunião, dificilmente ela será uma reunião de negociação. Entretanto, pode ocorrer negociação, assim sendo, recomenda-se que o vendedor esteja preparado para enfrentá-la.

Apresente a solução

Nesta etapa, demonstre entusiasmo e persuasão, utilize as melhores práticas e técnicas, fazendo com que a apresentação seja relevante para o cliente. Demonstre de forma fácil e rápida os benefícios.

O vendedor deverá ser objetivo, respeitando o tempo do cliente. Minha experiência mostra que às vezes o cliente pode no início demonstrar que tem pouco tempo para reunião, mas à medida que ela ocorre, percebe que o tema é importante, descontrai e deixa o tempo passar do previsto. Caso isso aconteça, será um grande passo para concretizar a venda no futuro.

Como negociar com o cliente

O vendedor deverá munir-se de informações para a negociação fluir. Caso existam dificuldades, deve-se empenhar para resolver conflitos de forma rápida. A negociação não pode passar para outra hora

O marketing aplicado aos relacionamentos

ou dia. Se isso acontecer, é provável que não haja mais negociação por diversos fatores, como a concorrência.

Saiba entender e trabalhar com objeções

Durante a negociação podem ocorrer objeções por indecisão do comprador ou por falta de informações. É importante lidar com tranquilidade e fazer o cliente sentir confiança para seguir com a negociação. É importante que identifique e tenha resposta para todas as objeções.

Como concluir com o cliente

É a etapa do fechamento, quando os clientes fazem o compromisso de comprar um produto ou serviço, ou a solução apresentada pelo vendedor. Não importa se fez todas as etapas certas, o futuro do vendedor na empresa vai ser observado ao concluir ou não uma negociação.

Analise e evolua com os resultados

É vital e importante saber se o cliente está satisfeito. Após fechar o negócio é importante acompanhar sempre o cliente, pois terá uma oportunidade maior de fechar novos negócios, por que estabelecerá um relacionamento. Devemos entender que o cliente confia no vendedor. Então, você terá a tarefa de manter o negócio existente e fechar novos negócios.

Conclusão

Seguindo as dicas que passei, com base no meu dia a dia e no que li ao longo de minha vida, espero que sirva de ajuda na obtenção de sucesso.

Lógico que cada um tem uma forma de agir na hora da venda. Sei também que cada reunião tem suas particularidades e que somente o vendedor, naquele momento, poderá criar a forma de conduzir a reunião.

É claro que o vendedor não pode ser o único responsável pela venda, existe o trabalho de retaguarda, que a empresa deve realizar por meio de seus diversos departamentos. Assim, o cliente observará que a empresa tem ótimos benefícios em seus produtos e serviços.

Tem que haver uma união de esforços para obtenção de sucesso na venda e a manutenção do relacionamento com o cliente.

35

Política é 100% relacionamento

Se não tiver uma boa comunicação...

A atividade política é algo que tem início muito antes de uma eleição, às vezes na infância do candidato ou mesmo nos bancos da faculdade. Da imperiosa necessidade de relacionamento e interatividade entre os cidadãos surge a política, que – no mundo atual – não pode prescindir de ferramentas adequadas de relacionamento, desde a preparação da candidatura até o exercício de um mandato

Vinicius Nagem

Vinicius Nagem

Publicitário, advogado e professor universitário (Msc), cursou Direito na UFRJ, Mestrado em Administração no COPPEAD – UFRJ, Mestrado em Organizações e Desenvolvimento na UNIFAE/PR e atualmente é aluno do MBA Internacional de Gestão Estratégica da Inovação pela PUC/PR. Palestrante em eventos nacionais e internacionais, é coautor do livro "*Desenvolvimento sustentável: um modelo analítico integrado e adaptativo*" - Editora Vozes (artigo "Estado e desenvolvimento sustentável: o problema da aplicabilidade das normas constitucionais") e coautor do livro "*Marketing Eleitoral: aprendendo com campanhas municipais vitoriosas*" - Editora EME, editado pela ABCOP (artigo " Zé Doca, Maranhão, 2000 – Estratégia para virar a eleição em apenas 10 dias"). Recebeu em 2007 da Câmara Municipal de Curitiba o Prêmio Prof. João Crisóstomo Arns como destaque na área de educação e cultura. É Consultor Político e Diretor da ABCOP (Associação Brasileira dos Consultores Políticos).

Contatos
www.viniciusnagem.blogspot.com
vinicius.nagem@gmail.com
Facebook: facebook/vinicius.nagem
(41) 9625-5561

Vinicius Nagem

Imaginar que o trabalho de *networking* deva estar presente somente nos meios empresariais e nas atividades com fins lucrativos é, no mínimo, não entender que o cerne da atividade politica reside em estabelecer e manter relacionamentos de longo prazo. Partilho uma tese de que o maior problema dos tempos modernos está na comunicação, seja entre pessoas e pessoas, organizações e pessoas ou entre organizações e organizações. A comunicação é a forma de demonstrar os nossos desejos, vontades, aspirações e, por consequência, atestar o grau de satisfação daquilo que estamos recebendo de terceiros. É sempre uma estrada de mão dupla, onde se recebe um *feedback* instantâneo do sinal que é emitido. No momento em que esse ciclo virtuoso não flui - com a distorção ou interrupção dele - ficamos à mercê de interpretações equivocadas ou da ausência de conteúdo. Quantas vezes você já falou algo e o seu interlocutor afirmou não compreender bulhufas, mesmo que em sua mente estivesse fazendo todo sentido do mundo? Ou quantas vezes você recebeu informações distorcidas que causaram inúmeros prejuízos na consecução de alguma ação?

Neste capítulo, trataremos do marketing de relacionamento na política, com foco nas suas ferramentas e componentes mais relevantes: a comunicação em variadas faces, os recursos tecnológicos disponíveis para a ação política, os novos momentos na integração virtual e presencial entre as pessoas e as redes de relacionamento na internet.

A política assumiu no mundo contemporâneo o papel de uma atividade profissional. Todos os princípios e teoremas da administração usados nas empresas servem também para quem nela se envolve. Assim, quando imaginamos a formação de uma equipe de trabalho que irá coordenar e tocar uma campanha, estamos prospectando pessoas com *expertises* nas diferentes áreas do conhecimento e que formarão o organograma da estrutura. Alguém com capacidade de liderança para coordenar toda a equipe, material, transportes, financeiro, logística, jurídico, comunicação, enfim, vários "especialistas" são convocados para assumir papéis como gestores de cada uma destas áreas, durante o período da eleição.

Mas como encontrar material humano de qualidade que esteja disposto muitas vezes a – voluntariamente – assumir estes papéis de extrema responsabilidade tanto para o candidato, quanto para a estrutura da campanha? Já nesse momento começa a funcionar o *networking*, com as lembranças e indicações daqueles que formam inicialmente o "núcleo duro", o *staff* mais próximo ao candidato. Através das indicações

O marketing aplicado aos relacionamentos

fornecidas pelo "núcleo duro" se inicia a constituição do organograma e da delegação de funções.

Nesta etapa do planejamento, que acontece no período pré-eleitoral, já se começa a vislumbrar a importância da rede de relacionamentos tanto para a equipe de trabalho quanto para a consecução do principal foco de qualquer eleição: a abordagem do eleitor e a conquista do voto.

Nos últimos anos, a legislação eleitoral apertou o cerco no tocante à utilização de artifícios para trazer o *eleitor-prospect* para algum ambiente onde pudesse ouvir e assimilar a mensagem do candidato. Em um passado não muito distante, eram utilizados grandes showmícios com este intuito, onde cantores famosos, artistas e personalidades compareciam no local como atrativos para a festa que se realizava, inclusive sendo remunerados para tal. Desta forma, os candidatos conseguiam grandes aglomerações de pessoas que ali estavam, primeiramente, para ver os famosos, participar do show e que, a reboque, também acabavam escutando o discurso do candidato e sua mensagem. Muitos políticos se beneficiavam desta estratégia e acabavam "colando" seu nome ao do artista, conseguindo, subliminarmente, a simpatia do eleitor.

Com o fim deste artifício usado em dezenas de campanhas no passado e a proibição pela legislação eleitoral, novamente os candidatos e seus marqueteiros se viram numa encruzilhada: como atrair um número significativo de pessoas a um determinado local onde se pudesse disseminar uma mensagem e um discurso de interesse daqueles espectadores? Tudo isso sem configurar abuso do poder econômico ou burlar as regras vigentes. A solução encontrada tem sido promover grandes jantares, almoços ou cafés da manhã em amplos salões, que podem ser restaurantes, salões paroquiais, clubes e até sítios, para abrigar de uma só vez centenas ou milhares de pessoas.

Em tese, é uma forma de burlar a legislação eleitoral, já que os eventos assumem o título de café, almoço ou jantar "de adesão", supostamente com seus convites pagos por aqueles que lá individualmente comparecem, mas na verdade não passam de versões segmentadas do que antes era realizado nos comícios com artistas. Vejamos o motivo: candidatos geralmente pagam todas as despesas do evento e solicitam para que sejam emitidos recibos de doação eleitoral para a campanha, individualizados, com o nome de cada um daqueles que integraram o evento. Assim, nesses encontros, dependendo do porte e tamanho do local, podemos ter aglomerações de mil, duas mil

Vinicius Nagem

pessoas, que estarão lá sob o pretexto de um encontro político ou mesmo com outra finalidade para despistar o real intuito da reunião. Tornou-se prática, por exemplo, Sindicatos promoverem um churrasco para os seus filiados com cada associado "pagando" a sua entrada e no meio do evento, aparecer um determinado candidato apoiado por aquele Sindicato e ser convidado pelos Diretores para "dar uma palavrinha" ou fazer uma saudação de boas vindas aos presentes. Assim ocorre também nos encontros religiosos, onde candidatos apoiados pelas igrejas comparecem a cultos, celebrações, reuniões e festas (muitas vezes casamentos, batizados, onde existem os "comes e bebes") para aparecer como um candidato apoiado por aquela congregação religiosa. O importante é saber que nesse tipo de evento, existem situações específicas legais que podem configurar "abuso do poder econômico" fazendo qualquer candidatura naufragar na justiça, portanto, todo cuidado é pouco. Antes de iniciar sua caminhada por eventos de terceiros onde haja comida e bebida ou mesmo ao realizar o seu próprio evento, deve o candidato cercar-se de todos os cuidados e receber instruções de sua assessoria jurídica para não meter os pés pelas mãos. Nesta matéria, todo cuidado é pouco e a cassação de um mandato pode vir no *fotochart!*

Porém, o que desejamos destacar aqui não são os aspectos jurídico-legais que cercam essas novas práticas advindas da mudança da legislação. Para os candidatos, a eleição se tornou ainda mais segmentada, já que nos showmícios com artistas eles falavam para um público heterogêneo, de crianças a idosos, de várias classes sociais, lugares e atividades profissionais. Agora, o seu discurso pode ser segmentado para cada reunião, dependendo do público-alvo presente. Um jantar do Clube de Engenharia, um evento para ciclistas, um almoço junto aos guardas municipais, irá demandar falas apropriadas para cada público, adequadas ao momento e às demandas apresentadas. Um cuidadoso trabalho de preparação e planejamento do discurso a ser feito deverá ser levado em frente, para que o candidato consiga contemplar mensagens adequadas para cada um dos segmentos a que se dirigir.

Mas como fazer com que pessoas se motivem a comparecer num evento político, se a maioria absoluta está de "saco cheio" da classe? Sair de casa somente para uma refeição que – em tese – seria gratuita, não se configura em um grande atrativo para ninguém, especialmente nas metrópoles ou capitais onde existem vários fatores impeditivos para se chegar a algum lugar: trânsito lento, engarrafamentos, transportes públicos lotados, insegurança, ausência de estacionamento,

O marketing aplicado aos relacionamentos

etc. Ao analisar a relação custo x benefício para deslocar-se a uma dessas reuniões, o eleitor pode optar pelo conforto de sua residência.

Entra em cena novamente o conceito de marketing de relacionamento, pois são os grupos de referência que irão levar esse eleitor até o local do evento. Um pastor da igreja daquele eleitor pode telefonar a ele lembrando-o do jantar e da sua indispensável presença. E ainda oferecer-lhe condução gratuita de ida e volta através de um ônibus especialmente fretado pela agremiação religiosa, para o transporte dos seus fiéis. Tais fatores podem ser decisivos no término do dilema entre ir ou não ir. E colocar o *eleitor-prospect* na frente do candidato, para que dele possa ouvir uma mensagem, já é meio caminho andado, porque a partir daquele momento vai depender somente do carisma pessoal do político e da sua predisposição em fazer aquela intenção configurar-se num voto efetivo. Sempre digo nas minhas consultorias e palestras que não é necessário um número substancial de pessoas trabalhando na campanha para conseguir ao candidato 50.000 votos. Basta que apenas 500 líderes de verdade estejam comprometidos e com as mangas da camisa arregaçadas, envolvidos na sua candidatura. Se cada um destes 500 líderes de opinião se empenhar para conseguir 100 votos ao candidato apoiado, teremos a eleição ganha. Afinal, o que são 100 votos para o Presidente de um Clube, para um líder comunitário ou uma vendedora de produtos de beleza com diversas clientes? Fica muito mais fácil, inclusive, o controle de quem está realmente comprometido com você, para eventuais atendimentos futuros na relação político x eleitor.

Novamente, vislumbramos a importância da rede de relacionamentos no processo eleitoral. Sem ela, o político não consegue destinar sua energia nos parcos três meses de campanha efetiva e contato com o eleitor, para fazer o que precisa durante o processo eleitoral: divulgar sua mensagem, sua plataforma de campanha. Hoje, no mercado, existem inúmeras formas eficientes de acessar dados importantes para tomada de decisões e também para se relacionar com o eleitor. Adquirindo um software de inteligência para campanhas eleitorais, os *staffs* de campanhas poderão planejá-la com mais segurança, gerando informações preciosas para detectar, por exemplo, o número mínimo de votos necessários para eleição em qualquer coligação, geoprocessamento e mapas eleitorais com série histórica, simuladores de coligação que permitem a avaliação das coligações mais vantajosas para seu partido e para você, bancos de eleitores com busca simples e avançada, sistema de filtros para alcançar o perfil de eleitor desejado, pesquisa por assunto para subsidiar discurso de campanha em comícios, reuniões, corpo-a-corpo, por município ou bairro, comunicação via e-mail, SMS, redes sociais, com a base de dados do banco de eleitores; incorporando uma pesquisa avançada de destinatários, monitoramento histórico do desempenho eleitoral de partidos por vagas ou número de votos para análise dos desempenhos partidários em eleições passadas e outros inúmeros recursos que podem facilitar a vida de quem está em campanha com confiabilidade e segurança para tomada de decisões. Alguns softwares disponíveis na praça como o EleitorWeb (www.eleitorweb.com.br), possuem um mix de recursos bastante interessante, com metodologia inovadora, para ampliar sua base de dados através de uma estratégia multinível. Outro *software* encontrado no mercado (www.solpoliticos.com.br) incorpora as mais novas técnicas de comunicação digital, e ainda concentra diversas ferramentas que poderão ser usadas em campanha (sites, redes sociais, *blogs*, e-mail) para um único lugar, tornando mais fácil, prático e eficiente o trabalho das equipes de assessores. Já foi a época em que as campanhas podiam ser acompanhadas somente através de quadros-murais pregados na parede dos comitês ou que os discursos eram redigidos à mão sem informações científicas e acesso a bases de dados. Agora tudo é diferente, e o novo momento torna necessária a adequação das ferramentas disponíveis para que a equipe do candidato possa render ao máximo no seu desempenho de assessoria durante o período eleitoral, sem esquecer a preparação da campanha e o pós-eleitoral.

Algo importante que temos notado nos últimos pleitos é a entrada das redes sociais como forte instrumento de campanha e propagação de ideias, bem aquém ainda do potencial que esperamos alcançar nos próximos anos, tornando-as os principais veículos de divulgação dos candidatos e suas propostas.

Um fator importante das redes sociais é que, dependendo do número de seguidores dos seus apoiadores, uma ideia pode ser validada instantaneamente por milhares de pessoas, numa progressão geométrica incontrolável.

Temos verificado isso nas recentes manifestações populares que tivemos em nosso país, onde praticamente toda a convocação de pessoas para participação de atos – quer políticos ou de lazer – aconteceram através das redes sociais. Isso demonstra a capacidade de mobilização que tais instrumentos possuem, fazendo com que se consiga materializar uma ideia do virtual para o real em questão de horas. As redes sociais já provaram que conseguem colocar, sem mui-

O marketing aplicado aos relacionamentos

to esforço, públicos significativos nas vias públicas para algum tipo de manifestação ou evento.

Se tivesse de aconselhar um político que deseja cristalizar a sua atuação pública com modernidade e eficiência, a receita seria: invista em ferramentas de relacionamento virtual e nas redes sociais. Em breve, todas as campanhas serão desenvolvidas dentro delas com reflexos no mundo presencial, já que a tendência é um *upgrade* da televisão para a internet (até porque a internet também incorpora a programação da TV, com a vantagem de que o programa eleitoral pode ser visto ao vivo ou quando o eleitor quiser acessá-lo). A popularização dos meios de acesso à internet, através de celulares e *tablets* de baixo custo, vai gerar cada vez mais a possibilidade de que grupos não diretamente envolvidos com a política participem, engajando-se em propostas que tenham a ver com o seu perfil. O trabalho de um conteúdo adequado a cada público-alvo terá de ser uma tarefa constante.

Com todas estas possibilidades, recursos e transformações em andamento, o que está esperando para dar início ao planejamento de sua próxima campanha?

Conheça outros títulos da Editora Ser Mais!

**Temos diversos livros para o seu desenvolvimento!
Conheça-os por área de interesse!**

Coaching
A Mulher é um Show
Autocoaching de Carreira & de Vida
Coaching de Carreira
Coaching e Mentoring - Foco na Excelência
Coaching - A Solução
Coaching - Grandes Mestres
Coaching, Missão e Superação
Coaching para Alta Performance e Excelência na Vida
Pessoal
Leader Coach
Manual Completo de Coaching
Master Coaches
Ser+ com Coaching
Team & Leader Coaching

Comunicação
Ser+ em Comunicação
Ser+ com Palestrantes Campeões

Competências
Manual das Múltiplas Inteligências

Gestão, mercado corporativo, carreira
Capital Intelectual
Consultoria Empresarial
Damas de Ouro
Mercado de Trabalho Assalariado
O Método SMILE
Os Es da Gestão
Ser+ em Excelência no Atendimento ao Cliente
Ser+ em Gestão de Pessoas
Ser+ em Gestão do Tempo e Produtividade
Ser+ com Equipes de Alto Desempenho

Ser+ com Criatividade e Inovação
Ser+ com Qualidade Total
Ser+ com T&D
Ser+ Inovador em RH
Treinamentos Comportamentais

Motivação
Atitude! A Virtude dos Vencedores
Felicidade 360º
Oportunidades
Ser+ com Motivação
Siga o Coelho Branco
Torcendo por Você!

Programação Neurolinguística
Ser+ com PNL
Manual Completo de PNL

Romances
Mudar Juntos!
Muito Além do Perdão
A Vida Secreta dos Profissionais
A História de Carmen Rodrigues

Relacionamentos
Elas Podem e Devem
Como levar um homem à loucura na cama
O que Freud não explicou
Vida Amorosa 100 Monotonia

Saúde
Ser+ Saudável
Ser+ com Saúde Emocional

Secretariado
Excelência no Secretariado

Vendas
Ser+ em Vendas vol.I
Ser+ em Vendas vol.II

Livros à venda no site www.editorasermais.com.br